大学赤本シリーズ

246

共立女子大学
共立女子短期大学

JN044395

K 教学社

は　し　が　き

　おかげさまで，大学入試の「赤本」は，今年で創刊 70 周年を迎えました。
　これまで，入試問題や資料をご提供いただいた大学関係者各位，掲載許
可をいただいた著作権者の皆様，各科目の解答や対策の執筆にあたられた
先生方，そして，赤本を使用してくださったすべての読者の皆様に，厚く
御礼を申し上げます。

　以下に，創刊初期の「赤本」のはしがきを引用します。これからも引き
続き，受験生の目標の達成や，夢の実現を応援してまいります。

　本書を活用して，入試本番では持てる力を存分に発揮されることを心よ
り願っています。

編者しるす

＊　　　＊　　　＊

　学問の塔にあこがれのまなざしをもって，それぞれの志望する大学の門
をたたかんとしている受験生諸君！　人間として生まれてきた私たちは，
自己の欲するままに，美しく，強く，そして何よりも人間らしく生きるこ
とをねがっている。しかし，一朝一夕にして，この純粋なのぞみが達せら
れることはない。私たちの行く手には，絶えずさまざまな試練がまちかま
えている。この試練を克服していくところに，私たちのねがう真に人間的
な世界がはじめて開かれてくるのである。

　人生最初の最大の試練として，諸君の眼前に大学入試がある。この大学
入試は，精神的にも身体的にも，大きな苦痛を感ぜしめるであろう。ある
スポーツに熟達するには，たゆみなき，はげしい練習を積み重ねることが
必要であるように，私たちは，計画的・持続的な努力を払うことによって，
この試練を克服し，次の一歩を踏みだすことができる。厳しい試練を経た
のちに，はじめて満足すべき成果を獲得できるのである。

　本書は最近の入学試験の問題に，それぞれ解答を付し，さらに問題をふ
かく分析することによって，その大学独特の傾向や対策をさぐろうとした。
本書を一般の参考書とあわせて使用し，まとはずれのない，効果的な受験
勉強をされるよう期待したい。

（昭和 35 年版「赤本」はしがきより）

挑む人の、いちばんの味方

赤本創刊70周年

1954年に大学入試の過去問題集を刊行してから70年。赤本は大学に入りたいと思う受験生を応援しつづけてきました。これからも、苦しいとき落ち込むときにそばで支える存在でいたいと思います。

そして、勉強をすること、自分で道を決めること、努力が実ること、これらの喜びを読者の皆さんが感じることができるよう、伴走をつづけます。

そもそも赤本とは…

受験生のための大学入試の過去問題集！

70年の歴史を誇る赤本は、500点を超える刊行点数で全都道府県の370大学以上を網羅しており、過去問の代名詞として受験生の必須アイテムとなっています。

………… なぜ受験に過去問が必要なのか？ …………

大学入試は大学によって問題形式や頻出分野が大きく異なるからです。

記述式？　マーク式？

問題のレベルは？　時間配分は？　自分に足りないのは？

頻出分野は？　どんな対策が必要？

どんな問題が出るの？

みんなの疑問に答える赤本！

赤本で志望校を研究しよう！

赤本の掲載内容

傾向と対策

これまでの出題内容から，問題の「**傾向**」を分析し，来年度の入試に向けて
具体的な「**対策**」の方法を紹介しています。

問題編・解答編

- ✅ 年度ごとに問題とその解答を掲載しています。

- ✅ 「**問題編**」ではその年度の試験概要を確認したうえで，実際に出題された
  過去問に取り組むことができます。

- ✅ 「**解答編**」には高校・予備校の先生方による解答が載っています。

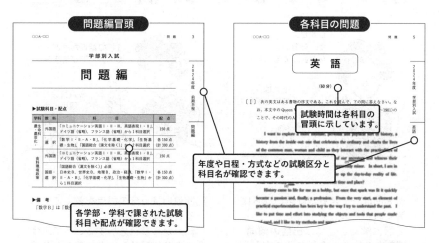

問題編冒頭

試験時間は各科目の
冒頭に示しています。

年度や日程・方式などの試験区分と
科目名が確認できます。

各学部・学科で課された試験
科目や配点が確認できます。

各科目の問題

他にも，大学の基本情報や，先輩受験生の合格体験記，
在学生からのメッセージなどが載っていることがあります。

2024年度から
見やすい
デザインに！

○ 掲載内容について ○

著作権上の理由やその他編集上の都合により問題や解答の一部を割愛している場合があります。
なお，指定校推薦入試，社会人入試，編入学試験，帰国生入試などの特別入試，英語以外の外国語
科目，商業・工業科目は，原則として掲載しておりません。また試験科目は変更される場合があり
ますので，あらかじめご了承ください。

受験勉強は 過去問に始まり，

STEP 1 なにはともあれ

まずは解いてみる

しずかに…
今，自分の心と
向き合ってるんだから

ムーン

それは
問題を解いて
からだホン！

過去問は，**できるだけ早いうちに解くのがオススメ！**
実際に解くことで，**出題の傾向，問題のレベル，今の自分の実力が**つかめます。

STEP 2 じっくり具体的に

弱点を分析する

分析の結果だけど
英・数・国が苦手みたい

スリー

必須科目だホン
頑張るホン

間違いは自分の弱点を教えてくれ
る**貴重な情報源。**
弱点から自己分析することで，**今の自分に足りない力や苦手な分野**が見えてくるはず！

合格者があかす
赤本の使い方

傾向と対策を熟読
(Fさん／国立大合格)

大学の出題傾向を調べる
ために，赤本に載ってい
る「傾向と対策」を熟読
しました。

繰り返し解く
(Tさん／国立大合格)

1周目は問題のレベル確認，2周
目は苦手や頻出分野の確認に，3
周目は合格点を目指して，と過去
問は繰り返し解くことが大切です。

過去問に終わる。

STEP 3 〔志望校にあわせて〕

苦手分野の
重点対策

明日からはみんなで頑張るよ！
参考書も！問題集も！
よろしくね！

呼んだ？

なにを!?
どこから!?

グッ　グッ

参考書や問題集を活用して，苦手分野の**重点対策**をしていきます。**過去問を指針**に，合格へ向けた具体的な学習計画を立てましょう！

STEP 1 ▶ 2 ▶ 3

実践を
繰り返す

〔サイクルが大事！〕

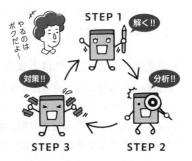

やるのはボクだよ〜

STEP 1　解く!!

分析!!

対策!!

STEP 3　STEP 2

STEP 1〜3を繰り返し，実力アップにつなげましょう！
出題形式に慣れることや，**時間配分を考えること**も大切です。

目標点を決める
（Yさん／私立大合格）

赤本によっては合格者最低点が載っているので，それを見て目標点を決めるのもよいです。

時間配分を確認
（Kさん／私立大学合格）

赤本は時間配分や解く順番を決めるために使いました。

添削してもらう
（Sさん／私立大学合格）

記述式の問題は先生に添削してもらうことで自分の弱点に気づけると思います。

新課程入試 Q&A

2022年度から新しい学習指導要領（新課程）での授業が始まり，2025年度の入試は，新課程に基づいて行われる最初の入試となります。ここでは，赤本での新課程入試の対策について，よくある疑問にお答えします。

Q1. 赤本は新課程入試の対策に使えますか？

A. もちろん使えます！

旧課程入試の過去問が新課程入試の対策に役に立つのか疑問に思う人もいるかもしれませんが，心配することはありません。旧課程入試の過去問が役立つのには次のような理由があります。

● 学習する内容はそれほど変わらない

新課程は旧課程と比べて科目名を中心とした変更はありますが，学習する内容そのものはそれほど大きく変わっていません。また，多くの大学で，既卒生が不利にならないよう「経過措置」がとられます（Q3参照）。したがって，出題内容が大きく変更されることは少ないとみられます。

● 大学ごとに出題の特徴がある

これまでに課程が変わったときも，各大学の出題の特徴は大きく変わらないことがほとんどでした。入試問題は各大学のアドミッション・ポリシーに沿って出題されており，過去問にはその特徴がよく表れています。過去問を研究してその大学に特有の傾向をつかめば，最適な対策をとることができます。

出題の特徴の例	・英作文問題の出題の有無 ・論述問題の出題（字数制限の有無や長さ） ・計算過程の記述の有無

新課程入試の対策も，赤本で過去問に取り組むところから始めましょう。

Q2. 赤本を使う上での注意点はありますか？

A. 志望大学の入試科目を確認しましょう。

　過去問を解く前に，過去の出題科目（問題編冒頭の表）と2025年度の募集要項とを比べて，課される内容に変更がないかを確認しましょう。ポイントは以下のとおりです。科目名が変わっていても，実際は旧課程の内容とほとんど同様のものもあります。

英語・国語	科目名は変更されているが，実質的には変更なし。 ▶▶ ただし，リスニングや古文・漢文の有無は要確認。
地歴	科目名が変更され，「歴史総合」「地理総合」が新設。 ▶▶ 新設科目の有無に注意。ただし，「経過措置」(Q3参照)により内容は大きく変わらないことも多い。
公民	「現代社会」が廃止され，「公共」が新設。 ▶▶ 「公共」は実質的には「現代社会」と大きく変わらない。
数学	科目が再編され，「数学C」が新設。 ▶▶ 「数学」全体としての内容は大きく変わらないが，出題科目と単元の変更に注意。
理科	科目名も学習内容も大きな変更なし。

　数学については，科目名だけでなく，どの単元が含まれているかも確認が必要です。例えば，出題科目が次のように変わったとします。

旧課程	「数学Ⅰ・数学Ⅱ・数学A・数学B（数列・ベクトル）」
新課程	「数学Ⅰ・数学Ⅱ・数学A・数学B（数列）・数学C（ベクトル）」

　この場合，新課程では「数学C」が増えていますが，単元は「ベクトル」のみのため，実質的には旧課程とほぼ同じであり，過去問をそのまま役立てることができます。

Q3. 「経過措置」とは何ですか?

A. 既卒の旧課程履修者への対応です。

　多くの大学では,既卒の旧課程履修者が不利にならないように,出題において「経過措置」が実施されます。措置の有無や内容は大学によって異なるので,募集要項や大学のウェブサイトなどで確認しておきましょう。

○旧課程履修者への経過措置の例

- 旧課程履修者にも配慮した出題を行う。
- 新・旧課程の共通の範囲から出題する。
- 新課程と旧課程の共通の内容を出題し,共通範囲のみでの出題が困難な場合は,旧課程の範囲からの問題を用意し,選択解答とする。

例えば,地歴の出題科目が次のように変わったとします。

旧課程	「日本史B」「世界史B」から1科目選択
新課程	「歴史総合,日本史探究」「歴史総合,世界史探究」から1科目選択※ ※旧課程履修者に不利益が生じることのないように配慮する。

　「歴史総合」は新課程で新設された科目で,旧課程履修者には見慣れないものですが,上記のような経過措置がとられた場合,新課程入試でも旧課程と同様の学習内容で受験することができます。

要チェックだホン

新課程の情報はWEBもチェック!
より詳しい解説が赤本ウェブサイトで見られます。
https://akahon.net/shinkatei/

科目名が変更される教科・科目

	旧 課 程	新 課 程
国語	国語総合 国語表現 現代文A 現代文B 古典A 古典B	現代の国語 言語文化 論理国語 文学国語 国語表現 古典探究
地歴	日本史A 日本史B 世界史A 世界史B 地理A 地理B	歴史総合 日本史探究 世界史探究 地理総合 地理探究
公民	現代社会 倫理 政治・経済	公共 倫理 政治・経済
数学	数学 I 数学 II 数学 III 数学A 数学B 数学活用	数学 I 数学 II 数学 III 数学A 数学B 数学C
外国語	コミュニケーション英語基礎 コミュニケーション英語 I コミュニケーション英語 II コミュニケーション英語III 英語表現 I 英語表現 II 英語会話	英語コミュニケーション I 英語コミュニケーション II 英語コミュニケーションIII 論理・表現 I 論理・表現 II 論理・表現III
情報	社会と情報 情報の科学	情報 I 情報 II

大学のサイトも見よう

目　次

2024 年度 問題と解答

2023 年度 問題と解答

2022 年度
問題と解答

掲載内容についてのお断り

　学校推薦型選抜・総合型選抜，一般選抜 2 月日程および 3 月日程は
掲載していません。

基 本 情 報

 ## 学部・学科の構成

＊コースに分属する年次は各学部・学科で異なる。

大　学

●**家政学部**
被服学科（被服科学コース，染織文化財コース，ファッションクリエイ
ションコース，ファッションビジネスコース）
食物栄養学科（食物学専攻，管理栄養士専攻）
児童学科（幼保履修モデル，幼小履修モデル）

●**文芸学部**
文芸学科（言語・文学領域〈日本語・日本文学専修，英語・英語圏文学
専修，フランス語・フランス文学専修〉，芸術領域〈劇芸術専修，美
術史専修〉，文化領域〈文化専修〉，メディア領域〈文芸メディア専
修〉）

●**国際学部**

国際学科（エリア・スタディーズコース，コミュニケーション・スタディーズコース，グローバル・スタディーズコース）

＊上記3コースに所属しながら参加できる「GSEプログラム」を設置。

●**看護学部**

看護学科

●**ビジネス学部**

ビジネス学科

●**建築・デザイン学部**

建築・デザイン学科（建築コース〈建築分野，インテリア分野，まちづくり分野〉，デザインコース〈グラフィック分野，プロダクト分野〉）

短期大学

●**生活科学科**

ITメディアコース，生活デザインコース

●**文科**

日本文化・表現コース，グローバル・コミュニケーションコース，心理学コース

大学院

家政学研究科／文芸学研究科／国際学研究科／看護学研究科

📍 大学所在地

共立女子大学
共立女子短期大学

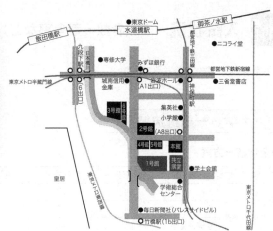

....

東京都千代田区一ツ橋 2-2-1（本館・４号館）
東京都千代田区一ツ橋 2-6-1（２号館）
東京都千代田区神田神保町 3-27（３号館）
●東京メトロ半蔵門線・都営地下鉄三田線・新宿線
　「神保町」駅下車Ａ８出口から徒歩１分
●東京メトロ東西線
　「竹橋」駅下車１ｂ出口から徒歩３分
●東京メトロ東西線・半蔵門線・都営地下鉄新宿線
　「九段下」駅下車６出口から徒歩２分

2 0 2 4 年 度 入 試 デ ー タ

 ## 入試状況（志願者数・競争率など）

○倍率は受験者数÷合格者数で算出。

〈大学〉一般選抜結果

●全学統一方式

学部・学科・専攻			志願者数	受験者数	合格者数	倍率
家政	被	服	89	87	55	1.6
	食物栄養	食 物 学	94	93	65	1.4
		管理栄養士	96	95	31	3.1
	児	童	109	107	77	1.4
文		芸	256	245	190	1.3
国		際	256	246	181	1.4
看		護	224	222	91	2.4
ビ ジ ネ ス			234	230	147	1.6
建 築 ・ デ ザ イ ン			170	168	38	4.4

●2月日程（個別学力試験方式）

学部・学科・専攻				志願者数	受験者数	合格者数	倍率
家政	被	服		2月4日	36	26	18	1.4
			2月5日	36	23	14	1.6
	食物栄養	食 物 学	2月4日	59	37	25	1.5
			2月5日	22	18	16	1.1
		管理栄養士	2月4日	64	46	21	2.2
	児	童	2月4日	43	27	20	1.4
			2月5日	45	28	22	1.3
文	芸		2月4日	121	93	75	1.2
			2月5日	106	80	62	1.3

（表つづく）

学部・学科・専攻			志願者数	受験者数	合格者数	倍率
国際		2月4日	102	81	64	1.3
		2月5日	65	44	33	1.3
看護		2月4日	87	58	21	2.8
ビジネス		2月4日	82	66	48	1.4
		2月5日	70	55	38	1.4
建築・デザイン		2月4日	76	63	14	4.5
		2月5日	68	52	12	4.3

● 2月日程（外部英語検定利用方式）

学部・学科・専攻			志願者数	受験者数	合格者数	倍率
家政	被服		2月4日	10	4	4	1.0
			2月5日	12	5	3	1.7
	食物栄養	食物学	2月4日	18	8	7	1.1
			2月5日	3	2	2	1.0
		管理栄養士	2月4日	28	13	8	1.6
	児童		2月4日	13	8	6	1.3
			2月5日	16	10	7	1.4
文芸			2月4日	44	32	29	1.1
			2月5日	39	27	24	1.1
国際			2月4日	41	32	29	1.1
			2月5日	38	25	24	1.0
看護			2月4日	25	13	6	2.2
ビジネス			2月4日	23	16	14	1.1
			2月5日	20	11	8	1.4
建築・デザイン			2月4日	27	20	3	6.7
			2月5日	30	20	4	5.0

● 3 月日程

学部・学科・専攻			志願者数	受験者数	合格者数	倍率
家政	被	服	11	11	7	1.6
	食物栄養	食 物 学	6	6	5	1.2
	児	童	8	8	8	1.0
文		芸	46	41	30	1.4
国		際	62	52	24	2.2
看		護	24	23	2	11.5
ビ ジ ネ ス			44	38	16	2.4
建 築 ・ デ ザ イ ン			26	25	3	8.3

●共通テスト併用

学部		志願者数	受験者数	合格者数	倍率
国	際	40	32	27	1.2
建 築 ・ デ ザ イ ン		9	9	5	1.8

〈大学〉大学入学共通テスト利用選抜結果

● 2月日程

学部・学科・専攻			志願者数	受験者数	合格者数	倍率	合格最低点の得点率	満点
家政	被服		59	59	30	2.0	65.0%	610
	食物栄養	食物学	47	47	22	2.1	65.7%	610
		管理栄養士	57	57	25	2.3	71.1%	610
	児童		89	88	46	1.9	63.9%	610
文	芸		321	321	217	1.5	63.9%	610
国際			242	242	201	1.2	60.2%	710
看護			83	83	39	2.1	57.5%	310
ビジネス			50	50	14	3.6	66.3%	610
建築・デザイン			89	89	15	5.9	76.9%	610

● 3月日程

学部・学科			志願者数	受験者数	合格者数	倍率	合格最低点の得点率	満点
家政	被服		12	12	4	3.0	71.2%	410
	児童		6	6	6	1.0	54.5%	410
文	芸		27	27	17	1.6	61.0%	610
国際			30	30	13	2.3	65.4%	710

〈短期大学〉 一般選抜結果

●全学統一方式（ベストワン方式）

科	志願者数	受験者数	合格者数	倍率
生 活 科 学 科	26	26	26	1.0
文　　　　科	27	25	25	1.0

●全学統一方式（オンリーワン方式）

科	志願者数	受験者数	合格者数	倍率
生 活 科 学 科	5	4	4	1.0
文　　　　科	8	8	8	1.0

●2月日程（ベストワン方式）

科		志願者数	受験者数	合格者数	倍率
生 活 科 学 科	2月4日	17	14	14	1.0
	2月5日	11	10	10	1.0
文　　　　科	2月4日	9	7	7	1.0
	2月5日	5	5	5	1.0

●2月日程（オンリーワン方式）

科		志願者数	受験者数	合格者数	倍率
生 活 科 学 科	2月4日	4	2	1	2.0
	2月5日	4	3	3	1.0
文　　　　科	2月4日	8	3	3	1.0
	2月5日	4	2	2	1.0

●3月日程

科	志願者数	受験者数	合格者数	倍率
生 活 科 学 科	10	9	9	1.0
文　　　　科	19	17	17	1.0

〈短期大学〉大学入学共通テスト利用選抜結果

● 2 月日程

科	志願者数	受験者数	合格者数	倍率	合格最低点の得点率	満点
生活科学科	10	10	10	1.0	37.8%	210
文　　　科	18	18	18	1.0	50.0%	210

● 3 月日程

科	志願者数	受験者数	合格者数	倍率	合格最低点の得点率	満点
生活科学科	1	1	1	1.0	69.9%	210
文　　　科	2	2	2	1.0	59.7%	210

募 集 要 項 の 入 手 方 法

　募集要項は，大学ホームページからダウンロードできます。詳細は大学ホームページをご確認ください。

問い合わせ先

共立女子大学・共立女子短期大学　大学企画課
　〒101-8437　東京都千代田区一ツ橋 2-2-1
　TEL　03-3237-5927
　e-mail　koho.gr@kyoritsu-wu.ac.jp
　URL　https://www.kyoritsu-wu.ac.jp/

TREND & STEPS

傾 向 と 対 策

　科目ごとに問題の「傾向」を分析し，具体的にどのような「対策」をすればよいか紹介しています。まずは出題内容をまとめた分析表を見て，試験の概要を把握しましょう。

—————————— 注　意 ——————————

　「傾向と対策」で示している，出題科目・出題範囲・試験時間等については，2024 年度までに実施された入試の内容に基づいています。2025 年度入試の選抜方法については，各大学が発表する学生募集要項を必ずご確認ください。

英　語

（注）　●印は全問，◖印は一部マーク方式採用であることを表す。

会話文でも文法重視
読解問題では情報整理が重要

01 出題形式は？

　2024 年度も例年同様，全問マーク方式による選択式であった。大問数
は，文法・語彙問題が 1 題，会話文問題が 1 題，読解問題が 2 題の計 4 題
構成が定着している。試験時間は 60 分。

02 出題内容はどうか？

　読解問題は，内容説明，内容真偽，同意表現が出題されている。2 題の

うち1題が英問英答であり，もう1題は日本語で設問と選択肢が与えられている。また，本文に述べられていないものを答えさせる形式もよく出題されていることから，本文をくまなく読み込まなければならない。

　文法・語彙問題は，近年は誤り指摘が5問，空所補充が5問という形式が定着している。誤り指摘はそれぞれの問題において下線の引かれる品詞がそろえてあり，出題の意図が明確になるよう工夫されている。空所補充は助動詞や時制，準動詞など基本的なものが多く出題されている。

　会話文問題は，基本的な文法・語法に関する問題が多く出題されている。

03 | 難易度は？

　読解問題の出題内容は多岐にわたっている。設問文，選択肢がともに英語の問題も含まれており，日本語のものより難しい。紛らわしい選択肢もあるので注意が必要である。さまざまな角度から出題されており，オールラウンドな力が要求される。文法・語彙問題で時間を取られないよう気をつけて，読解問題で文章を入念に読み込む時間を確保したい。

対 策

01 | 読解力の養成

　英文量が多いため，比較的平易な文章の要点を効率良く押さえていく練習を積んでおくとよい。そのためには『英語長文レベル別問題集』（ナガセ）の初級編～中級編や『やっておきたい英語長文300』（河合出版）などを繰り返し解いておくとよいだろう。また，共通テストの第6問などを解くと良い練習になるだろう。

02 | 文法・語彙の基本演習

　文法の基礎事項を復習した上で，『高校英文法をひとつひとつわかりやすく。』（Gakken）など基礎的なものや『英文法・語法 Vintage』（いいず

な書店）や『Next Stage 英文法・語法問題』（桐原書店）など標準レベル
の問題集で演習を積んでおくこと。そのうえで，『英文法ファイナル問題
集 標準編』（桐原書店）などを利用し，文法問題のランダム出題への対応
力を上げていこう。また，基本的な慣用句や動詞の意味・使い方にも習熟
しておきたい。

03　会話文対策

　基本的な会話文の問題集で，会話文の空所補充に慣れておこう。文法・
語法の正確な知識が必要なので，しっかり確認して覚えておきたい。また，
会話の流れを素早くつかむ訓練も兼ねるとよい。

04　過去問研究

　例年，基本的な出題傾向は同じであるので，本書を利用して過去問を十
分に研究し，実戦的な教材として活用することをすすめる。

日本史

▶一般選抜全学統一方式

年度	番号	内　　容	形　　式
2024 ●	〔1〕	古墳の特徴	選　　択
	〔2〕	江戸初期の文化	選　　択
	〔3〕	侘茶の創出と完成	選　　択
	〔4〕	「宋書倭国伝」―古代の外交・政治　　　　　　　⊘史料	選　　択
	〔5〕	応仁の乱，寛政の改革	選　　択
	〔6〕	「ポツダム宣言」―明治前期の日清・日朝関係，日本の敗戦　　　　　　　　　　　　　　　　　　⊘史料	選択・配列
2023 ●	〔1〕	弘仁・貞観文化	選　　択
	〔2〕	江戸時代の儒学	選　　択
	〔3〕	貴族の生活	選　　択
	〔4〕	10世紀の支配体制の転換，北条氏の台頭	選　　択
	〔5〕	幕政の安定	選　　択
	〔6〕	不平等条約の改正，日中戦争，近現代の女性の政治参加　　　　　　　　　　　　　　　　　　⊘史料	選　　択
2022 ●	〔1〕	摂関時代の仏教，元禄時代の美術	選　　択
	〔2〕	天平時代の美術，江戸時代の洋学	選　　択
	〔3〕	「鹿子木荘事書」―縄文時代の生活と文化，寄進地系荘園　　　　　　　　　　　　　　　　　⊘史料	選　　択
	〔4〕	足利義満と室町幕府，江戸幕府と大名	選　　択
	〔5〕	「帝国議会貴族院議事速記録」―明治前期の経済，天皇機関説事件　　　　　　　　　　　　　⊘史料	選　　択
	〔6〕	「教育基本法」―戦後の政治・外交・経済　　⊘史料	選択・配列

(注)　●印は全問，◐印は一部マーク方式採用であることを表す。
　　　2022年度は〔1〕～〔6〕のうち，任意の5題を選択。

教科書レベルの標準的な出題内容
頻出の文化史に要注意

01 出題形式は？

2022 年度までは 6 題から任意で 5 題を選んで解答する形で，各大問に
つき小問 10 問，計 60 問であった。2023・2024 年度は 6 題すべてに解答
する形になり計 50 問程度で，各大問の小問数にはばらつきがある。全問
マーク方式による選択式。適切な語句を選ぶ問題を中心に，正文（誤文）
選択問題などが出題されている。また，出来事の正しい年代順を問う配列
法の問題も年度によっては出題されている。試験時間は 60 分。

なお，2025 年度は出題科目が「歴史総合，日本史探究」となる予定で
ある（本書編集時点）。

02 出題内容はどうか？

時代別では，古代・中世・近世・近現代からほぼまんべんなく出題され
ている。2024 年度は出題されなかったが，原始からの出題もみられる。

分野別でも各分野から出題されているが，文化史の比重の高さが目立つ。
2022 年度は 6 題中 2 題，2023 年度は 16 問，2024 年度は 11 問が文化史か
らの出題であった。

史料問題も出題されており，出題されている史料は教科書や史料集に掲
載されているものである。

03 難易度は？

全体を通じて教科書レベルの標準的な内容が中心となっている。近現代史
に関しては教科書のかなり詳細な内容からの出題がみられる。教科書の内
容をしっかり学習しておくことが求められる。

01 徹底した教科書中心の学習を

　前近代史については出題される問題の多くが教科書レベルの基本的な問題であるので，取りこぼしのないよう細心の注意を払いたい。一方，近現代史に関しては教科書の詳細な内容からの出題がみられる。そのための最も有効な学習方法は，教科書の精読をしていくことである。問題文には『詳説日本史』（山川出版社）の本文に基づくと思われるものも多い。なお，教科書学習の際には，図表や脚注もおろそかにせず，人名や重要歴史用語などは『日本史用語集』（山川出版社）や図説資料集などを併用して，他の分野や時代とも関連づけてより深い理解をともなった知識として定着させることが肝要である。その上で，『山川一問一答 日本史』（山川出版社）などの教科書に準拠した問題集を併用して知識を深めておこう。

02 史料に目を通す

　史料問題で出題される史料は，基本的なものがほとんどであるので，教科書掲載の史料は精読しておくこと。その際には，人名や地名，年代などに注意を払いたい。さらにその上で，史料問題集などを活用し，実力向上を図るようにしよう。『史料をよむ 日本史史料問題』（山川出版社）などを使って練習を積んでおくとよいだろう。

03 文化史の学習

　文化史の出題頻度が高く，例年大問で出題されている。多くの受験生は文化史の学習を後回しにしがちだが，比較的著名な文化史名辞を問う設問が多いので，学習すれば得点源となりうる。『共通テスト日本史〔文化史〕』（教学社）や『30日完成 スピードマスター日本文化史問題集』（山川出版社）がおすすめである。

04 過去問の研究を

　例年，同じ時代や分野が繰り返し問われる傾向にある。本書を利用して過去問にあたり，出題内容や傾向をつかんでほしい。

世　界　史

▶一般選抜全学統一方式

年度	番号	内　容	形　式
2024 ●	〔1〕	古代ギリシアにおける奴隷	選　　択
	〔2〕	アンダルシアの歴史	選択・配列
	〔3〕	オベリスクの歴史	選　　択
	〔4〕	第二次世界大戦における日本とアメリカ	選　　択
2023 ●	〔1〕	文字解読の歴史　　　　　　　　　⊘視覚資料・地図	選　　択
	〔2〕	地理書・旅行記の歴史	選　　択
	〔3〕	ヨーロッパにおける本と作家の関係	選　　択
	〔4〕	グランド゠ツアーの歴史	選　　択
2022 ●	〔1〕	金石文の歴史	選　　択
	〔2〕	バイユーのタペストリーから見た歴史	選　　択
	〔3〕	ジャガイモの歴史　　　　　　　　　　⊘視覚資料	選　　択
	〔4〕	グローバル゠ヒストリーの発展	選　　択

（注）　●印は全問，◖印は一部マーク方式採用であることを表す。

傾 向　基本的な事項を中心とする出題

01　出題形式は？

　大問 4 題の出題で，試験時間は 60 分である。出題形式は，全問マーク
方式による選択式である。適切な語句を選択する問題が多いが，語句の組
み合わせを問う問題や正文・誤文選択問題などの出題もみられる。2024
年度は配列法も出題された。2022 年度はミレーやモネなどの絵画，2023
年度は文字の写真や地図が扱われた。

　なお，2025 年度は出題科目が「歴史総合，世界史探究」となる予定で
ある（本書編集時点）。

02　出題内容はどうか？

　地域別では，2022〜2024年度はアジア地域については1題出題されたのみで，他3題は欧米地域中心の出題であった。

　時代別では，古代から現代まで，ほぼ偏りなく出題されている。

　分野別では，「文字解読の歴史」，「オベリスクの歴史」といったテーマ史が出題されるのが特徴的で，2022年度以降その割合が高くなっている。政治史・外交史のほか，社会史・文化史もかなりの割合で出題されており，2022・2023年度は文化史で視覚資料を用いての出題がみられた。

03　難易度は？

　教科書レベルの知識をきちんと身につけていれば十分に対応が可能な基本的な出題が中心であるが，テーマ史ではやや難度の高い設問が出題されることもある。大問によって取り組みやすさが異なるので，まずは問題全体に軽く目を通した上で得意分野の問題から取りかかるなどして，時間配分に注意しよう。

対　策

01　教科書中心の学習を大切にしよう

　教科書レベルの知識で十分に対応可能な問題がほとんどであるため，繰り返し教科書を読み，その内容をしっかりと身につけることが重要である。ただし，やや細かい知識を問う問題が出題されることもあるので，教科書の本文だけではなく，脚注にも目を通しておくべきであろう。なお，世界史の教科書には複数の種類があり，その記述内容の詳しさにも差があるので，『世界史用語集』（山川出版社）などを利用して，歴史上の事項や人名をチェックする習慣をつけておくことが望ましい。

02　テーマ別に知識を整理しよう

　なんらかのテーマに沿って特定の国や地域の長い歴史を概観するような大問が多く，先述の通り「文字解読の歴史」，「オベリスクの歴史」などのテーマ史が出題されている。自分でサブノートを作り，世界史をテーマ別にまとめることによって知識を整理したり，テーマ史や各国史でまとめられた問題集を使ったりするなどして，出題に慣れておくとよいだろう。『新版 各国別世界史ノート』（山川出版社）などを利用して，アウトプットに努めておきたい。

03　現代史の学習

　現役の受験生が苦手とすることが多い第二次世界大戦後の歴史について出題されることもあり，要注意である。学校の授業だけでは手薄になりがちな範囲なので，教科書をただ読むだけではなく，自分で国別・地域別・テーマ別（例えば「第三世界の独立運動」「第二次世界大戦後の冷戦」など）にまとめたサブノートを作って，知識を整理しておきたい。

04　文化史に注意

　文化史は学校の授業では手薄になりがちな分野なので，サブノートを作って自分なりにまとめ，文化史に関する問題集を使って出題に慣れておくなど，きちんとした対策をとることが必要である。

地　理

▶一般選抜全学統一方式

年度	番号	内　容	形　式	
2024 ●	〔1〕	世界の自然環境　　　　　　　　　　　　⦿地図・グラフ	選	択
	〔2〕	東京湾沿岸地域の地誌　⦿地図・統計地図・グラフ・地形図	選	択
	〔3〕	世界の農業　　　　　　　　　　　　　　　　⦿統計表	選	択
	〔4〕	ロシアの地誌　　　　　　　　　　　　　⦿地図・グラフ	選	択
2023 ●	〔1〕	世界の自然環境　　　　　　　　　　　　⦿地図・グラフ	選	択
	〔2〕	岩手県の地誌　⦿地図・統計地図・統計表・地形図	選	択
	〔3〕	世界の観光　　　　　　　　　　　　　⦿統計表・グラフ	選	択
	〔4〕	オセアニアの地誌　　　　　　　　　　　　　　⦿地図	選	択
2022 ●	〔1〕	世界の自然環境　　　　　　　　　　⦿地図・グラフ・図	選	択
	〔2〕	奄美群島の地誌　　　　　　　　⦿地図・グラフ・地形図	選	択
	〔3〕	世界の貿易　　　　　　　　　⦿統計表・グラフ・地図	選	択
	〔4〕	南アジアの地誌　　　　　　　　　　　⦿地図・統計表	選	択

（注）　●印は全問，◑印は一部マーク方式採用であることを表す。

基本的な知識や理解が問われる
地図や地形図，グラフなどの資料が多用される

01　出題形式は？

　例年，大問 4 題の出題で，全問マーク方式による選択式となっている。
試験時間は 60 分。

　なお，2025 年度は出題科目が「地理総合，地理探究」となる予定であ
る（本書編集時点）。

02 出題内容はどうか？

　幅広い分野からバランスよく出題されている。地名や国名，地理用語などについての問題が中心である。地図・地形図やグラフ・統計表などの資料が多く用いられている。小縮尺の地図が概略図として用いられているほか，地勢図や地形図が示されて実際の距離計算や2地点の比較など基本的な読図力が問われている。また，ハイサーグラフや雨温図が示されて気候区の判断が求められているほか，グラフが示されて統計や構成比の判定なども問われている。

03 難易度は？

　全体としては基本的な知識や理解が多く問われている。基本事項を問う問題を確実にテンポよくこなして，資料の正確な読解が求められる難問などに落ち着いて取り組めるようにしよう。

対 策

01 統計問題に強くなろう

　地理の入試問題では統計問題が多く出題される。共立女子大学も例外ではない。ハイサーグラフや人口構成・土地利用に関する統計データなど，日頃から統計に親しんでおくことが求められる。農作物や鉱産資源の生産上位国や輸出・輸入上位国などは資料集で確認しておきたい。

02 地名や国名に強くなろう

　基本的知識の定着を問う内容が多く，日頃から地名や国名を意識した学習が求められる。地図帳や白地図を活用し，地図上における位置を確認しながら学習を進めるとよいだろう。さまざまな国際組織に関しても，加盟国はもちろんのこと，加盟年まで含めて正確に把握しておこう。

03　地理用語の理解をしっかりと

　地理用語の定義をしっかりと理解しておこう。『地理用語集』(山川出版社) などを日頃の学習から活用したい。

数　学

▶一般選抜全学統一方式

年度	番号	項　　目	内　　容
2024 ●	〔1〕	小　問　3　問	(1)実数　(2)分母の有理化　(3)1次不等式
	〔2〕	データの分析	平均値，分散
	〔3〕	2　次　関　数	絶対値を含む2次不等式
	〔4〕	数　　　　　列	等差数列
	〔5〕	図形と計量	余弦定理，三角錐の体積
	〔6〕	積　　分　　法	2次関数と絶対値を含む1次関数で囲まれた部分の面積
2023 ●	〔1〕	数　　と　　式	根号の計算，対称式
	〔2〕	小　問　2　問	(1)循環小数　(2)1次不等式
	〔3〕	2　次　方　程　式	2次方程式の解
	〔4〕	対　数　関　数	対数を利用した光の強度計算
	〔5〕	図　形　の　性　質	交わった2つの円の重なる部分の周の長さと面積
	〔6〕	積　　分　　法	2次関数のグラフ，2つの曲線で囲まれた部分の面積
2022 ●	〔1〕	小　問　3　問	(1)絶対値を含む方程式　(2)円の方程式　(3)必要条件と十分条件
	〔2〕	対　数　関　数	対数方程式
	〔3〕	確　　　　　率	6枚のカードから1枚ずつ選ぶときの確率
	〔4〕	複　　素　　数	複素数の累乗
	〔5〕	図形と計量	四面体の辺を動く点と最短経路
	〔6〕	数　　　　　列	正三角形の内接円，等比数列とその和

（注）　●印は全問，◖印は一部マーク方式採用であることを表す。

出題範囲の変更

　2025年度入試より，数学は新教育課程での実施となります。詳細については，大学から発表される募集要項等で必ずご確認ください（以下は本書編集時点の情報）。

2024年度（旧教育課程）	2025年度（新教育課程）
数学 I・II・A・B（数列のみ）	数学 I・II・A（図形の性質，場合の数と確率）・B（数列のみ）

旧教育課程履修者への経過措置

　旧教育課程履修者に対して不利とならないように配慮して出題する。

幅広い分野から標準的な問題を出題

01 出題形式は？

全問マーク方式による出題で，大問数は6題。試験時間は60分。

02 出題内容はどうか？

幅広い分野から基本的な問題が出題されており，特に数と式，絶対値を含む関数，対数関数は頻出である。さらに，2023年度〔4〕のように場面設定があり，必要な知識を応用することを求められる出題もみられる。

03 難易度は？

教科書の例題・章末問題レベルの問題であり，分野融合型の問題は少ないので取り組みやすい。なお，試験時間に対する問題量は適切であるから，できるだけ見直しの時間を確保したい。

対 策

01 教科書を完全にマスター

各分野から出題されているが，いずれも基本的な問題が多いので，まず教科書の例題や練習問題を完全に理解し，傍用問題集で各分野の代表的な問題を繰り返し演習していくとよい。

02 苦手分野をなくそう

全体的には幅広い分野から基本的な問題が出題されている。各問題が基本的であるだけに，苦手分野があると高得点を目指すには苦しい。教科書

の基本事項から丁寧に復習し，苦手分野を克服しておこう。各分野の基本的な，あるいは代表的な問題はマスターしておくことが大切である。

03　速く，正確な計算力をつける

　難問の出題はなく，基礎学力を問う出題である上，結果だけをマークする方式であるだけに，計算ミスは致命傷になりかねない。普段の学習で，最後まできちんと計算する習慣をつけ，速くて正確な計算力を身につけておきたい。

化　学

▶一般選抜全学統一方式

年度	番号	項　目	内　容
2024 ●	〔1〕	総　　合	原子の構造，反応の量的関係，結晶格子，水溶液の計算，熱化学，酸塩基と中和，酸化還元，電気分解，無機物・有機物の性質など 30 問　　⊘計算
2023 ●	〔1〕	総　　合	原子の構造，反応の量的関係，結晶格子，水溶液の計算，熱化学，酸塩基と中和，酸化還元，無機物・有機物の性質など 30 問　　⊘計算
2022 ●	〔1〕	総　　合	原子の構造，反応の量的関係，結晶格子，水溶液の計算，熱化学，酸塩基と中和，酸化還元，無機物・有機物の性質など 30 問　　⊘計算

(注)　●印は全問，◑印は一部マーク方式採用であることを表す。

 基本的な問題が中心

01 出題形式は？

例年，小問集合のみの出題で，解答個数は 30 個となっている。全問マーク方式による選択式である。試験時間は 60 分。

02 出題内容はどうか？

2022～2024 年度の出題範囲は「化学基礎・化学（物質の状態と平衡・物質の変化と平衡〈化学反応と平衡を除く〉・無機物質の性質と利用・有機化合物の性質と利用）」であった。

小問集合問題により，毎年各分野から偏りなく出題されている。

なお，2025 年度の出題範囲は「化学」の範囲指定がなくなり，「化学基礎・化学」になる予定である。

03　難易度は？

　基本問題が中心であるが，計算問題が比較的多めに出題されており，油断はできない。教科書の章末問題程度まではきちんと解けるようにしておこう。試験時間に対してやや問題量が多いため，素早く解ける問題から解いていき，計算問題を後回しにするなど，時間配分にも注意が必要である。

対　策

01　理　論

　原子の構造，熱化学，酸化還元，酸・塩基，金属のイオン化傾向，電気分解などの理論の主要分野は例年いずれかが出題されている。教科書の基本的語句の意味を理解し，理論的裏づけをしっかりできるようにしておこう。また，公式などを用いた基本的な計算問題もマスターしておきたい。

02　無　機

　気体の発生方法と性質，金属イオンの分離などは，表や図にまとめて確実に理解しておこう。教科書に出てくる反応式や図などは，理論分野と関連づけながら学習しておこう。

03　有　機

　有機は比較的基本的な問題が多いので，確実に得点したい。そのためには教科書の内容を理解した上で，脂肪族や芳香族の各化合物の名称と構造式，異性体，官能基の性質や反応性などをきちんと整理しておこう。

04　実　験

　教科書に取り上げられている代表的な実験は，その手順や反応式，変化の様子など内容的理解はもちろんのこと，実験装置や器具の名称についても視覚的に確認し，理解を深めておきたい。

生　物

▶一般選抜全学統一方式

年度	番号	項　目	内　容
2024 ●	〔1〕	生　　態	一・二次遷移，土壌形成，湿性遷移
	〔2〕	細　　胞	細胞構造，細胞史，細胞接着，原形質流動，ミクロメーター　　　　　　　　　　　　　　　　　　　　　☑計算
	〔3〕	遺 伝 情 報	DNA の構成，半保存的複製，塩基数，岡崎フラグメント，体細胞分裂　　　　　　　　　　　　　　　　　☑計算
	〔4〕	体 内 環 境	自律神経系，内分泌系，フィードバック調節，受容体
2023 ●	〔1〕	生　　態	生態系，生物多様性の保全，外来生物
	〔2〕	代　　謝	酵素反応，光合成，呼吸，ATP
	〔3〕	遺 伝 情 報	転写，翻訳，スプライシング　　　　　　　　　　　☑計算
	〔4〕	環 境 応 答	眼の構造とはたらき，視物質，視交叉，盲斑　　　　☑計算
2022 ●	〔1〕	代　　謝	同化と異化，ATP，酵素のはたらき
	〔2〕	体 内 環 境	自律神経と内分泌，体温調節，血糖調節，糖尿病
	〔3〕	環 境 応 答	神経の構造，伝導，活動電位の発生，全か無かの法則，視細胞，遠近調節
	〔4〕	遺 伝 情 報	バイオテクノロジー，遺伝子導入，塩基配列解析法，PCR 法，一塩基多型

（注）　●印は全問，◗印は一部マーク方式採用であることを表す。

傾　向　　**体内環境，代謝が頻出**
計算問題の対策は必須

01 出題形式は？

　大問数は 4 題で，試験時間は 60 分である。全問マーク方式による選択式であるが，グラフの読解や計算問題も出題されている。解答個数は 45 個程度である。

02　出題内容はどうか？

　出題範囲は 2022・2023 年度が「生物基礎・生物（生命現象と物質・生物の環境応答）」，2024 年度は「生物基礎・生物（生命現象・遺伝子のはたらき・生物の環境応答）」であった。

　以前は幅広い分野から出題されていたが，近年は「生物基礎」の内容が大半を占めている。「生物基礎」からは代謝と体内環境が頻出で，ヒトに関連する出題が目立つ。2023・2024 年度は生態から出題されている。また，「生物」からは細胞と分子，DNA の構造と複製からの出題が多い。細胞・遺伝子関係は，生物基礎と生物の範囲が融合した出題（大問 2，3 題）がみられる。

　なお，2025 年度の出題範囲は「生物」の範囲指定がなくなり，「生物基礎・生物」になる予定である。

03　難易度は？

　基本事項を問うものが多く，全体的に素直な出題がよくみられるが，文章が長く，前後をしっかり読み取らないと紛らわしいものもある。また，2023 年度に続き 2024 年度も計算問題が数問出題された。点差が開くポイントなので，十分に慣れておいたほうがよいだろう。先入観にとらわれず，単位等に注意して問題に沿って解答したい。基本事項を問う問題を確実にテンポよくこなし，見直す時間を取れるよう時間配分に注意したい。

対　策

01　教科書の重要事項を確実に身につける

　まずは教科書を反復学習して基本的な知識を定着させること。教科書にある実験はその方法と結果まで含めてよく理解し，グラフや図は縦軸，横軸の単位に注意して概形を描くことができるくらいまで学習しておくこと。『入試標準問題集［生物基礎・生物］』（文英堂）などの問題集で事項の確

認をし，自分なりに要点をまとめて，知識の整理をしておきたい。また，詳しい知識が必要な問題もあるので，図説なども活用し，理解を深めておこう。ヒトに関連する内容は特に注意して見ておきたい。バイオテクノロジーなど，新しい研究方法もよく理解しておこう。

02 頻出項目対策と過去問演習

　頻出項目を中心に偏りなく学習しておくこと。酵素や ATP，体内環境，細胞と分子など類似の問題がみられるので，本書を利用して過去問にあたり，問題演習を繰り返すとよい。過去問演習にあたっては『赤本ノートプラス（二次・私大用)』（教学社）などを利用するとよいだろう。

03 計算問題対策

　計算問題対策としては，過去に出題された問題を繰り返し解き，確実に解答できるようにしておこう。

国　語

▶一般選抜全学統一方式

年度	科目	番号	種類	類別	内　容	出　典
2024 ●	国語総合（漢文除く）	〔1〕	現代文	評論	書き取り，空所補充，文法（口語），内容説明，語意，欠文挿入箇所	「思考の技術論」鹿島茂
		〔2〕	現代文	評論	欠文挿入箇所，内容説明，空所補充，慣用句，内容真偽	「死を見つめ，生をひらく」片山恭一
		〔3〕	古　文	物語	文法，語意，人物指摘，口語訳，内容説明，文学史	「源氏物語」紫式部
2023 ●	国語総合（漢文除く）	〔1〕	現代文	評論	空所補充，語意，内容説明	「発情装置」上野千鶴子
		〔2〕	国語常識		書き取り（四字熟語，熟語）	
		〔3〕	現代文	評論	文法（口語），空所補充，語意，内容説明	「内臓とこころ」三木成夫
		〔4〕	古　文	日記	読み，空所補充，人物指摘，文法，語意，内容説明，内容真偽，文学史	「和泉式部日記」
2022 ●	現代文	〔1〕	現代文	評論	語意，空所補充，内容説明，内容真偽	「異本論」外山滋比古
		〔2〕	現代文	評論	空所補充，慣用表現，内容真偽，主旨	「リスクの正体」神里達博
		〔3〕	国語常識		書き取り（四字熟語）	
	古文	〔1〕	古　文	評論	語意，指示内容，人物指摘，空所補充，和歌解釈，内容真偽	「無名草子」
		〔2〕	古　文	日記	文法，敬語，古典常識，文学史	「紫式部日記」

（注）　●印は全問，◖印は一部マーク方式採用であることを表す。

　　　2024 年度：〔2〕〔3〕はどちらか1題を選択（文芸学部は〔3〕の古文必須）。

　　　2023 年度：〔3〕〔4〕はどちらか1題を選択（文芸学部は〔4〕の古文必須）。

　　　2022 年度：古文は文芸学部および短期大学文科のみ。選択科目のうちの1科目として選択が可能。

現代文は評論で読解力が問われる
古文は基礎力が問われる設問構成

01 出題形式は？

　2022 年度までは，「国語総合（現代文のみ）」と「国語総合（古文の
み）」の2科目が別々に設けられていたが，2023・2024 年度は「国語総合
（漢文除く）」として1科目になり，出願時に選択問題の「現代文」か「古
文」からあらかじめ選択して解答することとなった（文芸学部は必ず「古
文」を選択）。なお，2023 年度までは国語常識の大問1題が出されていた
が，2024 年度はなくなった。試験時間は 60 分で，全問マーク方式による
選択式である。

02 出題内容はどうか？

　現代文は，言語や文化に関する評論が中心であるが，随筆が出題された
こともある。設問は内容説明，空所補充，欠文挿入箇所，内容真偽などで，
読解力を試す内容となっている。2024 年度は書き取り，文法（口語），語
意などの知識を問う設問が現代文の大問の中で出された。
　古文は，中古中世の著名な作品からの出題が多い。設問は文法，語意，
口語訳，内容説明のほか，文学史，古典常識も出題されている。語意や文
法など，知識を問う設問の割合が高めである。

03 難易度は？

　現代文の評論は文章量は少ないが，やや難度が高いものもある。とりわ
け，内容真偽は選択肢がよく練られており，丁寧に読む必要がある。また，
古文の素材文は受験生のよく目にするものが多く，2023 年度は『和泉式
部日記』，2024 年度は『源氏物語』が出された。2023 年度は，本文の細か
い内容まで理解できていないと正解にたどりつけない設問もあったが，
2024 年度は設問が易化して，基礎力が試されるものになった。時間配分
としては，知識を問う設問を短時間で仕上げ，文章の読解問題に時間をか

けたい。

01　現代文

　幅広い分野の文章が出題されているので，新しいトピックを扱った新書を積極的に読んでいくとよいだろう。全問マーク方式の設問なので，『マーク式基礎問題集 現代文』（河合出版）などを使い，問題に当たるとよいだろう。それに加えて過去問を解くことが対策となる。頻出の空所補充では，文脈を正確に読み取る力が必要となるが，語句の微妙なニュアンスの違いが問われることもある。問題を解く場合には，本文中の解答の根拠となる部分を確認しながら取り組むとよい。内容真偽の設問に備えて，あらかじめ選択肢を読んでおくことをすすめる。四字熟語や慣用句などの知識も国語便覧などを利用してマスターしておきたい。

02　古　文

　まず基本的な古文単語を 300 語程度しっかりと押さえること。普段の授業の予習・復習を大切にしたい。その際，語意の広がりに注意し，多義語については用例を確認しながら覚えていくとよい。文法では敬語法，助動詞の働きを中心に基礎力をつけたい。文学史は古文では必ず問われるものと考えて，教科書の出典，作者の解説をしっかり確認しておくこと。問題集は『マーク式基礎問題集 古文』（河合出版）などをすすめる。特に内容説明や内容真偽の設問には積極的に取り組むようにしよう。ストーリーや登場人物の把握に努めて問題に取り組むことが求められる。

2024
年度

問題と解答

一 般 選 抜 全 学 統 一 方 式

問 題 編

▶試験科目・配点
〈大 学〉

学部・学科・コース	教 科	科　　　目	配　点
家政学部 被服 食物栄養（食物学専攻） 児童	外国語	コミュニケーション英語Ⅰ・Ⅱ・Ⅲ，英語表現Ⅰ・Ⅱ	100点
	選 択	日本史Ｂ，世界史Ｂ，地理Ｂ，「数学Ⅰ・Ⅱ・Ａ・Ｂ」，「化学基礎・化学」，「生物基礎・生物」から1科目選択	100点
	国 語※	国語総合（漢文除く）	100点
食物栄養（管理栄養士専攻）	外国語	コミュニケーション英語Ⅰ・Ⅱ・Ⅲ，英語表現Ⅰ・Ⅱ	100点
	選 択	「数学Ⅰ・Ⅱ・Ａ・Ｂ」，「化学基礎・化学」，「生物基礎・生物」から1科目選択	100点
	国 語※	国語総合（漢文除く）	100点
文芸，国際，ビジネス，建築・デザイン学部	外国語	コミュニケーション英語Ⅰ・Ⅱ・Ⅲ，英語表現Ⅰ・Ⅱ	100点
	選 択	日本史Ｂ，世界史Ｂ，地理Ｂ，「数学Ⅰ・Ⅱ・Ａ・Ｂ」，「化学基礎・化学」，「生物基礎・生物」から1科目選択	100点
	国 語※	国語総合（漢文除く）	100点
看 護 学 部	外国語	コミュニケーション英語Ⅰ・Ⅱ・Ⅲ，英語表現Ⅰ・Ⅱ	100点
	選 択	「数学Ⅰ・Ⅱ・Ａ・Ｂ」，「化学基礎・化学」，「生物基礎・生物」から1科目選択	100点
	国 語※	国語総合（漢文除く）	100点

〈短期大学〉

方式	教科	科　　　　　　目	配　点	
ベストワン方式	外国語	コミュニケーション英語Ⅰ・Ⅱ・Ⅲ，英語表現Ⅰ・Ⅱ	3科目受験 高得点1科目で判定	100点
	選　択	日本史B，世界史B，地理B，「数学Ⅰ・Ⅱ・A・B」，「化学基礎・化学」，「生物基礎・生物」から1科目選択		
	国　語※	国語総合（漢文除く）		
オンリーワン方式	外国語	コミュニケーション英語Ⅰ・Ⅱ・Ⅲ，英語表現Ⅰ・Ⅱ	出願時に選択した1科目で判定	100点
	選　択	日本史B，世界史B，地理B，「数学Ⅰ・Ⅱ・A・B」，「化学基礎・化学」，「生物基礎・生物」から1科目選択		
	国　語※	国語総合（漢文除く）		

▶備　考

※「国語」は必答問題（「現代文」）と選択問題（「現代文」または「古文」）からなる。選択問題は出願時に「現代文」または「古文」から選択する。文芸学部に出願する場合，必ず「古文」を選択すること。

• 「数学B」は，数列の範囲に限る。

• 「化学」は，物質の状態と平衡・物質の変化と平衡（化学反応と平衡を除く）・無機物質の性質と利用・有機化合物の性質と利用の範囲に限る。

• 「生物」は，生命現象・遺伝子のはたらき・生物の環境応答の範囲に限る。

• 上記の得点の他に調査書（10点満点）を加えて選抜する。

• 各科目の得点を偏差値換算し判定を行う。

• **外部英語検定試験の利用**：出願時点で，大学の定める外部英語検定試験の基準を満たしている場合，外国語（英語）の試験の得点としてみなされる。また，大学独自の外国語（英語）の試験も受験した場合は，高得点の点数で合否判定が行われる。

英　語

（60分）

I 以下の英文1～5の下線部㋐から㋓のうち，正しくないものを一つ選びなさい。

1. I'd love to go to Italy ㋐to see the historical sights, ㋑to tasting the food, and while ㋒walking the streets, ㋓to enjoy the atmosphere. [1]

2. ㋐Our noses are itching because ㋑your perfume is too strong for us. ㋒My eyes are also watering and ㋓hers eyes are turning red. [2]

3. Today we ㋐are going to cook omelets, tomorrow we ㋑will go to an omelet restaurant, and later this week we ㋒plan to had *omurice*, which we ㋓first had yesterday. [3]

4. Do you think I ㋐should wear this shirt, or ㋑would it be better to wear this one? I ㋒must to make a good impression, and I ㋓have to choose the right outfit to do that. [4]

5. You're going to a wedding, ㋐so you need to wear a suit, ㋑and it should be a formal suit ㋒nor at least something close to formal, ㋓but not with a black tie. [5]

以下の英文 6〜10 の(　　　)に入るものとして，最も適切なものを一つ選びなさい。

6. When I went to America for the first time, I (　　　) understand what people were saying to me or reply to their questions.　6

　㋐　can't
　㋑　couldn't
　㋒　shouldn't
　㋓　won't

7. You can definitely improve your health by (　　　) your diet.　7

　㋐　improve
　㋑　improvement
　㋒　improving
　㋓　to improve

8. I'm trying to contact the students (　　　) don't turn in their homework.　8

　㋐　when
　㋑　where
　㋒　who
　㋓　why

9. Learning to speak Japanese takes a lot of (　　　) for people from other countries.　9

　㋐　effect
　㋑　effective
　㋒　efficient
　㋓　effort

10. Your speech （　　　　　） healthy sleeping habits was very interesting and informative. | 10 |

　㋐　as

　㋑　at

　㋒　in

　㋓　on

Ⅱ　以下の会話文 1 ～10 の下線部に入るものとして，最も適切なものを一つ選びなさい。

1. A：Excuse me, but do you know what time the next train is coming?

　 B：Well, according to the timetable, the next train will arrive _____ 2:27 p.m. | 11 |

　　　㋐　at

　　　㋑　from

　　　㋒　in

　　　㋓　on

2. A：Wow! You have the newest smartphone. Did you buy it recently?

　 B：No. Actually, I _____ it since May. | 12 |

　　　㋐　am having

　　　㋑　had

　　　㋒　have

　　　㋓　have had

3. A：Can I help you?

　 B：Can you tell me where _____ ? | 13 |

　　　㋐　is located the post office

　　　㋑　is the located post office

　　　ⓥ　the locate post office

　　　㋔　the post office is located

4.　A：Were many students absent from class today?

　　B：Yes, I understand that several _____ caught a cold.　14

　　　㋐　of student

　　　㋑　of students

　　　㋒　of the student

　　　㋔　of the students

5.　A：How are things different today than they were when you were a child?

　　B：When I was a child, we didn't have so _____ cars on the road.　15

　　　㋐　a lot of

　　　㋑　large

　　　㋒　many

　　　㋔　much

6.　A：Why do you think the people in Japan have a high life expectancy?

　　B：The main reason is a good diet that _____ fish, fruits and vegetables.　16

　　　㋐　consist of

　　　㋑　consisted of

　　　㋒　consisting of

　　　㋔　consists of

7.　A：What is the key to a low level of stress?

　　B：In my opinion, low stress is _____ good exercise.　17

　　　㋐　associated against

　　　㋑　associated with

㋒ associating against

㋓ associating with

8. A：The concert last week was great, wasn't it?

B：Yes, particularly that young pianist played ______ well. [18]

㋐ surprise

㋑ surprised

㋒ surprising

㋓ surprisingly

9. A：Can I use these glasses for the party?

B：Of course. You can also use the new ______ in the cupboard. [19]

㋐ it

㋑ ones

㋒ that

㋓ them

10. A：Do you happen to know Ken's phone number?

B：Sorry. I have his e-mail address, ______. [20]

㋐ but

㋑ neither

㋒ though

㋓ yet

Ⅲ 以下の英文を読んで設問に答えなさい。(A)から(K)は段落を表す記号です。
(右上に数字を付した語句は，本文の後に注があります。)

編集部注：問題文中の網掛け部分は個人名を置き換えています。

(A) Despite the recent nationwide review of controversial[1] school rules, there are still prominent examples of <u>control-oriented regulations</u> and oppressive school reactions. To what extent are "restrictions" on children necessary, if they are
(1)
necessary at all? This *Mainichi Shimbun* reporter visited a Tokyo high school with "no school rules" to examine the issue.

(B) In mid-April, just as the new Japanese school year began, I visited Chuo University Senior High School in Koganei, Tokyo, where students in casual outfits were taking classes. Their hair colors included brown and gold. Some had pierced ears and wore nail polish — both commonly forbidden at schools. The atmosphere was like that of a college campus.

(C) The school is known as one with no rules, and students are free to dress and style their hair as they please. They are also allowed to wear makeup and accessories. There is quite a gap between the image of high schoolers in general and that of the students here, who enjoy dressing as they like.

(D) Principal Yuichi Ishida, who is also a professor in the Department of Law at Chuo University, said, "There isn't much difference between second- and third-year high school students and first- and second-year university students," adding that he personally felt no discomfort about students' appearance at the high school. The school's principal is a professor in the Department of Law at the university by tradition, and Ishida, who specializes in European literature, was appointed to the post two years ago. His earlier comment was a realization based on his two positions as a university professor and a high school principal.

(E) The school's educational philosophy is "independence, autonomy[2] and self-governance[3]," and it values students making autonomous decisions. This also applies to their personal appearance. If the adults around them interfere, "It may deprive[4] them of the opportunity to think," Ishida said. He added, "As an adult, you will be faced with the question of what kind of clothing is advantageous to you. There are many decisions to make, such as whether to dress for each occasion or stick to what you want to express. I think that is something students should start learning about when they are in high school." Even if the resulting decision is wrong, the experience itself is a positive thing, the principal said. "Suppose you have a girlfriend and when you first meet her parents you have dyed your hair. If she is from a strict family, her parents might say, 'Don't go out with that guy.' If that happens, dyeing your hair is a failure. But in my opinion, it's better to experience those kinds of failures."

(F) However, the school did not start out with the liberal culture it has today. When it was a boys' high school, it had strict school rules, such as not allowing students to wear anything other than high-collared, button-up jackets and requiring them to greet teachers and staff when they saw them on their way to and from school. The rules seemed designed to manage and control the students. But in 1970, when the university student movement began sweeping through[5] high schools as well, the students rebelled against the rules and called
_(a)_
for their abolition. Some of them even went so far as to barricade themselves inside the school. The high school accepted the students' demands and decided to abolish the rules.

(G) "I believe that historically speaking, students fought for and won their freedom rather than the school giving it to them, and that tradition has been carried on today," Ishida said. Since the school became coeducational in 2001, the number of "assertive" students has increased, but as mentioned earlier, the
_(b)_
school respects and accepts them.

(H) What do current students think about the absence of rules? "In the first place, I don't understand the necessity of having to keep one's hair black," said
___A___, 17, a third-year student. She herself has blonde hair and wears ear piercings, but she doesn't think it interferes with her schoolwork or other activities. She said, "No matter how strict the school rules are through high school, once you become a college student, you're free to do whatever you want. Considering that, I think it's good that students can decide what they want to
_(2)_

look like while still in high school."

(I) A third-year boy said, "Once we go out into the world, each one of us needs to have our own individuality to make it. It's good that this place allows us to cultivate our individuality," and a third-year girl said, "Freedom makes us open-minded."

(J) It is not only clothing and hairstyles that are not restricted. Smartphone use during class is also allowed at this school. Although there is a "when necessary" condition, students can generally use their own smartphones to look up any questions they have. Again, what is emphasized is the students' independence.

(K) Ishida declared, "The world is going to change rapidly. We live in an age when yesterday's common sense is no longer today's common sense. I hope they (the students) will open up a new, free-thinking future, (c)unrestrained by common sense."

[Adapted from "What do principal, students think of Tokyo high school with 'no rules'?" by Yukinao Kin, May 16, 2023, *The Mainichi*, 一部改変, 〈https://mainichi.jp/english/articles/20230516/p2a/00m/0na/035000c〉]

(注)

1. controversial：議論の的になる
2. autonomy：自主性
3. governance：統治，管理
4. deprive A of B：AからBを奪う
5. sweep through：駆け抜ける

1. 下線部(1) control-oriented regulations の具体例として，本文中で述べられていないものを一つ選びなさい。 [21]

㋐ 髪を染めてはならないこと。

㋑ 女子生徒はスカートを着用すること。

㋒　男子生徒は詰め襟の制服を着用すること。

㋓　登下校時には教職員に挨拶をすること。

2. 段落(A)～(D)の内容に合うものを一つ選びなさい。[22]

㋐　中央大学の学長が中央大学附属高校の校長も兼ねている。

㋑　中央大学附属高校ではピアスやマニキュアをすることは禁止されている。

㋒　中央大学附属高校の校長は欧州文学の専門家でもある。

㋓　中央大学附属高校は東京で校則のない唯一の高校として知られている。

3. 段落(E)～(G)の内容に**合わないもの**を一つ選びなさい。[23]

㋐　中央大学附属高校の自由な校風は生徒たちが自ら勝ち取ったものである。

㋑　中央大学附属高校は男子校として設立されたが，後に男女共学になった。

㋒　服装のTPOについて高校生の時から考えさせる必要性を校長は感じている。

㋓　身だしなみについて生徒が間違った判断をする可能性を校長は心配している。

4. 段落(H)～(K)の内容に合うものを一つ選びなさい。[24]

㋐　自由な校風は生徒の個性を伸ばしてくれると生徒は感じている。

㋑　自由を求めるばかりでなく，現在の常識を尊重する重要性も校長は感じている。

㋒　生徒は授業中いつでも自由にスマートフォンを使用することができる。

㋓　大学生になれば自由になるので，高校の校則に我慢している生徒もいる。

5. 下線部(2) that の内容として最も適切なものを一つ選びなさい。[25]

㋐　ある程度の校則は必要であることを理解できないこと。

㋑　高校を卒業すれば厳しい校則から解放されること。

㋒　自分が髪をブロンドに染めてピアスをしていること。

㋓　自由であり過ぎることが学業の妨げになる場合があること。

6. この文章全体から読み取れる内容として，最も適切なものを一つ選びなさい。

　　 26

　　㋐　中央大学附属高校の自由な校風に，教員も生徒もおおむね満足している。

　　㋑　中央大学附属高校の自由な校風に，生徒は満足しているが教員は問題を感じ
　　　ている。

　　㋒　中央大学附属高校の生徒たちは，個性的であるため互いに衝突することもあ
　　　る。

　　㋓　中央大学附属高校の生徒たちは，大多数がそのまま中央大学に進学する。

7. 本文中の二重下線部(a)〜(c)を置き換えるのに，最も適切なものを一つずつ選び
　なさい。

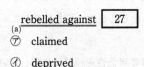
(a)rebelled against　 27

　　㋐　claimed

　　㋑　deprived

　　㋒　opposed

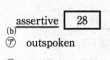
(b)assertive　 28

　　㋐　outspoken

　　㋑　positive

　　㋒　reserved

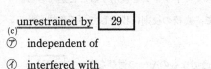
(c)unrestrained by　 29

　　㋐　independent of

　　㋑　interfered with

　　㋒　oppressed by

IV 以下の英文を読んで設問に答えなさい。(右上に数字を付した語句は，本文の後に注があります。)

As people prepare for the disruptive[1] impact of artificial intelligence on jobs and everyday living, those in the world of audio books say their field is already being transformed. AI has the ability to create human-sounding recordings—at assembly-line[2] speed—while bypassing at least part of the services of the human
(1)
professionals who for years have made a living with their voices. Many of them are already seeing a sharp drop-off in business.

Tanya Eby has been a full-time voice actor and professional narrator for 20 years. She has a recording studio in her home. But in the past six months she has seen her workload[3] fall by half. Her bookings now run only through June, while in a normal year they would extend through August. Many of her colleagues report similar declines. While other factors could be at play, she said, "It seems to make sense that AI is affecting all of us."
(2)

There is no label identifying AI-assisted recordings as such, but professionals say thousands of audio books currently in circulation use "voices" generated from
(3)
a databank. Among the most cutting-edge, DeepZen offers rates that can cut the cost of producing an audio book to one-fourth, or less, that of a traditional project. The small London-based company draws from a database it created by recording the voices of several actors who were asked to speak in a variety of emotional registers. "Every voice that we are using, we sign a license agreement, and we pay for the recordings," said DeepZen CEO Kamis Taylan. For every project, he added, "We pay royalties[4] based on the work that we do."

Not everyone respects that standard, said Eby. "All these new companies
(4)
are popping up[5] who are not as ethical," she said, and some use voices found in databases without paying for them. "There's that gray area" being exploited by several websites, Taylan acknowledged. "They take your voice, my voice, five other people's voices combined that just creates a separate voice … They say that it doesn't belong to anybody."

2
0
2
4
年
度

全
学
統
一
方
式

英
語

All the audio book companies denied using such practices. Speechki, a
$\overline{\quad(5)\quad}$
Texas-based start-up, uses both its own recordings and voices from existing
databanks, said CEO Dima Abramov. But that is done only after a contract has
been signed covering usage rights, he said.

Future of coexistence?

The five largest U.S. publishing houses did not respond to requests for
comment. But professionals said several traditional publishers are already using
so-called generative[6] AI, which can create texts, images, videos and voices from
existing content—without human intervention. "Professional narration has
always been, and will remain, core to the Audible listening experience," said a
spokesperson for that Amazon-related company, a giant in the American audio
book sector. "However, as text-to-speech technology improves, we see a future
in which human performances and text-to-speech generated content can coexist."
The giants of U.S. technology, deeply involved in the explosively developing field
of AI, are all pursuing the promising business of digitally narrated audio books.
$\overline{\quad(6)\quad}$

'Accessible to all'

Early this year, Apple announced it was moving into AI-narrated audio
books, a move it said would make the "creation of audio books more accessible to
all," notably independent authors and small publishers. Google is offering a
similar service, which it describes as "auto-narration." "We have to democratize
the publishing industry, because only the most famous and the big names are
getting converted into audio," said Taylan.

"Synthetic[7] narration just opened the door for old books that have never
been recorded, and all the books from the future that never will be recorded
because of the economics," added Speechki's Abramov. Given the costs of
human-based recording, he added, only some five percent of all books are turned

into audio books. But Abramov insisted that the growing market would also benefit voice actors. "They will make more money, they will make more recordings," he said.

The human element

"The essence of storytelling is teaching humanity how to be human. And we feel strongly that that should never be given to a machine to teach us about how to be human," said Emily Ellet, an actor and audio book narrator who helped establish the Professional Audiobook Narrators Association (PANA). "Storytelling," she added, "should remain human entirely."

Eby underlined a frequent criticism of digitally generated recordings. When compared to a human recording, she said, an AI product "lacks in emotional connection." Eby said she fears, however, that people will grow accustomed to the machine-generated version, "and I think that's quietly what's kind of happening." Her wish is simply "that companies would let listeners know that they're listening to an AI-generated piece … I just want people to be honest about it."

[Adapted from "Audio Book Narrators Say AI Is Already Taking Away Business", May 14, 2023,〈https://www.voanews.com/a/7092661.html〉]

（注）
1. disruptive：破壊的な
2. assembly-line：組み立てライン，工程
3. workload：仕事量
4. royalty：著作権使用料
5. pop up：急に現れる
6. generative：生成的な
7. synthetic：合成の

1. Which of the following is the most appropriate to replace bypassing?
(1)

　30

　㋐　developing

　㋑　including

　㋒　running

　㋓　skipping

2. What happened to Tanya Eby, a voice actor, after AI had been introduced in her industry?　31

　㋐　Her work has become much easier.

　㋑　Many jobs started to come between June and August.

　㋒　She has lost a lot of recording jobs.

　㋓　She has not been working over six months.

3. Which of the following is the closest in meaning to It seems to make
(2)
sense?　32

　㋐　It is difficult to accept

　㋑　It is fashionable to state

　㋒　It is impossible to expect

　㋓　It is reasonable to conclude

4. Which of the following does the "voices" refer to?　33
(3)

　㋐　AI voice parts replaced by live human voices

　㋑　different human voices imitating AI

　㋒　various human voice parts combined by AI

　㋓　voice parts created only with AI

5. What does <u>that standard</u> refer to?　| 34 |
   ₍₄₎

㋐　Audio book companies can freely choose what books to be recorded with or without AI.

㋑　Audio book companies must follow certain technical rules to maintain the quality of their products.

㋒　Audio book companies must hire at least several new voice actors for each recording.

㋓　Audio book companies should pay for voice actors based on proper license agreements.

6. What does <u>such practices</u> refer to?　| 35 |
   ₍₅₎

㋐　creating new stories without any agreements among voice actors

㋑　getting permission from voice actors to use their past works

㋒　starting to sell audio books after getting permission from voice actors

㋓　using the existing recordings without having agreements from voice actors

7. Which of the following is the closest in meaning to <u>the promising business</u>?　| 36 |
   ₍₆₎

㋐　the business which is expected to become larger

㋑　the business which is expected to decline rapidly

㋒　the business which is likely to create new rules

㋓　the business which is likely to make less profit

8. According to the text, which of the following is **NOT** mentioned as the potential benefits of AI-narrated audio books?　| 37 |

㋐　Even the old books published when AI was not available will likely be recorded.

㋑　It will allow small companies to publish their books more easily.

㋒　There will be more chances for the non-bestselling books to be recorded.

㊁ Voice actors will earn more money as the quality of their work will improve with AI.

9. Which **TWO** statements are true according to the text? ☐ 38

㋐ AI has been so advanced that it can mix not only voices but images and videos to create new contents.

㋑ AI recorded books tend to be more expensive than regular books but excellent in their sound quality.

㋒ Emily Ellet, an audio book narrator, believes that the future development of AI will help people more connected emotionally with others.

㋓ People can easily recognize which books are AI recorded because they are clearly labeled as such.

㋔ Recording by human voice actors would be done much faster and cheaper than AI recordings.

㋕ There are some companies which use previous recordings by voice actors without paying them royalties.

日本史

（60分）

I　下記の文章を読んで，設問に答えなさい。解答は，㋐〜㋔のなかから最も適切なものを一つ選び，解答用紙の記号をマークしなさい。

　古墳には，（　A　）・（　B　）・（　C　）・方墳などさまざまな墳形がみられる。数が多いのは（　C　）や方墳であるが，大規模な古墳はいずれも（　A　）であり，各地の有力な首長たちが採用した墳形であった。古墳の墳丘上には埴輪が並べられ，斜面は（　D　）がふかれ，墳丘のまわりには，濠をめぐらしたものも少なくない。埴輪は前期には（　E　）や家形埴輪，盾・靫・蓋などの（　F　）が用いられた。

　埋葬施設には，前期・中期は木棺や石棺を（　G　）におさめたものや棺を粘土でおおった（　H　）などが営まれ，後期になると（　I　）が多くなる。

問1　（　A　）に入るのは，次のどれか。　[1]
　㋐　前方後円墳　　㋑　前方後方墳　　㋒　円　墳　　㋓　上円下方墳

問2　（　C　）に入るのは，次のどれか。　[2]
　㋐　前方後円墳　　㋑　前方後方墳　　㋒　円　墳　　㋓　上円下方墳

問3　（　D　）に入るのは，次のどれか。　[3]
　㋐　木　材　　㋑　煉　瓦　　㋒　葺　石　　㋓　漆　喰

問4　（　E　）に入るのは，次のどれか。　[4]
　㋐　円筒埴輪　　㋑　動物埴輪　　㋒　器財埴輪　　㋓　人物埴輪

問 5 (F)に入るのは，次のどれか。 [5]

㋐ 円筒埴輪 ㋑ 動物埴輪 ㋒ 器財埴輪 ㋓ 人物埴輪

問 6 (G)に入るのは，次のどれか。 [6]

㋐ 粘土槨 ㋑ 横穴式石室 ㋒ 周 溝 ㋓ 竪穴式石室

問 7 (I)に入るのは，次のどれか。 [7]

㋐ 粘土槨 ㋑ 横穴式石室 ㋒ 周 溝 ㋓ 竪穴式石室

Ⅱ 下記の文章を読んで，設問に答えなさい。解答は，㋐～㋓のなかから最も適切なものを一つ選び，解答用紙の記号をマークしなさい。

江戸時代初期の文化は，桃山文化を受け継いだが，幕藩体制が安定するにつれて，寛永期前後に新しい傾向を示し始めた。

学問では，室町時代に五山の禅僧が学んでいた朱子学を中心に，儒学がさかんになった。朱子学は君臣・父子の別をわきまえ，上下の秩序を重んじる学問であったため，幕府や藩に受け入れられた。京都相国寺の禅僧であった(A)は，還俗して朱子学などの啓蒙につとめた。門人の(B)は家康に用いられ，(B)の子孫は代々儒者として幕府に仕えて，学問と教育を担った。

建築では，家康をまつる日光東照宮をはじめ霊廟建築が流行し，神社建築には(C)が広く用いられた。これらの建築には，桃山文化の影響を受けた豪華な装飾彫刻がほどこされた。また(D)に草庵風の茶室を取り入れた(E)が工夫され，京都の桂離宮の書院はその代表である。

絵画では狩野派から(F)が出て，幕府の御用絵師となったが，その子孫は様式の踏襲にとどまった。また京都では(G)が現われ，土佐派の画法をもとに，装飾画に新様式を生み出し，元禄期の琳派の先駆となった。京都の上層町衆であった(H)は，多才な文化人として知られ，書や蒔絵ですぐれた作品を生み出し，陶芸でも楽焼の茶碗に秀作を残した。

問 1 （　A　）に入るのは，次のどれか。[8]

㋐ 林羅山　㋑ 虎関師錬　㋒ 平田篤胤　㋓ 藤原惺窩

問 2 （　B　）に入るのは，次のどれか。[9]

㋐ 林羅山　㋑ 虎関師錬　㋒ 平田篤胤　㋓ 藤原惺窩

問 3 （　C　）に入るのは，次のどれか。[10]

㋐ 数寄屋造　㋑ 書院造　㋒ 寝殿造　㋓ 権現造

問 4 （　D　）に入るのは，次のどれか。[11]

㋐ 数寄屋造　㋑ 書院造　㋒ 寝殿造　㋓ 権現造

問 5 （　E　）に入るのは，次のどれか。[12]

㋐ 数寄屋造　㋑ 書院造　㋒ 寝殿造　㋓ 権現造

問 6 （　F　）に入るのは，次のどれか。[13]

㋐ 狩野元信　㋑ 狩野常信　㋒ 狩野探幽　㋓ 狩野山楽

問 7 （　G　）に入るのは，次のどれか。[14]

㋐ 土佐光起　㋑ 本阿弥光悦　㋒ 尾形光琳　㋓ 俵屋宗達

問 8 （　H　）に入るのは，次のどれか。[15]

㋐ 土佐光起　㋑ 本阿弥光悦　㋒ 尾形光琳　㋓ 俵屋宗達

Ⅲ　下記の文章を読んで，設問に答えなさい。解答は，㋐〜㋣のなかから最も適切な
　ものを一つ選び，解答用紙の記号をマークしなさい。

　　侘茶は室町時代に（　A　）が創出し，（　B　）を経て，（　C　）によって完成さ
　れたものである。

　問1　（　A　）に入るのは，次のどれか。　┃16┃
　　　㋐　古田織部　　　㋑　千利休　　　　㋒　武野紹鷗　　　㋣　村田珠光

　問2　（　B　）に入るのは，次のどれか。　┃17┃
　　　㋐　古田織部　　　㋑　千利休　　　　㋒　武野紹鷗　　　㋣　村田珠光

　問3　（　C　）に入るのは，次のどれか。　┃18┃
　　　㋐　古田織部　　　㋑　千利休　　　　㋒　武野紹鷗　　　㋣　村田珠光

Ⅳ　下記の文章を読んで，設問に答えなさい。解答は，㋐〜㋣のなかから最も適切な
　ものを一つ選び，解答用紙の記号をマークしなさい。なお史料には句読点などを補
　い，一部省略したものもある。

　　　興死して弟武立つ。自ら使持節都督倭・百済・新羅・任那・加羅・秦韓・慕韓七
　ａ　　　　　　ｂ
　国諸軍事安東大将軍（　A　）と称す。
　　　順帝の昇明二年，使を遣して上表して曰く，「昔より祖禰＊躬ら甲冑を攬
　ｃ　　　ｄ
　き，東は（　B　）を征すること五十五国，西は（　C　）を服すること六十六国，渡
　りて海北＊＊を平ぐること九十五国」と。

　＊祖禰…父祖のことか
　＊＊海北…朝鮮半島のことか

　問1　（　A　）に入る語句として正しいものは，次のどれか。　┃19┃
　　　㋐　親魏倭王　　　㋑　倭国王　　　　㋒　日本国王　　　㋣　漢委奴国王

問 2 （ B ）に入る語句として正しいものは，次のどれか。[20]

㋐ 蝦　夷　㋑ 東　夷　㋒ 上　毛　㋓ 毛　人

問 3 （ C ）に入る語句として正しいものは，次のどれか。[21]

㋐ 衆　夷　㋑ 西　戎　㋒ 西　夷　㋓ 熊　襲

問 4 下線部 a に該当する人物は，次のどれか。[22]

㋐ 雄略天皇　㋑ 允恭天皇　㋒ 安康天皇　㋓ 推古天皇

問 5 下線部 b に該当する人物は，次のどれか。[23]

㋐ 雄略天皇　㋑ 允恭天皇　㋒ 安康天皇　㋓ 推古天皇

問 6 下線部 c はどの王朝の皇帝か。正しいものは，次のどれか。[24]

㋐ 唐　㋑ 後　漢　㋒ 隋　㋓ 宋

問 7 下線部 d の年代は，次のどれか。[25]

㋐ 278 年　㋑ 478 年　㋒ 678 年　㋓ 878 年

問 8 この史料が示す時期の説明として正しいものは，次のどれか。[26]

㋐ 多くの日本人が海を渡り，多様な技術や文化を大陸に伝えた。

㋑ 漢字の使用が始まり，平がなや片かなが表音文字として使用された。

㋒ 倭の五王が相次いで中国の南朝に朝貢した。

㋓ ヤマト政権が東北地方から九州南部までを統一した。

V　下記の文章を読んで，設問に答えなさい。解答は，㋐～㋓のなかから最も適切な
ものを一つ選び，解答用紙の記号をマークしなさい。

A

　15世紀に入ると将軍権力が弱体化した。そして（　A　）・（　B　）の両管領家
に家督争いがおこり，ついで将軍家でも8代将軍足利義政の弟義視と，子の義尚を
推す義政の妻（　C　）のあいだに家督争いがおこった。その当時，幕府の実権を握
ろうとして争っていた（　D　）と（　E　）が，これらの家督争いに介入したために
対立が激化した。1467年，ついに戦国時代の幕開けとなる（　F　）が始まった。

問1　（　A　）（　B　）に入る人名の組み合わせとして正しいものは，次のどれ
　　か。　27

　　㋐　A：大　内　　B：斯　波

　　㋑　A：畠　山　　B：赤　松

　　㋒　A：畠　山　　B：斯　波

　　㋓　A：畠　山　　B：大　内

問2　（　C　）に入る人名として正しいものは，次のどれか。　28

　　㋐　北条政子　　　㋑　日野富子　　　㋒　平時子　　　㋓　近衛前子

問3　（　D　）（　E　）に入る人名の組み合わせとして正しいものは，次のどれ
　　か。　29

　　㋐　D：細川政元　　E：山名持豊

　　㋑　D：細川勝元　　E：山名氏清

　　㋒　D：細川政元　　E：山名氏清

　　㋓　D：細川勝元　　E：山名持豊

問4　（　F　）に入る語句として正しいものは，次のどれか。　30

　　㋐　応仁の乱　　　㋑　嘉吉の乱　　　㋒　享徳の乱　　　㋓　明応の政変

B

　1787年，江戸・大坂など全国30余りの主要都市で，打ちこわしがあいついでおこった。これを（　G　）の打ちこわしという。このようななか，老中に就任したのが（　H　）藩主の松平定信である。

　定信はまず荒廃した農村を復興させるために，飢饉に備えて各地に（　I　）・（　J　）をつくらせて米穀を蓄えさせた。都市政策では，町々に町費節約を命じ，節約分の（　K　）を積み立てさせ，飢饉・災害時に困窮した貧民を救済する体制を整えた。

　こうした定信の幕政改革は，一時的に幕政を引き締め，幕府の権威を高めるかにみえたが，厳しい統制や倹約令は民衆の反発を招いた。

問5　（　G　）に入る語句として正しいものは，次のどれか。 31

　　㋐　寛　政　　　　㋑　天　保　　　　㋒　天　明　　　　㋓　享　保

問6　（　H　）に入る語句として正しいものは，次のどれか。 32

　　㋐　会　津　　　　㋑　白　河　　　　㋒　浜　松　　　　㋓　紀伊（紀州）

問7　（　I　）（　J　）に入る語句の組み合わせとして正しいものは，次のどれか。 33

　　㋐　I：社　倉　　　J：土　倉

　　㋑　I：土　倉　　　J：義　倉

　　㋒　I：運　上　　　J：冥　加

　　㋓　I：社　倉　　　J：義　倉

問8　（　K　）に入る語句として正しいものは，次のどれか。 34

　　㋐　7　割　　　　㋑　3　割　　　　㋒　十分の一　　　　㋓　百分の一

問 9　定信の幕政改革についての説明として**誤っている**ものは，次のどれか。

　　　35

　　㋐　正業をもたない百姓に資金を与えて，農村に帰ることを奨励した。

　　㋑　米の売却などを扱う札差に，旗本・御家人への貸金を放棄させた。

　　㋒　石川島に人足寄場を設け，無宿人を強制的に収容し，技術を身につけ職業
　　　をもたせようとした。

　　㋓　大名から臨時に米を上納させ，代わりに参勤交代の負担をゆるめた。

Ⅵ　下記の文章A〜Cを読んで，設問に答えなさい。解答は最も適切なものを一つ選
び，解答用紙の記号をマークしなさい。

　A

　1871 年，日本は清国と日清修好条規を結んだ。その後，（　A　）の漂流民が
（　B　）で殺害される事件が起きたので，1874 年，日本は（　B　）に軍隊を送
り，清国から賠償金を獲得した。翌年，日本は朝鮮半島沿岸に軍艦を派遣し，圧力
　　　　　　　　　　　　　　　　　　　　　　　　　　a
を加えたことから紛争となった。日本はこの出来事をきっかけに，1876 年，日朝
　　　　　　　　　　　　　　　　　　　　　　　　　　　　　　　　　　　b
修好条規を結んだ。

　朝鮮国内では，近代化をめぐって親清派と親日派が対立した。1882 年，朝鮮で
（　C　）軍乱(事変)が起き，朝鮮政府は，この軍乱を鎮めた清国に依存するように
なった。1884 年，親日派によるクーデタである（　D　）事変(政変)が起きたが，
清国によって鎮圧された。翌年，日清間で天津条約が結ばれ，今後，日清両国が朝
　　　　　　　　　　　　　　　　　　　c
鮮に出兵するときは事前に通知することが定められた。

　1894 年，朝鮮で減税と排日を要求する（　E　）農民戦争が起きた。清国は天津
条約にしたがい，朝鮮政府の要請を理由に出兵することを通知してきたので，日本
も対抗して出兵した。ついに同年 8 月，日本は清国に宣戦布告し，日清戦争が始
　　　　　　　　　　　　　　　　　　　　　　　　　　　　　　　　d
まった。

問1　（　A　）（　B　）に当てはまる語句の組み合わせとして正しいものは，次の
　　どれか。　36

　　㋐　A：樺　太　　　B：蝦夷地

　　㋑　A：蝦夷地　　　B：樺　太

　　㋒　A：琉　球　　　B：台　湾

　　㋓　A：台　湾　　　B：琉　球

問2　下線部aの起きた場所として正しいものは，次のどれか。　37

　　㋐　豊　島　　　㋑　釜　山　　　㋒　済州島　　　㋓　江華島

問3　下線部bについて述べた文として**誤っている**ものは，次のどれか。　38

　　㋐　この条約によって日本と朝鮮は，互いに関税自主権を認めることになっ
　　　た。

　　㋑　この条約によって朝鮮は3つの港を開くことになった。

　　㋒　この条約によって日本は，朝鮮の清国への従属関係を否定した。

　　㋓　この条約によって朝鮮は日本の領事裁判権を認めた。

問4　（　C　）（　D　）（　E　）に当てはまる語句の組み合わせとして正しいもの
　　は，次のどれか。　39

　　㋐　C：甲　申　　　D：壬　午　　　E：甲　午

　　㋑　C：壬　午　　　D：甲　申　　　E：甲　午

　　㋒　C：甲　午　　　D：甲　申　　　E：壬　午

　　㋓　C：甲　午　　　D：壬　午　　　E：甲　申

　　㋔　C：甲　申　　　D：甲　午　　　E：壬　午

　　㋕　C：壬　午　　　D：甲　午　　　E：甲　申

問5　下線部cの日本側全権であり，日清戦争開戦時の総理大臣として正しいもの
　　は，次のどれか。　40

　　㋐　山県有朋　　　㋑　伊藤博文　　　㋒　松方正義　　　㋓　黒田清隆

問6　下線部dの直前に，幕末以来，日本にとって不平等だった条約の一部改正に
　　　応じた国として正しいものは，次のどれか。　41

　　　㋐　アメリカ　　　　㋑　ロシア　　　　　㋒　イギリス　　　　㋓　オランダ

B

　1943年11月，アメリカ・イギリス・（　F　）の首脳がエジプトのカイロで会談
し，日本の無条件降伏まで徹底して戦うことを宣言した。1945年2月，アメリ
カ・イギリス・（　G　）の首脳がクリミア半島で会談し，ヤルタ協定が結ばれた。
　　　　　　　　　　　　　　　　　　　　　　　　　　　　　e
同年7月，アメリカ・イギリス・（　G　）の首脳がベルリン郊外のポツダムで会談
し，アメリカ・イギリス・（　F　）の名で，日本に対してポツダム宣言を発表し
　　　　　　　　　　　　　　　　　　　　　　　　　　　f
た。8月14日，日本政府はポツダム宣言の受諾を連合国側に通告した。9月2日
には東京湾内のアメリカ軍艦ミズーリ号上で日本の降伏文書の調印が行われた。

問7　（　F　）（　G　）に当てはまる語句の組み合わせとして正しいものは，次の
　　　どれか。　42

　　　㋐　F：中　国　　　G：ソ　連

　　　㋑　F：ソ　連　　　G：中　国

　　　㋒　F：中　国　　　G：朝　鮮

　　　㋓　F：ソ　連　　　G：朝　鮮

問8　下線部eに関する説明として正しいものは，次のどれか。　43

　　　㋐　ヤルタ協定が成立した時，すでにドイツは降伏していた。

　　　㋑　ヤルタ協定が成立した時，すでにイタリアは降伏していた。

　　　㋒　ヤルタ協定で，満州は中国に返還される方針が決定された。

　　　㋓　ヤルタ協定で，当時植民地だった朝鮮の独立方針が決定された。

問9　以下の文章は，下線部fのポツダム宣言の一部である。（　H　）（　I　）に
　　　当てはまる語句の組み合わせとして正しいものは，次のどれか。　44

吾等(われら)は，無責任なる(　H　)主義が世界より駆逐(くちく)せらるるに至るまでは，日本国国民を欺瞞(ぎまん)し，これをして世界征服の挙に出づるの過誤を犯さしめたる者の権力および勢力は，永久に除去せられざるべからず。日本国政府は，日本国国民の間における(　I　)主義的傾向の復活強化に対する一切の障礙(しょうがい)を除去すべし。

(出典：『日本外交年表並主要文書』。ただし，適宜，カタカナをひらがなに改め，必要な語句，ふりがな，句読点を補い，一部省略したものもある。)

㋐　H：帝　国　　I：自　由

㋑　H：自　由　　I：帝　国

㋒　H：軍　国　　I：民　主

㋓　H：民　主　　I：軍　国

問10　1945年8月，次の出来事が起きた順として正しいものは，次のどれか。

[45]

㋐　広島に原子爆弾が投下された　→　ソ連が日本に宣戦布告した　→　長崎に原子爆弾が投下された　→　天皇がラジオ放送で戦争終結を発表した

㋑　長崎に原子爆弾が投下された　→　広島に原子爆弾が投下された　→　ソ連が日本に宣戦布告した　→　天皇がラジオ放送で戦争終結を発表した

㋒　ソ連が日本に宣戦布告した　→　広島に原子爆弾が投下された　→　長崎に原子爆弾が投下された　→　天皇がラジオ放送で戦争終結を発表した

㋓　広島に原子爆弾が投下された　→　長崎に原子爆弾が投下された　→　ソ連が日本に宣戦布告した　→　天皇がラジオ放送で戦争終結を発表した

問11　次の文のうち，1945年に起きた出来事として正しいものは，次のどれか。

[46]

㋐　民法が改正された。

㋑　労働組合法が制定された。

㋒　天皇の「人間宣言」が行われた。

㋓　金融緊急措置令が施行された。

C

1972年，（ J ）が「日本列島改造論」を掲げて内閣を組織した。（ J ）内閣の積極財政策に応じて，全国で土地投機ブームが起こり，地価が（ K ）し，（ L ）傾向に拍車がかかっていった。1973年[g]に第（ M ）次中東戦争が勃発し，アラブ産油国は石油の輸出制限と価格引き上げを行ったため，原油価格は4倍にはね上がった。当時，日本は原油輸入の大半を中東地域に依存していたので，深刻な打撃を受けることになった。1974年の実質経済成長率はマイナスとなり，高度経済成長の時代[h]は終わった。

問12 （ J ）に当てはまる人名として正しいものは，次のどれか。 [47]

㋐ 宮沢喜一　㋑ 池田勇人　㋒ 大平正芳　㋓ 田中角栄

問13 （ K ）（ L ）に当てはまる語句の組み合わせとして正しいものは，次のどれか。 [48]

㋐ K：高 騰　L：インフレ
㋑ K：高 騰　L：デフレ
㋒ K：下 落　L：インフレ
㋓ K：下 落　L：デフレ

問14 （ M ）に当てはまる数字として正しいものは，次のどれか。 [49]

㋐ 2　㋑ 3　㋒ 4　㋓ 5

問15 下線部gの年に起きた出来事の説明として正しいものは，次のどれか。 [50]

㋐ この年，アメリカのニクソン大統領は，金・ドルの交換停止を発表した。
㋑ この年，初めて先進国首脳会議（サミット）が開催された。
㋒ この年，日本や西欧諸国は変動相場制に移行した。
㋓ この年，沖縄返還協定が調印された。

問16　下線部hの時代に関する説明として**誤っている**ものは，次のどれか。 [51]

㋐　日本は資本主義世界第2位の国民総生産(GNP)を記録した。

㋑　二度にわたる農地改革が実施され，自作農化が進んだ。

㋒　エネルギー転換を背景に，三井三池炭鉱で争議が展開された。

㋓　東海道新幹線や名神高速道路が開通した。

問17　高度経済成長終了後の社会と政治に関する説明として**誤っている**ものは，次のどれか。 [52]

㋐　福田赳夫内閣時代に日中平和友好条約が締結された。

㋑　中曽根康弘内閣時代に電信・電話事業が民営化された。

㋒　竹下登内閣時代に消費税が導入された。

㋓　小渕恵三内閣時代に元号が平成に変わった。

世界史

（60分）

I　次の文章を読んで，設問に答えなさい。

アリストテレス『政治学』①におおよそ，このような一節がある。「人が生きていくためには，色々なものが必要である。その必要を満たすために，人々は集い，家をかまえ，村を作る。村々が集まって都市国家②ができる。都市国家はあらゆる必要をみたす共同体である。人々が生きるために必要なものをみたす家，村が，人々の生まれつきに根ざすものであるとすれば，村々を統合してできる都市国家もまた，人間の生まれつき，人間の本性に根ざすものである。だから，（　3　）人生で不運に見舞われて都市国家を失った者はともかく，都市国家を持たないよう生まれついた者は，人間としてどこか欠けたところがあるか，もしくは人間を超えた力を持つ存在であるか，そのどちらかである」。古代ギリシアの奴隷は人格を否定され，モノとして扱われたと言われる。奴隷は国外，とりわけ都市国家のない地帯から連れて来られることがあり，それが「都市国家を持たないよう生まれついた者」，つまり「人間としてどこか欠けたところがある」，即ち人間以下の存在だとされた原因なのかも知れない。しかしその一方で，都市国家のフルメンバーである成年男子市民として，政治，（　4　）に参画していても，敵軍の捕虜になったり，所属する都市国家が滅亡したりすれば，都市国家を営むよう生まれついた人間が奴隷となり，人生で不運に見舞われて都市国家を失った者となる。奴隷は人間でありながら，モノとして扱われ（＝人格を否定され），自ら法的な権利を行使することができなかったが，モノとして扱われたために，⑤所有者の財産として保護されたことも事実である。⑥鉱山や⑦公共事業のように過酷な労働に従事することを強いられた奴隷ではあったが，同じ労働に成年男子市民が従事することもあったことに注意したい。奴隷の多くは家内奴隷であり，所有者とともに農業に従事したり，家事を担ったりしていた。これに対して，⑧古代ローマの奴隷制度は規模が遙かに大きく，性格も異なるも

のであった。スパルタクス⑨のような奴隷がいたことも注目に値する。マムルークや奴隷王朝⑩も「奴隷」ということばと関係が深いけれども，ことばが共通するからといって，アメリカで見られた奴隷制と同列に扱うのは問題がある。

問 1　下線部①に関して，もっとも適切な記述を選び，その記号をマークしなさい。[1]

㋐ 「万能の天才」と呼ばれ，アカデメイアに学園を開き，多くの哲学者を養成した。

㋑ 「万学の祖」と呼ばれ，さまざまな分野で研究を進めて体系化し，イスラームや中世ヨーロッパの学問にも大きな影響を与えた。

㋒ 「万学の祖」と呼ばれ，マケドニア王フィリッポス２世の参謀として，東方遠征に従軍し，アレクサンドリアに設置された大図書館の初代館長として，文献学の確立に貢献した。

㋓ 「万能の天才」と呼ばれ，リュケイオンに学園を開き，逍遙学派の祖となった。

問 2　下線部②に関して，もっとも適切な記述を選び，その記号をマークしなさい。[2]

㋐ アクロポリスを含む，比較的面積の小さな領域に集住の結果成立したとされるポリスのことである。

㋑ アクロポリスを含む，広大な領域を中央集権的に統治する，官僚機構の発達したポリスのことである。

㋒ ジッグラトを含む，比較的面積の小さな領域に神官王が君臨したとされる同盟市のことである。

㋓ ジッグラトや人口密集地帯のない，広い地域に村落が展開するインペラトルのことである。

問 3 空欄3に入る適切な文を選び，その記号をマークしなさい。[3]

㋐ 人間は都市国家を営むよう生まれついた生き物なのである。

㋑ 都市国家は人間が伸び伸びと暮らせる，居心地のよい空間なのである。

㋒ 都市国家は基本的人権が誕生し，尊重される空間となった。

㋓ 人間は国家よりも社会を重視して生きるべきなのである。

問 4 空欄4に入り得る次の語の中から，もっとも適切な語を選び，その記号をマークしなさい。[4]

㋐ 戦 争

㋑ 経 済

㋒ 祭 儀

㋓ 余 暇

問 5 下線部⑤に関して，もっとも適切な記述を選び，その記号をマークしなさい。[5]

㋐ この欠陥を克服するため，ローマ帝政期に人権概念が考案され，生命，財産の保護の実現を図った。

㋑ これとは異なる原理を広める上で大きな動きが見られたのが18世紀の「大西洋革命」である。

㋒ ローマ法が所有概念を始め，厳密な法理を提供していた。

㋓ これが引き金となって身分闘争が勃発した。

問 6 下線部⑥に関して，もっとも適切な記述を選び，その記号をマークしなさい。[6]

㋐ アテネ領内の銀山から産出する銀を主たる財源として，テミストクレスがパルテノン神殿を建設した。

㋑ アテネ領内の銀山から産出する銀を財源として，テミストクレスが艦隊の創設，整備を提言し，サラミスの海戦で勝利を収める一因となった。

㋒ アテネ領内の銀山から産出する銀をさまざまな手当として市民に給付した結果，民主政は腐敗し，市民は堕落して，アテネは滅亡した。

㋓ アテネ領内の銀山から産出する銀を財源として，ペリクレスが艦隊の創設，整備を提言し，マラトンの会戦で勝利を収める一因となった。

問7 下線部⑦に関して，もっとも適切な記述を選び，その記号をマークしなさい。[7]

㋐ コリントス様式の柱が美しいパルテノン神殿の建立はその一例である。

㋑ ドーリア様式の柱が荘厳なパルテノン神殿の建立はその一例である。

㋒ 公共事業は神殿の建築に限られた。

㋓ 政教分離の原則に基づき，神殿の建築は公共事業の対象外とされた。

問8 下線部⑧に関して，もっとも関連の深い語を選び，その記号をマークしなさい。[8]

㋐ エンコミエンダ

㋑ コロナトゥス

㋒ コロッセウム

㋓ ラティフンディウム

問9 下線部⑨に関して，もっとも適切な記述を選び，その記号をマークしなさい。[9]

㋐ 今日のギリシア北方の出身の奴隷で，剣闘士を務めていたスパルタクスが主導して発生した奴隷大反乱が「内乱の一世紀」の引き金となった。

㋑ 今日のギリシア北方の出身の奴隷で，剣闘士を務めていたスパルタクスが中核となって展開した奴隷大反乱が「内乱の一世紀」のただ中にあった共和政ローマに打撃を与えたが，第1回三頭政治の一角を占めることになるクラッススによって平定された。

㋒ スパルタクスはスパルタクス団と関係がない。

㋓ スパルタクスはフェビアン協会と関係が深い。

問10　下線部⑩に関して，もっとも適切な記述を選び，その記号をマークしなさい。[10]

㋐　サラディンがエジプトに開いたアイユーブ朝を指す。アラブ人奴隷を購入してマムルークとしたことにちなむ。

㋑　サラディンがエジプトに開いたファーティマ朝を指す。サラディンがクルド人奴隷の出身であったことにちなむ。

㋒　ゴール朝の将軍であった，奴隷出身のアイバクがデリーに樹立した王朝を指す。この王朝はデリー＝スルタン朝の一角をなす。

㋓　ガズナ朝の将軍であった，奴隷出身のアイバクがゴールに樹立した王朝を指す。この王朝はゴール＝スルタン朝の一角をなす。

Ⅱ　次の文章を読んで，設問に答えなさい。

アンダルシアは(　1　)半島南部に位置する地方である。古代ローマ帝国の時代にはヒスパニア＝バエティカと呼ばれる属州であった。地中海と大西洋をつなぐジブラルタル海峡があり，海峡を越えてアフリカ大陸とユーラシア大陸を往来する場所に当たる。昔から多くの人々を引きつける場所でもあった。地中海の東の涯からフェニキア人②がやってきたり，ローマの属州になったり，西ローマ帝国政府の消滅③以後も(　4　)王国が広がる土地であり，この王国が建国されるのと相前後して，ヨーロッパから北アフリカへと渡っていった(　5　)人も通過した土地である。東方のウマイヤ朝が覇を唱えて，(　4　)王国を滅ぼし，アンダルシアを始めとする(　1　)半島を支配下に置いた。(　6　)の戦いで敗れて膨張はやんだものの，(　7　)朝に圧迫されたウマイヤ朝の一族が(　8　)を首都に後ウマイヤ朝を樹立し，700年間におよぶイスラーム時代の幕を開ける。(　9　)語に翻訳された古代ギリシアの文献をラテン語に翻訳する拠点のひとつが，当時の学術の中心地であった(　8　)であった。翻訳を担った知識人の中にはユダヤ人も多かったが，(　10　)完了後，キリスト教への改宗を迫られ，それを受け入れない者は(　1　)半島をあとにした。

問 1　空欄1に入るもっとも適切な語を選び，その記号をマークしなさい。

11

㋐　イベリア

㋑　イタリア

㋒　バルカン

㋓　ユトランド

問 2　下線部②に関して，誤った記述を選び，その記号をマークしなさい。

12

㋐　海上交易を展開した。

㋑　セム語系の人々である。

㋒　ローマを滅ぼしたカルタゴから地中海全域に植民市を築き，支配圏を確立した人々である。

㋓　ローマに滅ぼされたカルタゴを建設した人々である。

問 3　下線部③に至る出来事を年代の古いものから並べた場合，もっとも適切なものを選び，その記号をマークしなさい。　13

㋐　四分統治(テトラルキア)　→　ローマ帝国の東西分割　→　ローマ帝国の再統一　→　西ローマ帝国政府の消滅

㋑　四分統治(テトラルキア)　→　ローマ帝国の再統一　→　ローマ帝国の東西分割　→　西ローマ帝国政府の消滅

㋒　ゲルマン人の大移動開始　→　ローマ帝国の東西分割　→　四分統治(テトラルキア)　→　西ローマ帝国政府の消滅

㋓　ローマ帝国の東西分割　→　四分統治(テトラルキア)　→　ゲルマン人の大移動開始　→　西ローマ帝国政府の消滅

問 4　空欄4に入るもっとも適切な語を選び，その記号をマークしなさい。

14

㋐　西ゴート

㋑　東ゴート

㋒ ランゴバルド

㋓ パンノニア

問 5 空欄5に入るもっとも適切な語を選び，その記号をマークしなさい。

[15]

㋐ ヴァンダル

㋑ アヴァール

㋒ マジャール

㋓ ハザール

問 6 空欄6に入るもっとも適切な語を選び，その記号をマークしなさい。

[16]

㋐ トゥール・ポワティエ間

㋑ タラス河畔

㋒ アルテミシオン

㋓ カタラウヌム

問 7 空欄7に入るもっとも適切な語を選び，その記号をマークしなさい。

[17]

㋐ アイユーブ

㋑ マムルーク

㋒ セルジューク

㋓ アッバース

問 8 空欄8に入るもっとも適切な語を選び，その記号をマークしなさい。

[18]

㋐ グラナダ

㋑ グレナダ

㋒ コルドバ

㋓ コルシカ

問 9 空欄9に入るもっとも適切な語を選び，その記号をマークしなさい。

19

㋐ アッカド

㋑ アラビア

㋒ アムハラ

㋓ エジプト

問10 空欄10に入るもっとも適切な語を選び，その記号をマークしなさい。

20

㋐ 教会改革運動

㋑ 国土回復運動

㋒ 政治改革運動

㋓ 宗教弾圧運動

Ⅲ 次の文章を読んで，設問に答えなさい。

オベリスクは古代エジプトの神殿に立てられていた石柱で，台座から上部にむけてしだいに細くなる四角柱の側面に神聖文字とも呼ばれる象形文字（（ 1 ））が刻まれ，当時のエジプトの支配者の名や太陽神（ 2 ）を讃える内容などが記されている。最大で高さ30メートルに達するオベリスクはエジプト以外の人々にも畏敬の念を抱かせ，戦利品や支配の象徴としてエジプトの外部に移設されてきた。

古代ローマの時代には，（ 3 ）の養子で初代ローマ皇帝とされるオクタウィアヌスの命令でヘリオポリスからローマに運ばれたのが最初の例とされている。オベリスクの移設は専用の大型船の建造を必要とするほどの大事業であったが，ローマ皇帝たちは多大な費用を払って数多くの石柱をローマに運ばせた。帝政後期に都となった（ 4 ）（現在のイスタンブル）にも運搬された例があり，ローマ帝国最後の統一を果たし（ 5 ）教を事実上の国教としたことでも知られるテオドシウス帝の時代に立てられた石柱が現存している。これはもともと，エジプト第18王朝のトトメス3世の時代に作られたとされるもので，現在はスルタン＝アフメト＝モスク

の近くにあって往時の姿を伝えている。

　オベリスクの移設は近代にも行われた。18世紀末に，フランスの軍人で後に皇帝となる（　6　）がエジプトを一時占領したことを一つのきっかけとして，ヨーロッパではエジプトの文物への注目が高まった。1820年代には，（　1　）の解読に成功した（　7　）らの提案でルクソール神殿のオベリスクをフランスに移設することが計画され，当時のエジプトの支配者（　8　）の許可を受けて1836年にパリのコンコルド広場に設置が完了した。同じ時期のイギリスでもオベリスクを運び出す計画が存在したが，費用の問題から実現せず，じっさいにロンドンへの運搬がおこなわれたのはイギリスの（　9　）女王が即位してから約40年後の1877年から1878年にかけてのことであった。このオベリスクは，もともとヘリオポリスに建てられていたが，古代ローマ時代にアレクサンドリアに移動され，19世紀まで同地に残存していたものと考えられている。イギリスに運ばれたものと対になるもう一本のオベリスクはアメリカに運ばれ，1881年にニューヨークのセントラル・パークに設置された。

　こうした移設とはべつに，欧米諸国では18世紀以降オベリスク型の記念碑を建設することが流行した。アメリカでは，合衆国初代大統領（　10　）の名をとった記念碑や，ボストンのバンカーヒル記念碑などが有名である。このように，古代オベリスクとそれを模した建造物は，都市のランドマークとして世界のあちこちで見ることができる。

問1　空欄1に入るもっとも適切な語を選び，その記号をマークしなさい。

　　21

　　㋐　ヒエログリフ

　　㋑　デモティック

　　㋒　デモクラティック

　　㋓　ヒエラティック

問2　空欄2に入るもっとも適切な語を選び，その記号をマークしなさい。

　　22

ⓗ ラー

ⓘ オシリス

ⓦ イシス

ⓔ ハトホル

問 3　空欄3に入るもっとも適切な語を選び，その記号をマークしなさい。

　　　23

ⓗ カエサル

ⓘ グラックス

ⓦ クラッスス

ⓔ ホルテンシウス

問 4　空欄4に入るもっとも適切な語を選び，その記号をマークしなさい。

　　　24

ⓗ アンカラ

ⓘ エディルネ

ⓦ アドリアノープル

ⓔ コンスタンティノープル

問 5　空欄5に入るもっとも適切な語を選び，その記号をマークしなさい。

　　　25

ⓗ ユダヤ

ⓘ キリスト

ⓦ イスラーム

ⓔ コプト

問 6　空欄6に入るもっとも適切な語を選び，その記号をマークしなさい。

　　　26

ⓗ ネルソン

ⓘ ナポレオン

　　㋒　ナポレオン3世

　　㋓　ヴィルヘルム

問7　空欄7に入るもっとも適切な語を選び，その記号をマークしなさい。

　　27

　　㋐　シャンポリオン

　　㋑　エヴァンズ

　　㋒　チャドウィック

　　㋓　シュリーマン

問8　空欄8に入るもっとも適切な語を選び，その記号をマークしなさい。

　　28

　　㋐　マフディー

　　㋑　アブー = バクル

　　㋒　ムハンマド = アリー

　　㋓　アブデュルメジト1世

問9　空欄9に入るもっとも適切な語を選び，その記号をマークしなさい。

　　29

　　㋐　ヴィクトリア

　　㋑　エリザベス1世

　　㋒　エリザベス2世

　　㋓　アン

問10　空欄10に入るもっとも適切な語を選び，その記号をマークしなさい。

　　30

　　㋐　ジェファソン

　　㋑　リンカン

　　㋒　トマス = モア

　　㋓　ワシントン

Ⅳ　次の文章を読んで，設問に答えなさい。

　1941年12月8日，日本はハワイ・オアフ島の（　1　）湾を空爆し，太平洋戦争開戦のきっかけとなった。この攻撃で沈没したアメリカの戦艦アリゾナ号は現在も海中にあり，兵士の遺体が艦内に残されている。その上にはアリゾナ記念館と呼ばれる追悼のための施設が建設されており，多くの訪問客が訪れている。

　2016年12月27日，当時の安倍晋三総理大臣は日本の現職の首相として初めて，オバマ大統領と共に，アリゾナ記念館を訪問し，「戦争の惨禍は二度と繰り返してはならない」と哀悼の意を表したが，謝罪はしなかった。

　二人は，これに7ヶ月先立つ2016年5月27日，広島の平和記念資料館を訪問している。アメリカの現職大統領が広島を訪問するのは初めてのことだった。オバマ大統領は「私たちは戦争の苦しみを経験しました。共に，平和を広め核兵器のない世界を追求する勇気を持ちましょう」と述べたものの，原爆投下についての謝罪の言葉はなかった。

　2023年5月に開催されたG7広島サミットの折，アメリカの（　2　）大統領も平和記念資料館を訪問し，芳名帳に「世界から核兵器を最終的に，そして，永久になくせる日に向けて，共に進んでいきましょう」という言葉を書き残したが，やはり原爆投下について謝罪はしていない。

　終戦から80年近くが経った現在でも，戦争の意味づけをめぐる駆け引きは続いている。アメリカでは，原爆投下は戦争を早く終結させ，犠牲者を増やさないために必要だったという意見が根強くあるが，日本ではその考え方に対する強い反発がある。このことについて再考するため，第二次世界大戦における日本とアメリカについて振り返っていく。

　1930年代の中国への侵攻がしだいに停滞してゆくと，日本は東南アジアへと矛先を向けるようになった。（　3　）三国同盟を背景に，日本はフランス領インドシナへ進駐し，アメリカの反発を買った。アメリカが日本への石油輸出を禁じる強行姿勢を打ち出すと，日本は1941年12月，ハワイへの奇襲攻撃をしかけた。日本は東南アジアで支配域を広げ，戦争の目的がアジア諸民族を欧米から解放し，「（　4　）共栄圏」を築くことにあるとした。

　しかし，1942年6月，日本軍は（　5　）海戦で致命的な打撃を受け，しだいに敗色が濃くなってゆく。ヨーロッパでも日本の同盟国2国が降伏したが，その過程で1945年2月に米英ソの首脳が集まった（　6　）会談で，ヨーロッパの戦後処理の方針とソ連の対日参戦が決定した。アメリカは1945年に硫黄島と沖縄を占領し，そこを拠点とした日本本土への空爆を本格化させる。米英ソ首脳は同年7月にベルリン郊外で会談し，日本に無条件降伏を求める（　7　）宣言を出した。

　アメリカは1945年8月（　8　）午前8時15分には広島に，8月9日午前11時2分には（　9　）に，相次いで原爆を投下した。日ソ中立条約を破って日本に対して参戦したソ連は，8月9日未明より攻撃を開始した。日本は8月15日，（　7　）宣言を受諾して降伏した。

　原爆投下の背景には，ソ連の対日参戦前に戦争を終えれば，戦後の国際関係のなかでソ連の影響力を抑えることができる上，膨大な経費を使った原爆開発を国内向けに正当化できるという考えもあった。原爆を使わなくても，天皇制の保持を約束すれば日本を降伏させられることをアメリカは知っていた，と言う研究者もいる。

　第二次世界大戦後の世界では，現在までに核兵器は一度も使われていない。しかし，1954年のビキニ水爆実験被災事件，現在のウクライナにあるチェルノブイリ原子力発電所での1986年の事故，2011年の（　10　）における福島原発での事故，2022年に始まったロシアによるウクライナへの侵攻によるチェルノブイリ原発やザポリージャ原発の危機など，核の危機はたびたび起こっている。また，原発で生まれる核廃棄物の処理の問題にも最終的な解決策は見つかっておらず，人類は核の技術とどのように付き合っていくべきなのか，いまだに答えは出ていない。

問1　空欄1に入るもっとも適切な語を選び，その記号をマークしなさい。
　　　31

　㋐　マサチューセッツ

　㋑　真　珠

　㋒　ハナウマ

　㋓　フロリダ

問 2 空欄2に入るもっとも適切な語を選び，その記号をマークしなさい。

[32]

㋐ トランプ

㋑ オバマ

㋒ クリントン

㋓ バイデン

問 3 空欄3に入るもっとも適切な語を選び，その記号をマークしなさい。

[33]

㋐ 日仏伊

㋑ 日英仏

㋒ 日独伊

㋓ 日独英

問 4 空欄4に入るもっとも適切な語を選び，その記号をマークしなさい。

[34]

㋐ 大東亜

㋑ 環太平洋

㋒ ABCD

㋓ OECD

問 5 空欄5に入るもっとも適切な語を選び，その記号をマークしなさい。

[35]

㋐ ミッドウェー

㋑ ボルネオ

㋒ フィリピン

㋓ パラオ

問 6　空欄6に入るもっとも適切な語を選び，その記号をマークしなさい。

　　　36

　　㋐　カイロ

　　㋑　ヤルタ

　　㋒　テヘラン

　　㋓　ロンドン

問 7　空欄7に入るもっとも適切な語を選び，その記号をマークしなさい。

　　　37

　　㋐　ピルニッツ

　　㋑　バルフォア

　　㋒　カラハン

　　㋓　ポツダム

問 8　空欄8に入るもっとも適切な語を選び，その記号をマークしなさい。

　　　38

　　㋐　4　日

　　㋑　5　日

　　㋒　6　日

　　㋓　7　日

問 9　空欄9に入るもっとも適切な語を選び，その記号をマークしなさい。

　　　39

　　㋐　小　倉

　　㋑　京　都

　　㋒　横　浜

　　㋓　長　崎

問10　空欄10に入るもっとも適切な語を選び，その記号をマークしなさい。

| 40 |

　㋐　阪神・淡路大震災

　㋑　東日本大震災

　㋒　関東大震災

　㋓　新潟県中越大震災

地　理

(60 分)

I　次の図1を見て，世界の自然環境に関する以下の問い(問1～6)に答えよ。解答は解答用紙にマークすること。

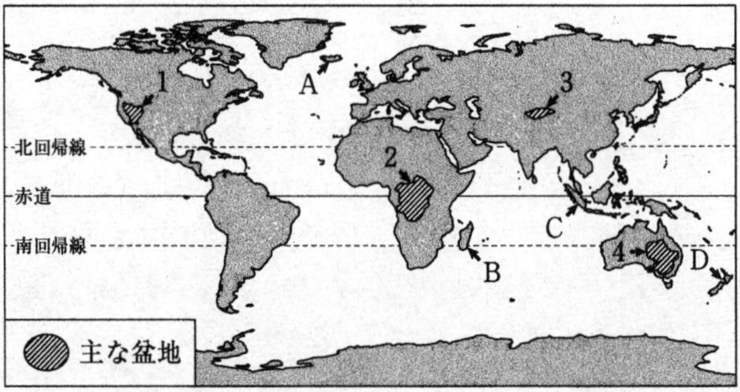

D島は北島と南島を合わせて扱う。

図1

問 1　次の㋐～㋓は，図1中に示した盆地1～4のいずれかについての自然地理学的特徴の説明である。**盆地2**に該当する説明を，次の㋐～㋓のうちから一つ選べ。[1]

㋐　大部分が乾燥帯に属し，周囲の山から流れ込んだ被圧地下水が自噴する。

㋑　周囲の造山運動にともない形成された盆地で，砂漠が大部分を占める。石油資源に恵まれる。

㋒　盆地内を大河川が流れ，大部分が森林に覆われる。

㋓　複数の高地や低地により構成され，周囲の海に流れ出る自然河川が存在しない。金や銅などの鉱物資源に恵まれる。

問 2　図1中のA～Dそれぞれの島と東京を地球上の最短距離で結んだ場合，東京から最も遠距離にある島を，次の㋐～㋓のうちから一つ選べ。ちなみに図1は正距円筒図法(標準緯線<赤道>上と同一経線上の距離のみ正確)で描かれているため，任意の2点を結ぶ直線は必ずしも最短にならない。 [2]

㋐　A　島　　㋑　B　島　　㋒　C　島　　㋓　D　島

問 3　次の図2は，図1中のA島とその周辺の拡大図である。A島は北アメリカプレートとユーラシアプレートの境界付近に位置しているが，プレート境界の位置として最も適当なものを，図2中の㋐～㋓のうちから一つ選べ。 [3]

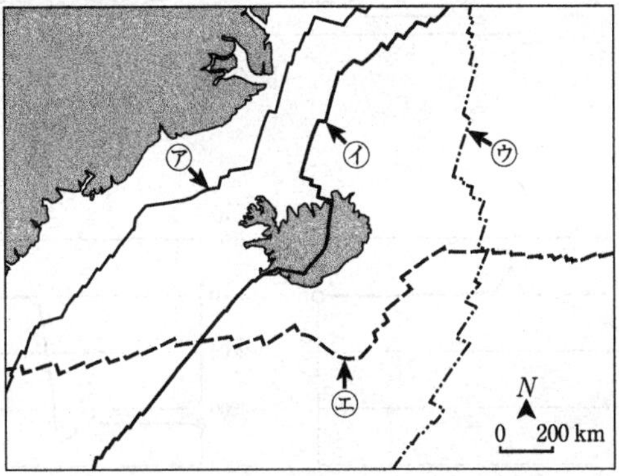

USGS の資料などにより作成。

図2

問 4 次の図3は，C島とその周辺の拡大図である。赤道に沿った線分X－Yの地形断面として最も適当なものを，後の図4中の㋐～㋓のうちから一つ選べ。[4]

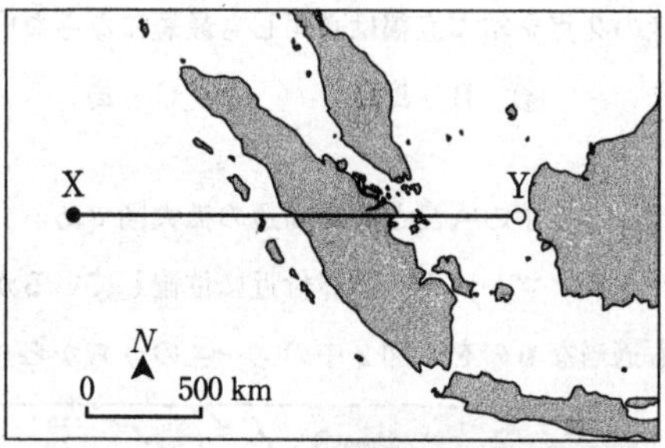

図3

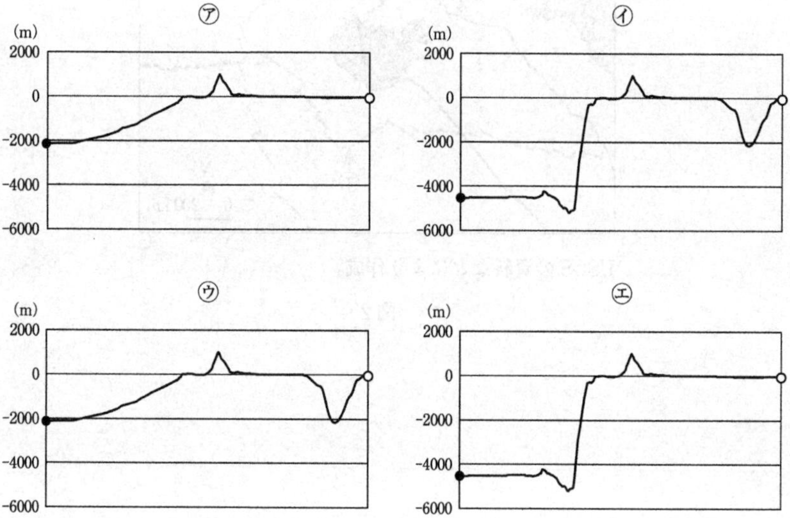

垂直距離を強調している。

図4

問 5　次の図5は，図1中のB島の拡大図である。図5中に示した地点e～hでは，地形，恒常風，モンスーンなどの影響により月別降水量のパターンが異なる。後の図6は地点e～hのいずれかの月別降水量を示しているが，**地点f**に該当するものとして最も適当なものを，図6中の㋐～㋓のうちから一つ選べ。 [5]

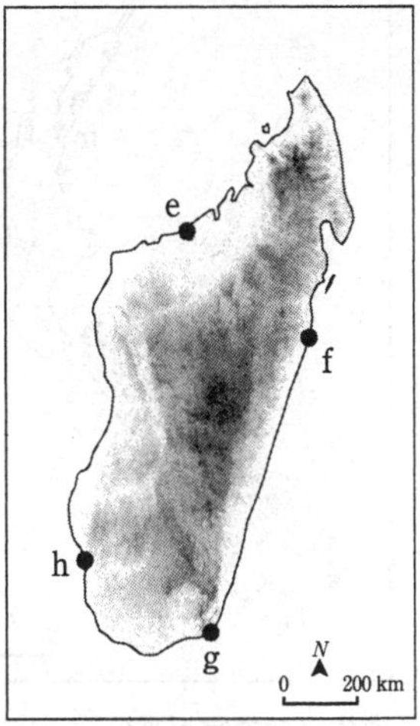

濃色ほど標高が高い。

図5

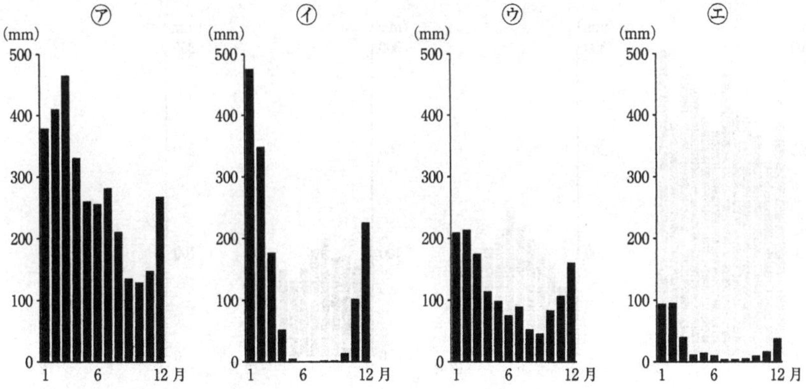

Météo Madagascar の資料により作成。

図6

問6　次の図7は，図1中のD島の拡大図である。図7中に示した地点m～pで
も，地形，恒常風などの影響により月別降水量のパターンが異なる。後の図8
は地点m～pのいずれかの月別降水量を示しているが，**地点nに該当するもの**
として最も適当なものを，図8中の㋐～㋓のうちから一つ選べ。 6

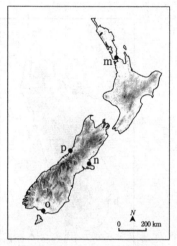

濃色ほど標高が高い。

図7

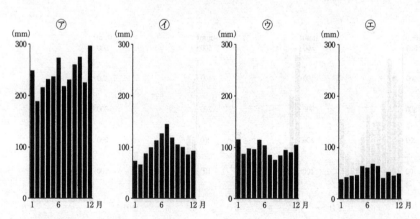

NIWA の資料により作成。

図8

Ⅱ　東京湾沿岸地域に関する以下の問い(問１～６)に答えよ。解答は解答用紙にマークすること。

問１　次の図１は，東京湾とその周辺の沿岸地域における地形・施設(海食崖，火力発電所，漁港，水族館)の分布を示している。図１中の**凡例Ｂ**が示すものとして最も適当なものを，後の㋐～㋓のうちから一つ選べ。［7］

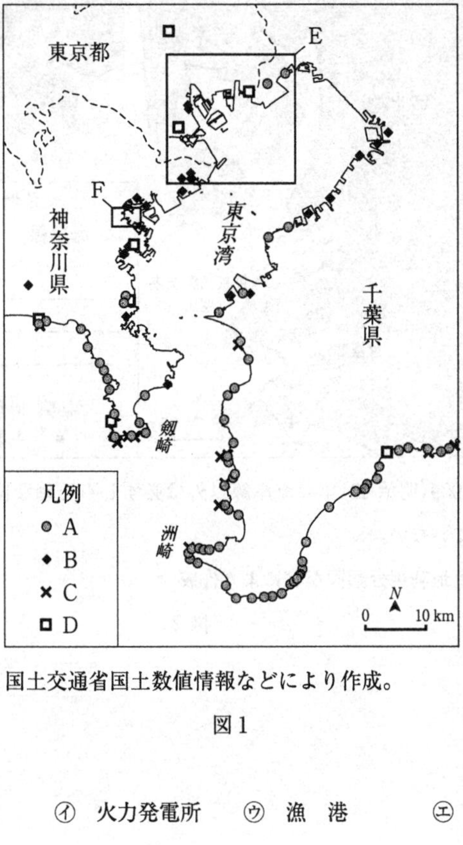

国土交通省国土数値情報などにより作成。

図１

㋐　海食崖　　㋑　火力発電所　　㋒　漁　港　　㋓　水族館

問2　次の図2は，図1中のEの範囲の年次別海岸線を示している。1909（明治

　　42）年の海岸線に該当するものを，図2中凡例の㋐〜㋓のうちから一つ選べ。

8

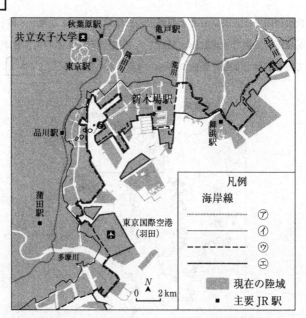

　　1909（明治42）年の海岸線以外は必ずしも正確な位置を示し

ていない。

土地利用分類図などにより作成。

図2

問 3　東京湾沿岸地域に居住する人口の特徴を調べるために，2020（令和 2 ）年国勢
　　　調査結果のデータを用いて，東京湾に接する市区町[1]を単位として，人口増減
　　　率[2]，平均年齢[3]，第 2 次産業就業者率[4]，高層階居住者率[5]を示す次の図 3
　　　を作成した。そのうち**第 2 次産業就業者率**に該当するものを，図 3 中の㋐〜㋓
　　　のうちから一つ選べ。　9

[1]　東京湾の範囲を神奈川県の三浦半島剱崎と千葉県の房総半島洲崎を結んだ線よ
　　り北側と定義し，その範囲の海域に接する 29 市区町（政令指定都市の区を含む）
　　を対象とした。

[2]　人口増減率：2015 年から 2020 年の 5 年間の人口増減率。

[3]　平均年齢：2020 年 9 月 30 日現在の満年齢を基準に計算した平均年齢。

[4]　第 2 次産業就業者率：15 歳以上就業人口に占める第 2 次産業就業者の割合。

[5]　高層階居住者率：住宅に住む一般世帯人員のうち，共同住宅の 15 階以上に住む
　　人員の割合。

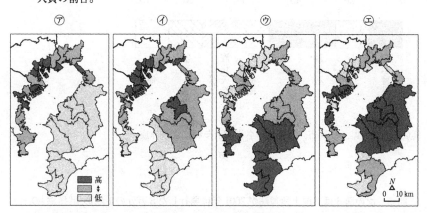

各図中の割合は相対的であり，高率は濃く，低率は薄く示している。

国勢調査により作成。

図 3

問4　次の図4は，東京湾内の港のうち，国土交通省が国際戦略港湾・国際拠点港湾と定める4港(東京港，横浜港，川崎港，千葉港)における国外からの輸入量(2021年)の港別・品目別構成比を示している。**横浜港に該当するものを**，図4中の㋐～㋒のうちから一つ選べ。　10

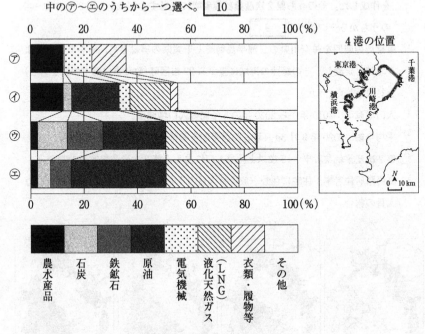

東京都，千葉県，横浜市，川崎市の各港統計年報により作成。

図4

問5　次の図5は，国土地理院が2001年に発行した5万分の1地形図「横浜」の一部(原寸，一部調整)であり，図1中のFの範囲に該当する。さらに図6は参謀本部陸地測量部が1912年に発行した5万分の1地形図「横濱」の一部(原寸，一部調整)で，図5と同じ範囲である。図5と図6を比較した説明として**適当でないものを**，後の㋐～㋒のうちから一つ選べ。　11

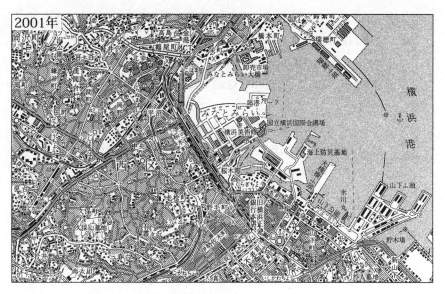

図5

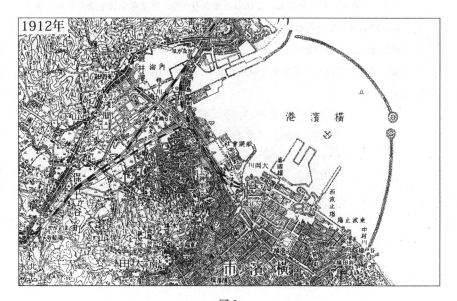

図6

編集部注：編集の都合上，図5・6は縮小して掲載

㋐　2001年のJR「桜木町(さくらぎちょう)」駅は，1912年当時は「よこはま」駅と呼ばれ，路線の終点駅であった。

㋑　1912年当時，「よこはま」駅の北側「船渠會社」の付近沿岸に造船所や多数の倉庫が立地していた地域は，2001年には「みなとみらい」地区として再開発された。

㋒　1912年当時の「かながは」駅から南の「高島町」にかけては，その付近の地形や地割からして，当時の干拓地上に造成されたと推測される。

㋓　1912年当時の横浜市役所の地図記号は，2001年の神奈川県庁と同じ位置にある。

問 6　次の図7は，図5・図6と同じ範囲の現在を示している。横浜市は，地形(過去を含む)，災害履歴，現在の防潮設備の整備状況などを参考に，高潮*ハザードマップを作成して公表している。想定しうる最大規模の高潮が発生した場合，予測される浸水深は場所により異なるため，図7中の㋐〜㋓の4地点で予測される浸水深も異なる。これら4地点のうち，浸水深が最も深くなると横浜市が想定している地点を，図5・図6から得られる情報(地形，防潮堤の配置状況など)から判断して，図7中の㋐〜㋓のうちから一つ選べ。 [12]

* 高潮：台風や発達した低気圧が通過する際，海水面(潮位)が大きく上昇する現象。

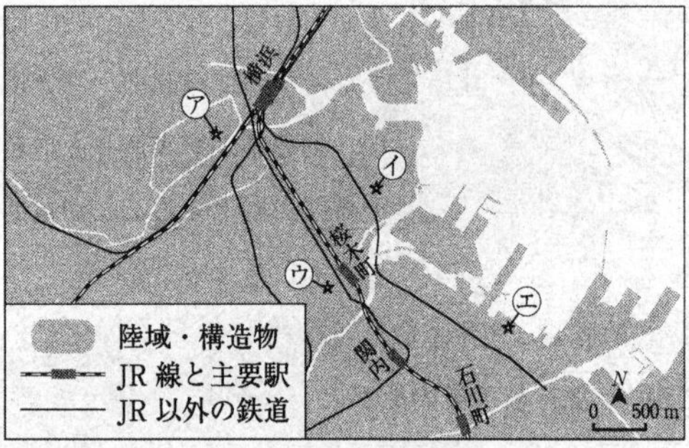

図7

III　次の文章を読み，農業に関する以下の問い(問1～10)に答えよ。解答は解答用紙にマークすること。

　農業の発達や形態は，気温や降水量，地形，土壌といった自然条件の制約を強く
受けるとともに，農地の所有関係，経営の形態・規模，市場までの距離，生活様式
などの社会条件にも大きく影響される。一方で，人々は灌漑や品種改良，栽培技術
の向上によって自然条件を克服し，さらに社会条件の変化に伴って最適な農産物を
選択することで，より豊かな生活を実現してきた。

　農業は約1万年前に野生の植物を作物として栽培したり，動物を家畜として飼育
したりすることにより，狩猟・採集から農耕・牧畜に移行することで始まったと考
えられている。農耕文化が伝わっていくなかでそれぞれの地域の環境に適した独自
の農業が生み出され，世界各地に伝統的農業が形成された。自給的農業に基づいた
農村社会においては農業の生産性を維持，向上することが重要とされ，時には政治
権力の盛衰や文明の興亡を左右する要因ともなった。

　こうした伝統的農業は産業革命と並行して変革することになった。都市が発達す
ると，都市住民の食料や工業の原料として農産物に対する需要が増大した。さら
に，品種改良や肥料の利用などの農業に関する技術革新も進んだことや交通や輸送
技術の発達によって，ヨーロッパやヨーロッパ人の入植した新大陸を中心として商
業的農業が発展していった。さらに20世紀に入ると，より合理的な農業経営を行
う企業的農業が発展した。典型的な企業的農業として，世界市場への供給を目的と
して多くの資本と最新の農業技術を投入することで単一の作物や家畜を大規模に生
産するものがあり，こうした農業は高い労働生産性を有することを特徴としてい
る。

　近年では，環境への影響や食の安全への関心の高まりから，有機農業の推進や遺
伝子組み換え作物の導入への慎重な姿勢など，農業の近代化のあり方が問い直され
ている。その一方で急速に発達する情報通信技術を利用して一層効率的な農業経営
を図る動きもみられる。発展途上国においては，自給的で労働生産性の低い伝統的
農業と多国籍企業の資本や技術によるプランテーションでの輸出農産物の生産が併
存する二重構造も解決すべき課題となっている。

問 1　下線部(1)について，作物の栽培が可能な限界となる寒冷限界と乾燥限界について，最暖月の月平均気温(℃)と年降水量(mm)の組み合わせとして最も適当なものを次の㋐～㋓のうちから一つ選べ。　　13

	㋐	㋑	㋒	㋓
最暖月の月平均気温	5℃	5℃	10℃	10℃
年降水量	500 mm	1000 mm	500 mm	1000 mm

問 2　下線部(2)について，伝統的農業についての説明として**適当でないもの**を，次の㋐～㋓のうちから一つ選べ。　　14

㋐　焼畑農業は，樹林地や原野を切り払い，焼いてできた畑に，草木灰を肥料として，陸稲，キャッサバ，タロいもなどを栽培する農業で，土地生産性が低く，焼畑は数年で放棄される。

㋑　遊牧は，自然の草と水を求めて，家畜とともに移動する牧畜であり，アジア中央部から北アフリカにかけての乾燥地域ではアルパカやリャマ，北極圏の寒冷地域ではトナカイが主要な家畜となった。

㋒　集約的稲作農業は，季節風の影響を受け，降水量が多い東南アジアから中国南部の沖積平野などにみられる，稲作を中心とした集約的農業である。

㋓　集約的畑作農業は，アジアの乾燥した地域などにみられる畑作を中心とした集約的農業であり，小麦，こうりゃんなどの自給作物のほか，綿花，大豆などの換金作物も栽培される。

問 3　下線部(3)について，連作による地力の低下を防ぐために，中世ヨーロッパで広く行われていた三圃式農業における冬作物と夏作物の組み合わせとして最も適当なものを，次の㋐～㋓のうちから一つ選べ。　　15

	冬作物	夏作物
㋐	大麦・えん麦	小麦・ライ麦
㋑	小麦・ライ麦	大麦・えん麦
㋒	大麦・ライ麦	小麦・えん麦
㋓	小麦・えん麦	大麦・ライ麦

問 4　下線部(4)について，ヨーロッパにおける商業的農業についての説明として**適当でないものを**，次の㋐〜㋓のうちから一つ選べ。 [16]

㋐　園芸農業は，都市への出荷を目的として野菜，果樹，花卉などを集約的に栽培する農業で，一般に経営面積は小さいが土地生産性が高く，大都市周辺にみられる。

㋑　大規模化や機械化が進んだデンマークやフランスのような国がある一方で，地中海沿岸部では小規模経営が中心となっており，ヨーロッパ域内での農業生産性には大きな格差がある。

㋒　地中海式農業は，高温乾燥な夏と温暖湿潤な冬の気候を利用して，耐乾性の強いオリーブやぶどうなどの樹木作物と小麦などの穀物を栽培する農業で，地中海沿岸にみられる農業である。

㋓　酪農は，飼料作物を栽培して乳牛を飼育し，酪製品の販売を目的として行われる農業で，イギリスやデンマークなど温暖で肥沃な土壌の地域で発達した。

問 5　下線部(4)について，アメリカ合衆国の中西部で発達した商業的農業地域であるコーンベルトに関する説明として**適当でないものを**，次の㋐〜㋓のうちから一つ選べ。 [17]

㋐　とうもろこしや大豆を中心とした作物が栽培されている。

㋑　栽培した農作物を飼料として家畜(牛や豚)を飼育する混合農業がおこなわれてきた。

㋒　生産されたとうもろこしの半分以上は，コーンブレッドなどの食料用として市場に供給される。

㋓　従来のコーンベルトより西のグレートプレーンズでは，豊富な地下水を利用した大規模灌漑によって，新しいとうもろこし地帯が形成された。

問６　下線部(5)について，プランテーション作物とその輸出量(2020年)が最大の国の組み合わせとして最も適当なものを，次の㋐～㋓のうちから一つ選べ。 18

	㋐	㋑	㋒	㋓
プランテーション作物	カカオ豆	コーヒー豆	茶	バナナ
輸出量が最大の国	ガーナ	ベトナム	ケニア	フィリピン

問７　下線部(5)について，アメリカ合衆国に多くみられる肉牛肥育場で，牛を濃厚飼料で集中的に肥育する施設をあらわす用語として最も適当なものを，次の㋐～㋓のうちから一つ選べ。 19

㋐　フィードロット　　㋑　フォガラ
㋒　フードシステム　　㋓　ランチョ

問８　下線部(6)について，次の表１は，アメリカ合衆国，イギリス，オーストラリア，フランスの農地が土地面積(国土面積から内水面面積を除いた面積)に占める割合(%)と農業従事者１人当たり農地面積(ha)(いずれも2019年)を示している。**イギリス**に該当するものを，表１中の㋐～㋓のうちから一つ選べ。 20

表１

	㋐	㋑	㋒	㋓
農地(%)*	52.3	72.4	44.4	47.1
農業従事者１人当たり農地面積(ha)**	40.8	49.8	185.4	1114.8

* FAO STAT による。

**データブック　オブ・ザ・ワールド　2023年による。

問 9　下線部(7)について，次の表2は，遺伝子組み換え作物の栽培面積(百万 ha)の上位5か国(2019年)を示したものである。表2中のA～Dのいずれにも**該当しない国**を，後の㋐～㋔のうちから一つ選べ。 [21]

表2

	国	遺伝子組み換え作物栽培面積(百万 ha)
1位	A	71.5
2位	B	52.8
3位	C	24.0
4位	D	12.5
5位	インド	11.9

世界国勢図会 2022/23 による。

㋐　アメリカ合衆国　　㋑　アルゼンチン　　㋒　カナダ
㋓　中　国　　㋔　ブラジル

問10　下線部(8)について，花卉や野菜などのハウス栽培で広がっている，情報通信技術を利用して温度や湿度，養分などを自動的に管理する農業をあらわす用語として最も適当なものを，次の㋐～㋓のうちから一つ選べ。 [22]

㋐　アグロフォレストリー
㋑　カントリーエレベーター
㋒　スマートアグリ
㋓　デジタル・トランスフォーメーション

Ⅳ　次の文章を読み，ロシアとそれに関連する国々の地誌に関する以下の問い（問
1 ～10)に答えよ。解答は解答用紙にマークすること。

　ヨーロッパからアジアにかけて広大な国土を擁するロシアは，全国で 8 連邦管区
から構成され，さらに州・地方・共和国・自治州・自治管区などの連邦構成主体に
分かれている。その国土は，ウラル山脈以西のヨーロッパロシアと，それより東の
シベリア，極東地域に分けられる。南部の一部を除いて国土の大半は冷涼な気候で
あるものの，気温は，内陸部では日較差が　　a　　く，極東部では年較差が
　　b　　。ロシアの人口の多くはロシア人であり，およそ 8 割を占める。彼らの
言語はロシア語であり，おもな宗教はロシア正教である。このほかに少数民族も国
内に存在している。

　現在のロシアの前身であるソ連は，1922 年に成立し，社会主義による計画経済
(1)　　　　　　　　　　　　　　　　　　　　　　　　　　　　　　　　(2)
を推し進めた。そのソ連は 1991 年に解体し，ロシアやバルト 3 国を含む，延べ
　　　　　　　　　　　　　　　　　　　　　　　　(3)
　　c　　の独立国が誕生した。ロシア以外の旧ソ連構成国のなかでも，
　　　　　(4)
　　d　　に次いで 2 番目に面積が大きいウクライナに着目してみると，ウクライ
ナでは，国内東部に　　e　　人，国内西部には　　f　　人が多く居住してお
り，EU や西欧諸国との関係性に関して東西で温度差があった。そのため，親ロシ
ア派と親西欧派の政権交代がたびたび生じた。さらには，資源をめぐる対立も生じ
ていた。こうした背景から，2014 年にはロシア軍が介入したことによって，ウク
ライナ国内では対立・紛争が発生し，　　g　　と　　h　　に囲まれたクリム半
島（クリミア半島）をロシアが併合すると宣言した。こうした衝突は，国際社会の非
難を集め，現在でもなおロシア・ウクライナ両国が対立する背景となっている。

　ロシアの産業面の特徴として，かつての計画経済から市場経済化の過程を経過し
てきたことが挙げられる。農業面では，じゃがいもなどの野菜栽培や，　　g
などのいくつかの沿岸地域では小麦などの穀物栽培が見られるが，かつてのソ連時
代の集団農場・国営農場による非効率な生産体制からの転換がロシア経済下でも十
　　(5)
分ではなく，農業法人の整備の遅れなどにもそのような影響が見られる。工業面で
は，いくつかの都市を中核に製造業分野の開発が近年は推進されてきた。しかし，
　　　　　(6)
国家経済を支える基幹的な産業としては鉱産資源開発の役割が大きい。こうした鉱
産資源は，ロシアが他国との安全保障政策に利用することがあるため，取引国の中
　　　　　　　　　　　　　　　　　　　　　　　　　　　　　　　　(7)

にはロシアの鉱産資源への依存度を下げようと努力する国々も少なくない。

問1　本文中の空欄　a　〜　b　に入る語句の組み合わせとして最も適当なものを，次の㋐〜㋑のうちから一つ選べ。　23

	㋐	㋑	㋒	㋑
a	大き	小さ	大き	小さ
b	小さい	大きい	大きい	小さい

問2　本文中の空欄　c　に入る数，　d　に入る語句の組み合わせとして最も適当なものを，次の㋐〜㋑のうちから一つ選べ。　24

	㋐	㋑	㋒	㋑
c	12	12	15	15
d	トルクメニスタン	カザフスタン	トルクメニスタン	カザフスタン

問3　本文中の空欄　e　〜　h　に入る語句の組み合わせとして最も適当なものを，次の㋐〜㋕のうちから一つ選べ。　25

	㋐	㋑	㋒	㋑	㋔	㋕
e	ロシア	ロシア	ロシア	ウクライナ	ウクライナ	ウクライナ
f	ウクライナ	ウクライナ	ウクライナ	ロシア	ロシア	ロシア
g	黒　海	カスピ海	バルト海	黒　海	カスピ海	バルト海
h	アゾフ海	アラル海	アゾフ海	アゾフ海	アラル海	アゾフ海

問4　下線部(1)について，ソ連の正式名称として正しいものを，次の㋐〜㋕のうちから一つ選べ。　26

㋐　ソビエト民主主義共和国連邦　　　㋑　ソビエト社会主義共和国連邦

㋒　ソビエト共産主義共和国連邦　　　㋑　ソビエト民主主義連邦共和国

㋔　ソビエト社会主義連邦共和国　　　㋕　ソビエト共産主義連邦共和国

問 5　下線部(2)について，社会主義や計画経済体制とそれらに基づく国々に関して説明した文章として**適当でないもの**を，次の㋐～㋓のうちから一つ選べ。 27

㋐　過去または現在の社会主義国の例としては，ソ連だけでなく，キューバ，ベトナム民主共和国(北ベトナム)，大韓民国(韓国)，ラオス，フィリピンなどがある。

㋑　計画経済においては，生産だけでなく分配，流通といったほとんどの経済システムが国家統制下に置かれる。

㋒　1986年に当時のゴルバチョフ政権がはじめたペレストロイカにより，計画経済から市場経済化が進展した。

㋓　中華人民共和国は，共産党支配による政治体制とは対照的に，1970年代末から進められた改革開放を通じ，自由経済化・市場経済化を進めた。

問 6　下線部(3)について，次の図1はバルト3国付近を示した地図である。図1中の国Ｉ～Ｋの組み合わせとして最も適当なものを，次の㋐～㋕のうちから一つ選べ。 28

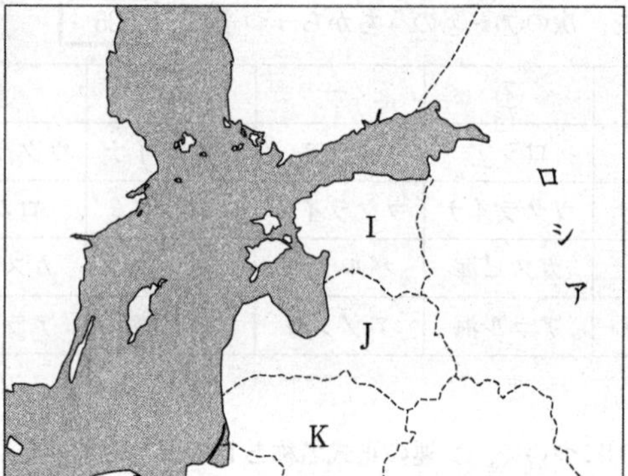

図 1

	㋐	㋑	㋒	㋓	㋔	㋕
エストニア	I	I	J	J	K	K
ラトビア	J	K	I	K	I	J
リトアニア	K	J	K	I	J	I

問 7　下線部(4)について，独立国の状況について説明した文章として最も適当なものを，次の㋐〜㋓のうちから一つ選べ。　29

㋐　独立国家共同体は，ソ連を構成していた共和国がすべてそのまま参加して結成された国家連合で，現在も発足時の国々がすべて加盟している。

㋑　独立国家共同体は，ロシアの政体を規定し，国家主権を持つ主体に相当する。

㋒　独立国家共同体に加盟しなかった国々として，バルト3国やトルクメニスタン，ジョージア，ベラルーシなどが挙げられる。

㋓　1991年までソ連が有していた国連安全保障理事会の常任理事国としての地位は，独立国家共同体の成立後，ロシアが継承した。

問 8　下線部(5)について，現地では集団農場と国営農場はそれぞれ何と呼ばれていたか，その組み合わせとして最も適当なものを，次の㋐〜㋕のうちから一つ選べ。　30

	㋐	㋑	㋒	㋓	㋔	㋕
集団農場	ダーチャ	ダーチャ	ソフホーズ	ソフホーズ	コルホーズ	コルホーズ
国営農場	コルホーズ	ソフホーズ	コルホーズ	ダーチャ	ソフホーズ	ダーチャ

問 9　下線部(6)について，次の図 2 はロシアの領土といくつかの都市 l ～ q を示している。さらに後の㋐～㋕は都市 l ～ q の説明である。**都市 p の説明として最も適当なものを，後の㋐～㋕のうちから一つ選べ。** [31]

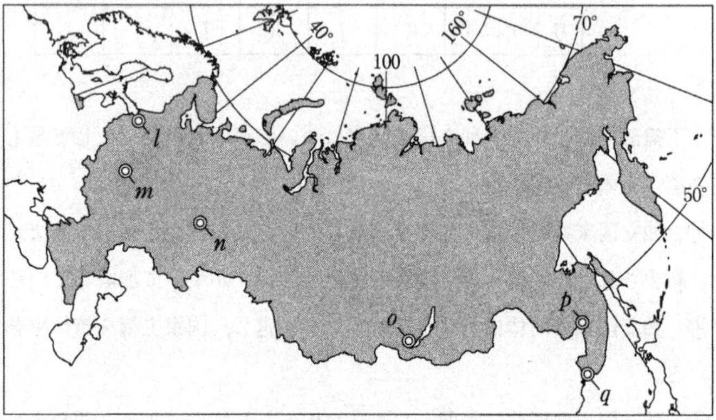

図 2

㋐　ペルム紀という地質学用語の語源ともなっているこの都市は，船舶輸送やシベリア鉄道といった輸送手段や交通により発展した産油地域である。特に，石油化学や木材工業，食料品加工業などの発展が特筆される。

㋑　フランスのナポレオンにより占領された経験がある。ロシア革命後，1918 年にレーニンによって首都とされた。ロシアの政治経済の中心である。

㋒　製紙業や木材工業がさかんで，製紙業の工業発展とともに大気汚染やバイカル湖の水質汚染が進み，国際的に問題とされた。

㋓　第二次世界大戦前は，敦賀と定期船で結ばれていた。敦賀や新潟との船舶輸送がさかんであった。シベリア鉄道の終着地点である。

㋔　ロシア帝国において首都であったが，1924 年から 1991 年の間はレニングラードに名称を変更した。その後現在の都市名に戻った。

㋕　アムール川とその支流のウスリー川の分岐点に位置する。

問10　下線部(7)について，次の図3はロシアからの日本の主要輸入品目の内訳と比率（金額ベース，%）を2017年と2021年の両年に関して示した円グラフである。図3中のXとYに入る品目の組み合わせとして最も適当なものを，後の㋐〜㋓のうちから一つ選べ。　32

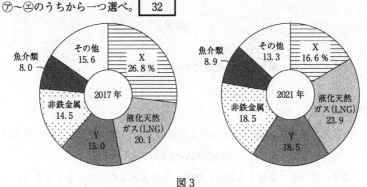

図3

財務省貿易統計より作成。

	㋐	㋑	㋒	㋓
X	石　炭	石　炭	原　油	原　油
Y	原　油	木　材	石　炭	木　材

原油は粗油を含む。

数　学

（60分）

次の問題ⅠからⅥの解答を解答用紙にマークしなさい。

解答上の注意

・分数形で解答する場合，それ以上約分できない形で答えなさい。例えば，$\dfrac{2}{3}$
と答えるところを，$\dfrac{4}{6}$ と答えてはいけません。

・根号を含む形で解答する場合，根号の中に表れる自然数が最小となる形で答え
なさい。例えば，$4\sqrt{2}$ とするところを，$2\sqrt{8}$ のように答えてはいけません。

Ⅰ 次の $\boxed{\text{ア}}$ ～ $\boxed{\text{キ}}$ に当てはまる値を求めよ。

(1)　以下の1から6における（　）内の数の組のうち，有理数のみの組は $\boxed{\text{ア}}$ ，
無理数のみの組は $\boxed{\text{イ}}$ である。

1．$\left(-2,\ 9,\ 1.\dot{4},\ \dfrac{3}{8},\ 0.9\dot{7}\dot{2},\ -\sqrt{3}\right)$

2．$\left(-2,\ 9,\ 1.\dot{4},\ \dfrac{3}{8},\ \sqrt{0.36},\ 0.9\dot{7}\dot{2}\right)$

3．$\left(-2,\ 9,\ 1.\dot{4},\ \dfrac{3}{8},\ \sqrt{2},\ \sqrt{0.36}\right)$

4．$\left(\pi,\ \dfrac{3}{8},\ \sqrt{2}\right)$

5．$\left(\pi,\ -\sqrt{3},\ \sqrt{2}\right)$

6．$\left(\pi,\ 0.9\dot{7}\dot{2},\ \sqrt{2}\right)$

(2)　$\dfrac{1}{1+\sqrt{2}+\sqrt{3}}$ の分母を有理化すると，$\dfrac{\boxed{\text{ウ}}+\sqrt{\boxed{\text{エ}}}-\sqrt{6}}{\boxed{\text{オ}}}$ と
なる。

(3) 不等式 $\dfrac{n}{3} - \dfrac{n-6}{5} < 3$ を満たす最大の自然数 n は $\boxed{\text{カキ}}$ である。

II 次の $\boxed{\text{ア}}$ ～ $\boxed{\text{オ}}$ に当てはまる値を求めよ。

$a,\ b,\ 5,\ 7,\ 1$ という 5 個の値からなるデータがある。このデータの平均値が 4 であるとき，$a + b = \boxed{\text{ア}}$ である。さらに，このデータの分散を求めると 4 であった。

このとき，$a \times b = \boxed{\text{イウ}}$ であることから $a = \boxed{\text{エ}}$ ，$b = \boxed{\text{オ}}$ となる。ただし $a < b$ とする。

III 次の $\boxed{\text{ア}}$ ～ $\boxed{\text{ケ}}$ に当てはまる値を求めよ。

(1) 不等式 $5x^2 - 8x + 10 < 3x^2 + 7x - 15$ の解は $\dfrac{\boxed{\text{ア}}}{\boxed{\text{イ}}} < x < \boxed{\text{ウ}}$ である。

(2) 不等式 $|-x^2 + 6x - 5| > 3$ の解は $x < \boxed{\text{エ}} - \sqrt{\boxed{\text{オ}}}$ ，$\boxed{\text{カ}} < x < \boxed{\text{キ}}$ ，$x > \boxed{\text{ク}} + \sqrt{\boxed{\text{ケ}}}$ である。

IV 第 10 項が 25，第 20 項が -5 である等差数列 $\{a_n\}$ がある。

次の $\boxed{\text{ア}}$ ～ $\boxed{\text{コ}}$ に当てはまる値を求めよ。

(1) 初項は $\boxed{\text{アイ}}$ ，公差は $\boxed{\text{ウエ}}$ ，一般項は $a_n = \boxed{\text{オカ}}\, n + \boxed{\text{キク}}$ である。

(2) -41 は，第 $\boxed{\text{ケコ}}$ 項である。

V　全ての辺の長さが4の立方体 ABCD–EFGH において，DP：PA = DQ：QC = 1：3
となる点P，点Qを取るとき，次の　　ア　　～　　コ　　に当てはまる値を答え
よ。

(1)　線分PGの長さは $\sqrt{\boxed{\text{アイ}}}$
である。

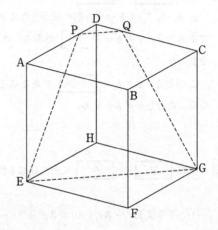

(2)　cos∠PEG は

$$\frac{\boxed{\text{ウ}}\sqrt{\boxed{\text{エ}}}}{\boxed{\text{オカ}}}\text{である。}$$

(3)　線分 PE と線分 QG をそれぞれ
延長したときの交点を O とする
とき，三角錐 O–HEG の体積は

$$\frac{\boxed{\text{キクケ}}}{\boxed{\text{コ}}}\text{である。}$$

Ⅵ 次の　ア　～　ス　に当てはまる値を求めよ。

(1) 2次関数 $y = ax^2 - bx + c$ のグラフは下に凸の放物線で，座標平面上の点 $(3, 0)$ を頂点とし，y 軸と点 $(0, 3)$ で交わる。

定数 a, b, c の値は $a = \dfrac{\boxed{\text{ア}}}{\boxed{\text{イ}}}$，$b = \boxed{\text{ウ}}$，$c = \boxed{\text{エ}}$ である。

(2) 絶対値を含む関数 $y = \|3 - x| - 1| + 1$ は次のように表せる。

$$y = \begin{cases} -\boxed{\text{オ}}\,x + \boxed{\text{カ}} & (x < 2) \\ \boxed{\text{キ}}\,x - \boxed{\text{ク}} & (2 \leqq x < 3) \\ -\boxed{\text{ケ}}\,x + \boxed{\text{コ}} & (3 \leqq x < 4) \\ \boxed{\text{サ}}\,x - \boxed{\text{シ}} & (x \geqq 4) \end{cases}$$

(3) 座標平面上で，(1)の2次関数 $y = ax^2 - bx + c$ のグラフと(2)の絶対値を含む関数 $y = \|3 - x| - 1| + 1$ のグラフによって囲まれる領域の面積は，$\boxed{\text{ス}}$ である。

化　学

（60分）

　以下の設問について，最も適切な答えを㋐〜㋔のなかから一つ選び，マークシート
の解答用紙にマークせよ。必要な場合，原子量として，H = 1，C = 12，O = 16，
N = 14，F = 19，Na = 23，Mg = 24，Al = 27，S = 32，Cl = 35.5，Ca = 40，
Mn = 55，Fe = 56，Cu = 64，アボガドロ定数 $N_A = 6.0 \times 10^{23}$/mol，気体定数
$R = 8.3 \times 10^3$ Pa・L/(mol・K)，ファラデー定数 $F = 9.65 \times 10^4$ C/mol を用いよ。
理想気体 1 mol の体積は，標準状態で 22.4 L である。気体はすべて理想気体である
としてよい。

問 1　次の物質のうち，純物質はどれか。　　1

　　㋐　塩化ナトリウム　　　㋑　塩酸　　　　　　　㋒　牛乳

　　㋓　石油　　　　　　　　㋔　石灰水

問 2　次の物質の分子のうち，分子全体として無極性の分子はどれか。　　2

　　㋐　二酸化炭素　　　　　㋑　水　　　　　　　　㋒　アンモニア

　　㋓　塩化水素　　　　　　㋔　エタノール

問 3　次の原子の中で中性子の数が最も多いものはどれか。　　3

　　㋐　^{24}Mg　　㋑　^{28}Si　　㋒　^{40}Ar　　㋓　^{39}K　　㋔　^{41}Ca

問 4　次の放射線のなかで $^4_2$He 原子核の流れであるものはどれか。　　4

　　㋐　α 線　　　　　　　　㋑　β 線　　　　　　　㋒　γ 線

　　㋓　中性子線　　　　　　㋔　X 線

問 5　次にあげる元素のうち，「典型元素の金属元素」はいくつあるか。　　5

　　　　Na　Mg　Al　Ca　Cr　Fe　Cu　Ag　Ba　Pt

　　㋐　1　　　　　㋑　2　　　　　㋒　3　　　　　㋓　4　　　　　㋔　5

問 6　銅の結晶格子は，面心立方格子である。銅の単位格子一辺の長さは，銅原子の半径の何倍か。[6]

㋐ $\frac{2}{\sqrt{3}}$ 倍　　㋑ $\sqrt{2}$ 倍　　㋒ 2倍

㋓ $\frac{4}{\sqrt{3}}$ 倍　　㋔ $2\sqrt{2}$ 倍

問 7　アイスクリームの箱の中に入れておいたドライアイスがなくなった。この現象に最も関係の深い状態変化の名称は次のうちどれか。[7]

㋐ 凝縮　㋑ 蒸発　㋒ 昇華　㋓ 沸騰　㋔ 融解

問 8　次のうち，「すべての気体は，同温・同圧のとき，同体積中に同数の分子を含んでいる」という説を発表した人はだれか。[8]

㋐ ドルトン　　㋑ ゲーリュサック　　㋒ ラボアジエ

㋓ プルースト　　㋔ アボガドロ

問 9　水酸化鉄(Ⅲ)のコロイド溶液を電気泳動したところ，陰極のまわりの溶液の色が濃くなった。このコロイドを最も凝析させやすいと考えられる物質は次のうちどれか。[9]

㋐ $NaCl$　　㋑ $CaCl_2$　　㋒ KI

㋓ $Al(NO_3)_3$　　㋔ Na_2SO_4

問10　27℃，4.5×10^5 Pa で 16.6 L を占める気体の物質量は何 mol か。最も近いものを選べ。[10]

㋐ 1.0 mol　㋑ 1.5 mol　㋒ 2.0 mol　㋓ 2.5 mol　㋔ 3.0 mol

問11　次の結晶の中で，分子結晶はどれか。[11]

㋐ 黒鉛　　㋑ 食塩　　㋒ ダイヤモンド

㋓ 二酸化ケイ素　　㋔ ヨウ素

問12　酸化カルシウムに水を加えると，水酸化カルシウムが生成する。11.2 g の酸化カルシウムに水を 10.8 g 加え，完全に反応させたとき，反応せずに残る物質の質量は何 g か。最も近いものを選べ。 12

　　　㋐　1.8 g　　　㋑　3.6 g　　　㋒　5.4 g　　　㋓　7.2 g　　　㋔　9.0 g

問13　エタノール(液)の燃焼熱は何 kJ/mol か。最も近いものを選べ。ただし，エタノール(液)，二酸化炭素(気)，水(液)の生成熱は，それぞれ 278 kJ/mol，394 kJ/mol，286 kJ/mol，生じる H_2O はすべて液体である。 13

　　　㋐　1266 kJ/mol　　　　㋑　1286 kJ/mol　　　　㋒　1298 kJ/mol

　　　㋓　1324 kJ/mol　　　　㋔　1368 kJ/mol

問14　モル濃度が 0.1 mol/L，電離度が 0.01 である一価の塩基水溶液の pH の値に最も近いのは次のうちどれか。ただし，水のイオン積を $1.0 \times 10^{-14} mol^2/L^2$ とする。 14

　　　㋐　3　　　　㋑　5　　　　㋒　9　　　　㋓　11　　　　㋔　13

問15　次の化学式の下線を引いた原子の酸化数で，最も大きいものはどれか。 15

　　　㋐　$H_2\underline{S}$　　　　　　㋑　$\underline{Fe}O$　　　　　　㋒　$\underline{Mn}O_2$

　　　㋓　$K_2\underline{Cr}_2O_7$　　　　㋔　$\underline{C}O_3{}^{2-}$

問16　鉄の製錬では，酸化鉄(Ⅲ)Fe_2O_3 と一酸化炭素とを高温下で反応させることで遊離した鉄を得る。1.0 kg の鉄 Fe を得るためには，理論上何 kg の酸化鉄(Ⅲ)Fe_2O_3 が必要か。最も近いものを選べ。 16

　　　㋐　1.1 kg　　　㋑　1.2 kg　　　㋒　1.3 kg　　　㋓　1.4 kg　　　㋔　1.5 kg

問17　3.00 A の電流を 2 時間流したときに流れた電子の物質量は何 mol か。最も近いものを選べ。 17

　　　㋐　0.1 mol　　　㋑　0.2 mol　　　㋒　0.3 mol　　　㋓　0.4 mol　　　㋔　0.5 mol

問18　水酸化カルシウム 0.148 g を過不足なく中和するためには，0.160 mol/L の塩
　　酸は何 mL 必要か。最も近いものを選べ。　18

　　㋐　10.0 mL　　　　　　㋑　12.5 mL　　　　　　㋒　17.5 mL

　　㋓　22.5 mL　　　　　　㋔　25.0 mL

問19　硫酸で酸性にした条件下で，過酸化水素水にヨウ化カリウム水溶液を加えた。
　　すべてのヨウ化物イオンがヨウ素分子に酸化されるとき，反応する過酸化水素と
　　ヨウ化カリウムの物質量の比は次のうちどれか。　19

　　㋐　1：1　　㋑　1：2　　㋒　2：1　　㋓　2：5　　㋔　5：2

問20　1.2 g の尿素 $CO(NH_2)_2$ を水 50 g に溶かしたときの凝固点は次のどれに最も
　　近いか。ただし，純水の凝固点を 0 ℃，水のモル凝固点降下を 1.85 K・kg/mol
　　とする。また，この水溶液は希薄溶液と見なしてよいとする。　20

　　㋐　−2.74 ℃　　　　　　㋑　−1.48 ℃　　　　　　㋒　−1.11 ℃

　　㋓　−0.74 ℃　　　　　　㋔　−0.37 ℃

問21　次のうち，水上置換でなく上方置換で集める気体はどれか。　21

　　㋐　アンモニア　　　　㋑　一酸化窒素　　　　㋒　酸素

　　㋓　窒素　　　　　　　㋔　二酸化窒素

問22　次の物質のうち，酸性酸化物はどれか。　22

　　㋐　CuO　　㋑　Fe_2O_3　　㋒　MgO　　㋓　Na_2O　　㋔　P_4O_{10}

問23　次に示す錯イオンのうち，形が正四面体のものはどれか。　23

　　㋐　$[Ag(NH_3)_2]^+$　　　㋑　$[Cu(NH_3)_4]^{2+}$　　　㋒　$[Zn(NH_3)_4]^{2+}$

　　㋓　$[Fe(CN)_6]^{4-}$　　　㋔　$[Fe(CN)_6]^{3-}$

問24　次の金属の中で，塩酸に反応しないが熱濃硫酸には反応するものはどれか。
　　24

　　㋐　アルミニウム　　　㋑　鉄　　　　　　　㋒　亜鉛

　　㋓　ニッケル　　　　　㋔　銀

問25　C，H，O のみから成る有機化合物 2.3 mg を十分な量の酸素を用いて完全燃焼させたところ，二酸化炭素が 4.4 mg，水が 2.7 mg 生成した。この有機化合物の組成式は次のどれか。　25

　　㋐　CH_4O　　㋑　C_2H_3O　　㋒　C_2H_4O　　㋓　C_2H_6O　　㋔　C_4H_6O

問26　分子式 $C_4H_{10}O$ の有機化合物の構造異性体の数はいくつか。　26

　　㋐　3　　　㋑　5　　　㋒　7　　　㋓　9　　　㋔　11

問27　次の記述のうち，正しいものはどれか。　27

　　㋐　エタノールにナトリウムを加えると，酸素を発生してナトリウムエトキシドを生成する。

　　㋑　約170℃に加熱した濃硫酸にエタノールを加えると，ジエチルエーテルが生成する。

　　㋒　約140℃に加熱した濃硫酸にエタノールを加えると，エチレンが生成する。

　　㋓　エタノールに硫酸酸性の二クロム酸カリウム水溶液を加えて加熱すると，アセトンが生成する。

　　㋔　エタノールと酢酸と少量の濃硫酸を加えて温めると，酢酸エチルが生成する。

問28　次のプラスチックのうち，ペットボトルや飲料用カップの原料として使用され，透明で圧力に強い性質をもつものはどれか。　28

　　㋐　ポリエチレン　　　　㋑　ポリ塩化ビニル　　　㋒　ポリスチレン

　　㋓　ポリプロピレン　　　㋔　ポリエチレンテレフタラート

問29　次のうち，鏡像異性体をもつものはどれか。　29

　　㋐　酢酸　　　　　　　　㋑　マレイン酸　　　　　㋒　サリチル酸

　　㋓　乳酸　　　　　　　　㋔　クエン酸

問30 ニトロベンゼンをスズと塩酸で還元し，水酸化ナトリウム水溶液を加えて遊離させることで得られる有機化合物の構造式はどれか。 30

㋐
OH

㋑
N_2Cl

㋒
NH_2

㋓
COOH

㋔
NO_2
O_2N NO_2
OH

$$\boxed{生\quad 物}$$

（60分）

I 植生の遷移に関する次の文章を読み，以下の設問に答えなさい。

　　火山の噴火や大規模な山崩れなどによって，土壌がなく，植物の種子や根が存在
しない裸地が生じた場合，そのような土地から始まる遷移を一次遷移という。この
ような裸地では，水や栄養塩類がほとんど存在しないため，多くの場合　[(a)]
が最初に侵入して荒原が形成される。その後，年月の経過とともに風化した岩石や
生物の遺体の堆積が進行するにつれて，土壌が形成されていく。その結果，日本の
暖温帯では　[(b)]　などの，陽生の草本植物からなる草原が成立する。

　　さらに年月が経過すると，[(c)]　などの低木林が形成される。[(c)]　の
根には窒素固定細菌が共生しているため，[(c)]　は栄養塩類が少ない土地でも
生育できる。やがて，[(d)]　などの陽生の高木林(陽樹林)，陽樹と陰樹が入り
混じった混交林，陰樹林の順に植生が変化する。特に陰樹林になると，構成種に大
きな変化がみられなくなり，このような状態は極相とよばれ，このときの森林を極
相林という。遷移初期に侵入する植物と遷移後期にみられる植物では，いろいろな
違いがみられる。また，遷移の進行に伴って，土壌にも変化がみられる。
(i)　　　　　　　　　　　　　　　　　　　　　(ii)

　　いったん極相に達した植生が，いろいろな原因によって失われた土地から始まる
遷移を二次遷移という。二次遷移は，初期には　[(e)]　が繁茂することが多く，
(iii)
一次遷移と比較して遷移の進行が　[(f)]。人間の生活活動の結果，遷移の進行
が途中で停止することがある。たとえば，毎年定期的に火入れをすると，森林が成
立せず，草原の段階で維持される。
(iv)

　　植生の遷移は陸上でのみ起こるのではなく，湖沼でもみられる。水深の深い湖で
あっても年月の経過に伴い，土砂や生物の遺体が堆積することによって湿地を経て
やがて陸地となる。その過程で生育する水生植物も変化する。
(v)

問 1　文中の空欄 [(a)] ～ [(d)] にあてはまる最も適切な植物を，次の㋐～㋗の中から一つずつ選びマークしなさい。

(a)：[1]　(b)：[2]　(c)：[3]　(d)：[4]

㋐　カタクリやベニシダ
㋑　アオキやヒサカキ
㋒　ススキやイタドリ
㋓　シダ植物やコケ植物
㋔　クロマツやコナラ
㋕　シイ類やカシ類
㋖　ヤシャブシやオオバヤシャブシ
㋗　地衣類やコケ植物

問 2　文中の空欄 [(e)] および [(f)] にあてはまる最も適切な用語の組み合わせを，次の㋐～㋓の中から一つ選びマークしなさい。[5]

㋐　(e)　草本植物　(f)　速い
㋑　(e)　草本植物　(f)　遅い
㋒　(e)　陰樹　(f)　速い
㋓　(e)　陰樹　(f)　遅い

問 3　下線部(i)にある遷移初期と遷移後期の植物と比較したとき，遷移初期に侵入する植物の特徴として最も適切なものを，次の㋐～㋓の中から一つ選びマークしなさい。[6]

㋐　果実や種子は，動物によって運ばれるものが多い。
㋑　芽生えや幼植物は薄暗い環境でも枯死しにくく，生育できる。
㋒　水分が乏しく乾燥した土地でもよく生育する。
㋓　強光条件下での成長速度が小さい。

問 4　下線部(ii)にあるように，土壌の層状の構造は遷移の段階によって異なる。図
　　　1は，荒原→低木林→常緑・落葉広葉樹の混交林→常緑広葉樹林へと遷移する
　　　各段階の土壌の構造を順不同に並べたものである。層状構造のうち，腐植に富
　　　む層の厚みは，土壌に供給される枯死体の量に大きく影響される。このとき，
　　　図1のA～Cに該当する遷移の段階の組み合わせとして最も適切なものを，次
　　　の㋐～㋕の中から一つ選びマークしなさい。　　7

	低木林	常緑・落葉広葉樹の混交林	常緑広葉樹林
㋐	A	B	C
㋑	A	C	B
㋒	B	A	C
㋓	B	C	A
㋔	C	A	B
㋕	C	B	A

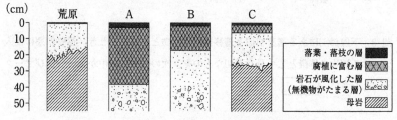

図1　いろいろな遷移の段階の土壌の構造

問 5　下線部(iii)について，二次遷移が始まる原因として誤っているものを，次の
　　　㋐～㋓の中から一つ選びマークしなさい。　　8

　　㋐　森林の伐採　　　㋑　耕作地の放棄　　　㋒　山火事　　　㋓　植林

問 6　下線部(iv)について，その理由として最も適切なものを，次の㋐〜㋓の中から一つ選びマークしなさい。 [9]

㋐　火入れによって，樹木の生育を阻害する物質が土壌に蓄積するから。

㋑　火入れによって地面が硬くなり，樹木が生育しにくくなるから。

㋒　火入れのたびに土壌から水分が失われ，樹木が生育しにくくなるから。

㋓　火入れのたびに，樹木の芽生えや幼木が焼けて生育できなくなるから。

問 7　下線部(v)について，湖の水深が浅くなるにつれて，優占する水生植物の種類が変化する。水生植物である抽水植物，沈水植物，および浮葉植物が優占する順序として最も適切なものを，次の㋐〜㋕の中から一つ選びマークしなさい。なお，抽水植物，沈水植物，および浮葉植物は次のような植物であり，葉の位置に注目して考えること。 [10]

抽水植物＝ヨシのように茎や葉の一部が水上に出ている植物。

沈水植物＝クロモのように植物体がすべて水中に沈んでいる植物。

浮葉植物＝スイレンのように葉が水面に浮かんでいる植物。

㋐　抽水植物 → 沈水植物 → 浮葉植物

㋑　抽水植物 → 浮葉植物 → 沈水植物

㋒　沈水植物 → 抽水植物 → 浮葉植物

㋓　沈水植物 → 浮葉植物 → 抽水植物

㋔　浮葉植物 → 抽水植物 → 沈水植物

㋕　浮葉植物 → 沈水植物 → 抽水植物

Ⅱ　細胞の構造と機能に関する次の文章を読み，以下の設問に答えなさい。

　　生物体の基本単位は細胞である。この考えを細胞説といい，植物について細胞説を提唱したのは，　(a)　である。ほとんどの細胞は，光学顕微鏡を用いて初めて見えるものだが，なかには　(b)　のように肉眼で見えるものがある。細胞はいずれも細胞膜に囲まれているが，細胞膜の外側の構造の有無や，細胞内の種々の細胞小器官の有無によって，いくつかの種類に分けられる。細胞は，原核細胞と真核細胞に大別される。また，真核細胞は，植物細胞と動物細胞に大別される。原核細胞からなる生物を原核生物，真核細胞からなる生物を真核生物という。原核生物には大腸菌や　(c)　などがある。

　　真核生物は，単細胞生物と多細胞生物に分類できる。ヒトは多細胞生物で，血液の細胞のように個々の細胞が独立して働いているもの以外は，ほとんどの細胞どうしは接着している。細胞どうしの接着にはいろいろな膜タンパク質が関わっている。　(d)　ではコネクソンとよばれる膜タンパク質が組み合わさり，中空の管構造を形成して隣接する細胞間をつないでいる。また，接着結合では，細胞内から細胞外に伸びるカドヘリンどうしがつながり，隣り合った細胞を結合させている。カドヘリンが正常な立体構造を保つには，　(e)　の存在が必要である。

　　細胞は，その機能に応じていろいろな形態をもっている。動物細胞で細胞の形態維持や運動に大きな役割をもっているのが，細胞骨格とよばれるタンパク質である。細胞骨格が関与している現象の1つに原形質流動(細胞質流動)がある。オオカナダモの葉の細胞は，原形質流動の観察によく用いられる。

問1　文中の空欄　(a)　～　(c)　にあてはまる最も適切な用語の組み合わせを，次の㋐～㋔の中から一つ選びマークしなさい。　11

㋐　(a) シュライデン　(b) ゾウリムシ　(c) 酵母
㋑　(a) シュライデン　(b) ゾウリムシ　(c) 乳酸菌
㋒　(a) シュライデン　(b) ヒトの精子　(c) 酵母
㋓　(a) シュライデン　(b) ヒトの精子　(c) 乳酸菌
㋔　(a) シュワン　　　(b) ゾウリムシ　(c) 酵母

㋕　(a)　シュワン　　　　(b)　ゾウリムシ　　　(c)　乳酸菌

㋖　(a)　シュワン　　　　(b)　ヒトの精子　　　(c)　酵母

㋗　(a)　シュワン　　　　(b)　ヒトの精子　　　(c)　乳酸菌

問2　文中の空欄　(d)　および　(e)　にあてはまる最も適切な用語を，次の㋐～㋓の中から一つずつ選びマークしなさい。

(d):　㋐　密着結合　　　㋑　デスモソーム　　　㋒　ギャップ結合

　　　㋓　ヘミデスモソーム　　　　　　　　　　　　　　12

(e):　㋐　Fe^{2+}　　　㋑　Mg^{2+}　　　㋒　K^+　　　㋓　Ca^{2+}　　　13

問3　下線部(i)に関連して，ネンジュモ，ツバキの葉の葉肉細胞，ヒトの肝細胞のそれぞれについて，細胞がもつ構造の有無に関する組み合わせとして最も適切なものを，次の㋐～㋖の中から一つずつ選びマークしなさい。なお，＋はその構造をもつことを，－はもたないことを示す。

ネンジュモ：　14　　　　ツバキの葉の葉肉細胞：　15

ヒトの肝細胞：　16

	細胞壁	ミトコンドリア	葉緑体	ゴルジ体
㋐	＋	＋	＋	＋
㋑	＋	＋	＋	－
㋒	＋	－	＋	－
㋓	＋	－	－	－
㋔	－	＋	＋	＋
㋕	－	＋	－	＋
㋖	－	＋	－	－

問 4　下線部(ii)の原形質流動(細胞質流動)に関わる細胞骨格とモータータンパク質の組み合わせとして最も適切なものを，次の㋐～㋔の中から一つ選びマークしなさい。[17]

㋐　アクチンフィラメントとミオシン

㋑　アクチンフィラメントとキネシン

㋒　微小管とダイニン

㋓　微小管とミオシン

㋔　中間径フィラメントとダイニン

問 5　下線部(iii)のオオカナダモの葉の細胞を用いた原形質流動の観察について，次の1)～4)の問に答えなさい。

1）オオカナダモの葉の細胞をスライドガラス上におき，ある液体1滴を落とした後，カバーガラスをかぶせた。このとき滴下する液体として最も適切なものを，次の㋐～㋓の中から一つ選びマークしなさい。[18]

㋐　水　　㋑　薄い酢酸溶液　　㋒　酢酸オルセイン水溶液

㋓　濃い食塩水

2）原形質流動の速度を測定するために，ミクロメーターを用いて光学顕微鏡で観察した。顕微鏡観察の一般的な注意事項として最も適切なものを，次の㋐～㋓の中から一つ選びマークしなさい。[19]

㋐　対物レンズを装着した後に，接眼レンズを鏡筒に装着する。

㋑　対物レンズとプレパラートを近づけながら焦点(ピント)を合わせる。

㋒　反射鏡は，低倍率で観察するときは平面鏡を用い，高倍率で観察するときは凹面鏡を用いる。

㋓　上下左右が逆転して見える顕微鏡を用いる場合，観察に適した部分が視野の左上にある場合，プレパラートを右下に動かして中央に移動させる。

3）15倍の接眼レンズと10倍の対物レンズを装着し，接眼ミクロメーターと
　　対物ミクロメーターをセットしてピントを合わせたところ，両ミクロメー
　　ターは図2のように見えた。続いて，対物ミクロメーターの代わりにプレパ
　　ラートをステージにセットし，対物レンズを40倍のものに変えて観察した
　　ところ，葉緑体が動いているのが見えた。葉緑体の移動は，15秒間に接眼
　　ミクロメーターの30目盛り分であった。対物レンズを40倍のものに変えた
　　とき，接眼ミクロメーター1目盛りが示す長さと葉緑体の移動速度（μm/秒）
　　として最も適切な値を，次の㋐〜㋔の中から一つずつ選びマークしなさい。
　　なお，対物ミクロメーター1目盛りの長さは10 μmである。

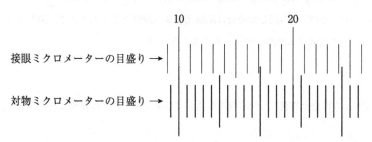

図2　接眼ミクロメーターと対物ミクロメーターの目盛り

接眼ミクロメーター1目盛りが示す長さ：　20

　㋐　3.5 μm　　　　㋑　7.0 μm　　　　㋒　14 μm　　　　㋓　28 μm

　㋔　56 μm

葉緑体の移動速度：　21

　㋐　3.5 μm/秒　　　㋑　7.0 μm/秒　　　㋒　14 μm/秒　　　㋓　28 μm/秒

　㋔　105 μm/秒

4）原形質流動には，細胞骨格やモータータンパク質といったタンパク質が関
　　与する。原形質流動の原動力は，呼吸で合成されたATPのエネルギーであ
　　る。オオカナダモの原形質流動の速度を，温度を変えた条件で測定したとこ
　　ろ，30℃で最も速度が大きく，流動速度は相対値で1.8であった。また，
　　10℃での流動速度は相対値で1.0となり，50℃では原形質流動が停止し

た。10℃ および 50℃ に十分に長い時間おいてから，オオカナダモを 30℃ の条件に戻したとき，予想される流動速度に関する記述として最も適切なものを，次の㋐～㋓の中から一つ選びマークしなさい。 22

㋐　10℃ から戻した場合と 50℃ から戻した場合のいずれも，流動速度は相対値で 1.8 に近い値となった。

㋑　10℃ から戻した場合は流動速度は相対値で 1.8 に近い値であったが，50℃ から戻した場合は流動が停止したままであった。

㋒　10℃ から戻した場合は流動速度は相対値で 1.0 のままであったが，50℃ から戻した場合は流動速度は 1.8 に近い値であった。

㋓　10℃ から戻した場合は流動速度は相対値で 1.0 のままで，50℃ から戻した場合は流動が停止したままであった。

Ⅲ　DNA の構造や複製・分配に関する次の文章を読み，以下の設問に答えなさい。

遺伝子の本体である DNA は，デオキシリボース，塩基，リン酸からなるヌクレオチドが多数つながってできている。塩基には，アデニン(A)，チミン(T)，グアニン(G)，シトシン(C)の 4 種類がある。ヌクレオチド鎖のヌクレオチドどうしの結合は，一方のヌクレオチドのデオキシリボースの (a) の炭素と，他方のヌクレオチドのデオキシリボースの (b) の炭素につながったリン酸との間に形成される。また，2 本のヌクレオチド鎖は，向かい合うヌクレオチドの塩基間の (c) によって相補的に結合している。真核生物の核の DNA は，(d) と結合して (e) を形成し，(e) が規則的に折りたたまれて (f) という構造をとっている。

遺伝子の本体である DNA は，細胞分裂に先立って複製される。DNA の複製の様式には，もとの 2 本鎖 DNA がそのまま残り，新たな 2 本鎖 DNA ができる保存的複製や，もとの 2 本鎖 DNA のそれぞれの鎖を鋳型に新たなヌクレオチド鎖が合成される半保存的複製など，いくつかの可能性が考えられる。それらのうち，半保存的複製が行われていることを明らかにしたのが，メセルソンとスタールの実験で

ある。メセルソンとスタールは，窒素源として重い窒素(^{15}N)のみを含む培地で何世代も細胞を分裂させ，分子中の窒素が ^{15}N に置き換わった DNA($^{15}N^{15}N$-DNA)
(ii)
をもつ大腸菌をつくった。この大腸菌を軽い窒素(^{14}N)のみを含む培地に移して培養し，以後の世代の経過に伴う DNA の密度の変化を追跡した。
(iii)

　DNA の複製においては，複数の酵素が働くが，ヌクレオチド鎖の伸長の反応を触媒するのは DNA ポリメラーゼである。DNA ポリメラーゼはヌクレオチド鎖を $5' \rightarrow 3'$ 方向にのみ伸長することができる。そのため，DNA の二重らせんが開かれていく方向と同じ向きに合成される鎖と，それとは逆向きに合成される鎖では，
(iv)
伸長反応の様相が異なる。

　真核生物の体細胞分裂においても，分裂期に先立つ DNA 合成期(S 期)に DNA は半保存的に複製される。

問 1　文中の空欄　(a)　～　(c)　にあてはまる最も適切な用語の組み合わせを，次の㋐～㋓の中から一つ選びマークしなさい。　23

　㋐　(a)　3'　　　　　(b)　5'　　　　　(c)　水素結合

　㋑　(a)　3'　　　　　(b)　5'　　　　　(c)　ペプチド結合

　㋒　(a)　5'　　　　　(b)　3'　　　　　(c)　水素結合

　㋓　(a)　5'　　　　　(b)　3'　　　　　(c)　ペプチド結合

問 2　文中の空欄　(d)　～　(f)　にあてはまる最も適切な用語の組み合わせを，次の㋐～㋓の中から一つ選びマークしなさい。　24

　㋐　(d)　RNA　　　　(e)　ヌクレオソーム　　(f)　クロマチン

　㋑　(d)　RNA　　　　(e)　クロマチン　　　　(f)　ヌクレオソーム

　㋒　(d)　タンパク質　(e)　ヌクレオソーム　　(f)　クロマチン

　㋓　(d)　タンパク質　(e)　クロマチン　　　　(f)　ヌクレオソーム

問3　下線部(i)について，あるDNA断片において，全体の塩基数に対する塩基A
の数の割合は24％であった。また，2本鎖のうち一方の鎖（α鎖）の中で，塩
基Aの数の割合は21％，塩基Gの数の割合は28％であった。このDNA断
片のα鎖中の塩基Cの数の割合として最も適切なものを，次の㋐～㋔の中か
ら一つ選びマークしなさい。　25

　　㋐　20％　　　　　㋑　22％　　　　　㋒　24％　　　　　㋓　26％　　　　　㋔　28％

問4　下線部(ii)について，DNA分子中で窒素を含むかどうかの組み合わせとして
最も適切なものを，次の㋐～㋖の中から一つ選びマークしなさい。なお，＋は
窒素を含むことを，－は含まないことを示す。　26

	デオキシリボース	塩基	リン酸
㋐	＋	＋	＋
㋑	＋	＋	－
㋒	＋	－	＋
㋓	＋	－	－
㋔	－	＋	＋
㋕	－	＋	－
㋖	－	－	＋

問5　下線部(iii)について，重い窒素（^{15}N）を含むDNA（^{15}N^{15}N-DNA）をもつ大腸菌
を，軽い窒素（^{14}N）のみを含む培地に移してから2回分裂させた。このときの
DNAの複製様式が，半保存的複製の場合，および保存的複製の場合のDNA
の重さの比（^{15}N^{15}N-DNA：^{15}N^{14}N-DNA：^{14}N^{14}N-DNA）として最も適切なもの
を，次の㋐～㋖の中から一つずつ選びマークしなさい。

　半保存的複製の場合：　27　　　　　　　保存的複製の場合：　28

　　　　　^{15}N^{15}N-DNA：^{15}N^{14}N-DNA：^{14}N^{14}N-DNA＝

㋐　0:1:0　　㋑　0:1:1　　㋒　0:1:3　　㋓　1:0:1

㋔　1:0:3　　㋕　1:1:1　　㋖　1:1:3

問6　細胞内でのDNAの複製に関する記述として誤っているものを，次の㋐〜㋓の中から一つ選びマークしなさい。　| 29 |

㋐　DNAポリメラーゼの基質となるヌクレオチドは4種類ある。

㋑　リーディング鎖の形成過程では，岡崎フラグメントとよばれる短いDNA鎖が数多く合成される。

㋒　DNAポリメラーゼは，RNAのプライマーにつなげて新生鎖を合成する。

㋓　複製起点で，まずDNAヘリカーゼがDNAの二重らせんをほどく。

問7　下線部(iv)について，DNA複製における新生鎖の伸長の方向を示した図として最も適切なものを，次の㋐〜㋓の中から一つ選びマークしなさい。　| 30 |

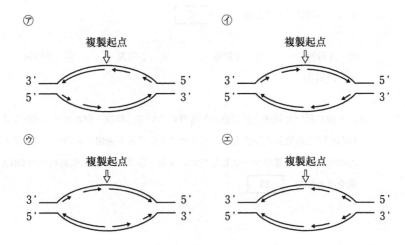

問8　ソラマメの根の根端分裂組織を用いて，光学顕微鏡による体細胞分裂の観察を行った。ソラマメの根端分裂組織では，すべての細胞が同じ細胞周期で，ランダムに分裂をくり返していた。細胞周期は，間期(G_1期，S期，G_2期)と分裂期(M期)に分けられ，M期は，前期，中期，後期，終期に分けられる。細

胞周期の長さを調べたところ，24時間であった。また，1000個の細胞がそれ
ぞれ細胞周期のどの時期にあるかを調べたところ，G_1期の細胞は410個，S期
は290個，G_2期は130個，M期は170個であった。このとき，次の1）～3）
の問に答えなさい。

1）細胞周期のうち，M期の後期に関する記述として最も適切なものを，次
　の㋐～㋔の中から一つ選びマークしなさい。　31

　㋐　染色体が凝縮して太く短くなる。
　㋑　染色体が赤道面に並ぶ。
　㋒　染色体は凝縮が緩み，細くなる。
　㋓　細胞膜がくびれて細胞質の分裂が起こる。
　㋔　各染色体が分かれて両極に移動する。

2）S期を経過するのに要する時間として最も適切なものを，次の㋐～㋔の中
　から一つ選びマークしなさい。　32

　㋐　3時間　　　㋑　4時間　　　㋒　5時間　　　㋓　7時間
　㋔　10時間

3）実験に用いた根端分裂組織の細胞群について，細胞1個あたりのDNA量
　（相対値）と細胞数の関係を示したグラフとして最も適切なものを，次の㋐～
　㋓の中から一つ選びマークしなさい。なお，G_1期の細胞1個あたりのDNA
　量を2とする。　33

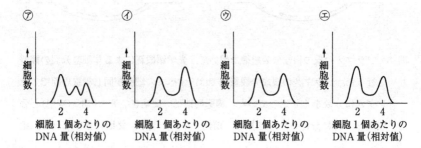

Ⅳ 体内環境の調節に関する次の文章を読み，以下の設問に答えなさい。

体内環境の調節には，自律神経系と内分泌系が重要な役割を果たしている。自律神経系には，交感神経と副交感神経がある。前者は活発な状態や緊張状態のときに働き，後者は休息時など安静な状態のときに働く。交感神経は [(a)] から，副交感神経は [(b)] からそれぞれ出ていて， [(c)] は自律神経系の最高中枢としての役割を担っている。心臓の拍動の調節にも，自律神経系は重要な役割を果たしている。たとえば，運動をしたときなどに，血液中の [(d)] の濃度が上昇すると， [(e)] の働きにより，心臓の拍動は [(f)] される。

ホルモンは，内分泌腺から分泌され(i)，体内環境の調節に働いている。内分泌腺の中には，神経分泌細胞が合成したホルモン(ii)を分泌するものがある。それぞれのホルモンの血液中の濃度は，適正な範囲に保たれている。たとえば，副腎皮質からの糖質コルチコイドの分泌は，脳下垂体前葉から分泌される副腎皮質刺激ホルモンによって促進される。副腎皮質刺激ホルモンの作用を長期間強く受けると，副腎皮質からの糖質コルチコイドの分泌が増加するとともに，副腎は肥大する。逆に，副腎皮質刺激ホルモンの作用が弱まると，糖質コルチコイドの分泌は減少し，副腎はしだいに萎(い)縮する。マウスに多量の糖質コルチコイドを長期間投与すると，副腎は [(g)] し，2つある副腎の一方を摘出すると，残った副腎は [(h)] する。これらの変化は， [(i)] の結果によって生じたものである。ホルモンは，標的細胞に存在する特異的な受容体に結合して，細胞内でさまざまな作用を発揮する(iii)。

問 1　文中の空欄 [(a)] ～ [(c)] にあてはまる最も適切な用語の組み合わせを，次の㋐～㋗の中から一つ選びマークしなさい。 [34]

㋐ (a) 延髄と脊髄　(b) 中脳と延髄と脊髄上部　(c) 間脳の視床下部
㋑ (a) 延髄と脊髄　(b) 中脳と延髄と脊髄上部　(c) 脳下垂体
㋒ (a) 延髄と脊髄　(b) 中脳と延髄と脊髄下部　(c) 間脳の視床下部
㋓ (a) 延髄と脊髄　(b) 中脳と延髄と脊髄下部　(c) 脳下垂体
㋔ (a) 脊髄　(b) 中脳と延髄と脊髄上部　(c) 間脳の視床下部
㋕ (a) 脊髄　(b) 中脳と延髄と脊髄上部　(c) 脳下垂体

㋖　(a)　脊髄　　　　　　(b)　中脳と延髄と脊髄下部　　(c)　間脳の視床下部

㋗　(a)　脊髄　　　　　　(b)　中脳と延髄と脊髄下部　　(c)　脳下垂体

問2　文中の空欄　(d)　～　(f)　にあてはまる最も適切な用語の組み合わせを，次の㋐～㋓の中から一つ選びマークしなさい。　35

㋐　(d)　酸素　　　　　(e)　交感神経　　　　(f)　促進

㋑　(d)　酸素　　　　　(e)　副交感神経　　　(f)　抑制

㋒　(d)　二酸化炭素　　(e)　交感神経　　　　(f)　促進

㋓　(d)　二酸化炭素　　(e)　副交感神経　　　(f)　抑制

問3　下線部(i)の内分泌腺に関する記述として誤っているものを，次の㋐～㋓の中から一つ選びマークしなさい。　36

㋐　排出管をもつ。

㋑　分泌物を体液中に直接分泌する。

㋒　1つの内分泌腺が，複数種類のホルモンを分泌することがある。

㋓　自律神経系の刺激によって，内分泌腺の働きが影響されることがある。

問4　下線部(ii)について，神経分泌細胞から分泌されるホルモンとして最も適切なものを，次の㋐～㋓の中から一つ選びマークしなさい。　37

㋐　バソプレシン　　　　㋑　成長ホルモン　　　㋒　パラトルモン

㋓　鉱質コルチコイド

問5　バソプレシン，アドレナリン，インスリン，パラトルモンに関する記述として最も適切なものを，次の㋐～㋗の中から一つずつ選びマークしなさい。

バソプレシン：　38　　　　　アドレナリン：　39

インスリン：　40　　　　　　パラトルモン：　41

㋐　体液の塩類濃度が低いときに分泌が促進される。

㋑　グリコーゲンの分解を促進する。

㋒　腎臓でのカリウムイオンの再吸収を促進する。

㋓　血液中のカルシウムイオン濃度を高くする。

㋔　腎臓での水の再吸収を促進する。

㋕　脳下垂体前葉から分泌される。

㋖　組織の細胞へのグルコースの取り込みや肝臓でのグリコーゲン合成を促進する。

㋗　すい臓からのすい液分泌を引き起こす。

㋘　タンパク質からグルコースの合成を促進する。

問 6　文中の空欄 [(g)] ～ [(i)] にあてはまる最も適切な用語の組み合わせを，次の㋐～㋓の中から一つ選びマークしなさい。 [42]

㋐　(g)　肥大　(h)　萎縮　(i)　正のフィードバック

㋑　(g)　肥大　(h)　萎縮　(i)　負のフィードバック

㋒　(g)　萎縮　(h)　肥大　(i)　正のフィードバック

㋓　(g)　萎縮　(h)　肥大　(i)　負のフィードバック

問 7　甲状腺からのチロキシンの分泌は，甲状腺刺激ホルモンによって促進され，糖質コルチコイドと同様のしくみで調節されている。チロキシンは，食事などから摂取したヨウ素を含むアミノ酸で，甲状腺で合成される。ヨウ素をまったく含まないえさをマウスに与え続けて飼育すると，やがて甲状腺が肥大して甲状腺腫を発症する。正常なマウスと比較して，このときのマウスの甲状腺刺激ホルモンとチロキシンの血中濃度の組み合わせとして最も適切なものを，次の㋐～㋓の中から一つ選びマークしなさい。 [43]

㋐　甲状腺刺激ホルモン：高い　チロキシン：高い

㋑　甲状腺刺激ホルモン：高い　チロキシン：低い

㋒　甲状腺刺激ホルモン：低い　チロキシン：高い

㋓　甲状腺刺激ホルモン：低い　チロキシン：低い

問 8　下線部㈢について，甲状腺刺激ホルモンはペプチドホルモンであり，チロキシンは脂溶性（脂質になじみやすい性質）のアミノ酸である。それぞれのホルモンの受容体の存在場所に関する組み合わせとして最も適切なものを，次の㋐〜㋓の中から一つ選びマークしなさい。　44

㋐　甲状腺刺激ホルモン：細胞膜　　　　チロキシン：細胞膜
㋑　甲状腺刺激ホルモン：細胞膜　　　　チロキシン：細胞内
㋒　甲状腺刺激ホルモン：細胞内　　　　チロキシン：細胞膜
㋓　甲状腺刺激ホルモン：細胞内　　　　チロキシン：細胞内

2024年度　全学統一方式　国語

問八　「源氏物語」は平安時代中期に書かれた作品であるが、それ以前に書かれたとみなされている作品を、次の㋐～㋔から二つ選んで、記号をマークしなさい。解答番号は 40 。

㋐　今昔物語

㋑　うつほ物語

㋒　雨月物語

㋓　平家物語

㋔　竹取物語

番号はⅠ　36　、Ⅱ　37　。

Ⅰ
㋐　悪い冗談を言ってるでしょ。
㋑　別にどうなってもいいわ。
㋒　いやに決まってるでしょ。

Ⅱ
㋐　この上に白っぽく塗ろう。
㋑　ぜんぜん白くならないよ。
㋒　まったく白けてしまうね。

問六　波線部Ⅲの理由としてもっとも適切なものを、次の㋐〜㋓から選んで、記号をマークしなさい。解答番号は　38　。

㋐　若紫もすぐ大人になってしまうのではと思ったから。
㋑　赤という色から、二人の不吉な運命が連想されたから。
㋒　若紫が紅梅のほうに気を取られるように思えたから。
㋓　絵に描いた女性の鼻のありさまが思い出されたから。

問七　波線部Ⅳのように思った人物としてもっとも適切なものを、次の㋐〜㋓から選んで、記号をマークしなさい。解答番号は　39　。

㋐　光源氏　　㋑　若　紫　　㋒　「源氏物語」の語り手　　㋓　「源氏物語」の読み手

問二　〔　i　〕〜〔　iii　〕の助動詞の適切な活用形を、それぞれ次の㋐〜㋒から選んで、記号をマークしなさい。解答番号は

i　25　、ii　26　、iii　27　。

i　㋐　べから　　㋑　べかり　　㋒　べかる

ii　㋐　な　　㋑　に　　㋒　ぬ

iii　㋐　れ　　㋑　る　　㋒　るる

問三　二重傍線部A〜Dの解釈としてもっとも適切なものを、それぞれ次の㋐〜㋒から選んで、記号をマークしなさい。解答番号はA　28　、B　29　、C　30　、D　31　。

A　㋐　可愛い　　㋑　もっと見たい　　㋒　気の毒だ

B　㋐　早くも　　㋑　そのうちに　　㋒　まだまだ

C　㋐　かすかな　　㋑　心配な　　㋒　待ち遠しい

D　㋐　奇妙に　　㋑　一段と　　㋒　特別に

問四　傍線部❶〜❹の動詞の表す動作に関与する主な人物としてもっとも適切なものを、それぞれ次の㋐〜㋓から選んで、記号をマークしなさい（重複解答可）。解答番号は❶　32　、❷　33　、❸　34　、❹　35　。

㋐　光源氏　　㋑　若紫　　㋒　光源氏と若紫　　㋓　若紫と末摘花

問五　波線部Ⅰと波線部Ⅱの解釈としてもっとも適切なものを、それぞれ次の㋐〜㋒から選んで、記号をマークしなさい。解答

② 宣ふを、いといとほしとおぼして、寄りて拭ひ給へば、「平中がやうに色どり添へ給ふな。赤からむはあへなむ」とたはぶれ給ふ

③ さま、いとをかしき妹背と見え給へり。

日のいとうららかなるに、いつしかと霞みわたれる梢どもの心もとなき中にも、梅は気色ばみほほ笑みわたれる、とりわきて

見ゆ。

④ Ⅲ 階隠のもとの紅梅、いととく咲く花にて、色づきにけり。

「くれなゐの花ぞあやなくうとまるる梅の立ち枝はなつかしけれど

Ⅳ いでや」と、あいなくうちつめか〔ⅲ　　る　〕給ふ。

かかる人々の末ずゑ、いかなりけむ。

注1　片端――整っていないさま。

注2　平中――好色者として知られる平貞文。ここでは、ある時、貞文が硯の水を付けて嘘泣きの涙を流していたことを見

　　　　破った女が、あらかじめ墨を入れていたため、貞文の顔が真黒になったという失敗話をふまえたもの。

注3　階隠――階段の上に掛けた屋根。

問一　傍線部(a)～(d)の語の品詞を、それぞれ次の㋐～㋗から選んで、記号をマークしなさい。解答番号は(a)　21 、

　　　(b)　22 、(c)　23 、(d)　24 。

㋐　名詞　　㋑　動詞　　㋒　形容詞　　㋓　形容動詞

㋔　副詞　　㋕　連体詞　　㋖　感動詞　　㋗　接続詞

Ⅲ　仏教の移入によって、疫病の発生が抑えられ、人々が怨霊を恐れることもなくなった。

Ⅳ　仏の理法は、人々にとって不合理な死の問題に合理的な解釈を与えるものだった。

大問二・大問三は、出願時に登録した問題、いずれか一問を選択し、解答しなさい。

（選択問題）　三　「源氏物語」末摘花の巻は、亡き常陸の宮の姫君と光源氏の出会いを中心に展開している。この姫君が「末摘花

（＝紅花）と呼ばれるようになるのは、その巻最後で、その鼻が「あさましう高うのびらかに、先のかたすこし垂りて色づきたる

こと」による。次の文章は、その巻最後で、光源氏（一九歳）が自邸に引き取った若紫の君（一〇歳ほど。後の紫

上）と一緒に遊んでいる場面を描いている。問題文を読んで、後の間に答えなさい。（解答番号は　21　～

40　）

（若紫ガ）絵など描きて、 色どり給ふ。よろづにをかしうすさび散らし給ひけり。（源氏ガ）我も描き添へ給ふ。（源氏ガ）髪いと

長き女を描き給ひて、鼻に紅をつけて見給ふに、形に描きても見ま憂きさましたり。（源氏ガ）わが御影の鏡台に映れるが、いと(a)

清らなるを見給ひて、手づからこの紅花を描きつけ、 にほはして見給ふに、かくよき顔だに、 さてまじれらむは見苦しかる(c)(b)(d)

[i 　べし 　]けり。 姫君（ガ）見て、 いみじく笑ひ給ふ。

「まろがかく片端になり（ ii 　ぬ 　]むとき、 いかならむ」と宣へば、「うたてこそあらめ」とて、「さもや染みつかむとあやふく思注1　　　　　　　　　　　　　　　　　　　Ⅰ

ひ給へり。 そら拭ひをして、「さらにこそ白まね。 用なきすさびわざなりや。 内裏にいかに宣はむとすらむ」と、 いとまめやかに　　Ⅱ　　　❶

問五　空欄 $\boxed{\text{x}}$ 〜 $\boxed{\text{z}}$ に入る表現を、それぞれ次の㋐〜㋒から選んで、記号をマークしなさい（活用の形は問わない）。解答番号は x $\boxed{28}$、y $\boxed{29}$、z $\boxed{30}$。

㋐　手向ける　　㋑　手厚い　　㋒　手なずける　　㋓　手を切る　　㋔　手広い　　㋕　手を焼く

問六　空欄《 Ⅰ 》〜《 Ⅳ 》に入る語を、それぞれ次の㋐〜㋕から選んで、記号をマークしなさい。解答番号は Ⅰ $\boxed{31}$、Ⅱ $\boxed{32}$、Ⅲ $\boxed{33}$、Ⅳ $\boxed{34}$。

㋐　宗教　　㋑　象徴　　㋒　地上　　㋓　普遍　　㋔　魅力　　㋕　個別

問七　傍線部③の意味としてもっとも適切なものを、次の㋐〜㋓から選んで、記号をマークしなさい。解答番号は $\boxed{35}$。

㋐　死者が生者の日常生活に溶け込み、強く意識されなくなった。
㋑　死者が生者に対する優越性を失い、怨霊化していった。
㋒　死者が生者の世界から切り離され、死に対する禁忌が強まった。
㋓　死者が生者に悪影響を及ぼす存在とは見なされなくなった。

問八　次のⅠ〜Ⅳに関して、問題文の内容と一致している場合は㋐を、一致していない場合は㋑を、それぞれマークしなさい。解答番号はⅠ $\boxed{36}$、Ⅱ $\boxed{37}$、Ⅲ $\boxed{38}$、Ⅳ $\boxed{39}$。

Ⅰ　仏教が「モダン」なのは、不合理なものには関与しない姿勢が貫かれているからである。
Ⅱ　仏教が移入されるまで、人々は死者の祟りを鎮めることをせず、怨霊に苦しめられた。

2024年度　全学統一方式　国語

問一　問題文には次の一文が省略されている。入る位置としてもっとも適切なものを、問題文中の【㋐】～【㋤】から選んで、記号をマークしなさい。　解答番号は　21　。

しかし他に対処法がなかったから仕方がない。

問二　傍線部①の意味としてもっとも適切なものを、次の㋐～㋤から選んで、記号をマークしなさい。　解答番号は　22　。

㋐　生者が死者を弔わなくなる。

㋑　生者が死者を思い出さなくなる。

㋒　生者が死者に悩まされなくなる。

㋤　生者が死者を敬わなくなる。

問三　傍線部②の理由としてもっとも適切なものを、次の㋐～㋤から選んで、記号をマークしなさい。　解答番号は　23　。

㋐　怨霊も疾病の発生も人知を超えた現象として捉えられていたから。

㋑　死者の大半が自然の異変や疾病によって命を落としていたから。

㋒　疫病の発生と自然の異変との結び付きを裏付ける確たる証拠があったから。

㋤　権力闘争に敗れ現世に恨みを残して死ぬ者が後を絶たなかったから。

問四　空欄（　a　）～（　d　）に入る語を、それぞれ次の㋐～㋛から選んで、記号をマークしなさい（重複解答可）。解答番号は

a　24　、b　25　、c　26　、d　27　。

㋐　しかし　　㋑　しかも　　㋒　すなわち　　㋤　だから　　㋩　とくに　　㋠　もっとも

2024年度　全学統一方式　国語

され、仏法による解脱や救済へと道がつけられた、と言っていいでしょう。【土】

ここで注目したいのは、生者と死者の力関係が完全に逆転していることです。いまや主導権は生きている者にあります。仏法という、全宇宙に貫徹している《　Ⅳ　》的な原理を手にしたことで、生きている者たちは、死者にたいして優位に振舞うことができるようになりました。障りをもたらす死者は、もはや恐るべき怨霊ではなく、救済されるべき存在として無力化される。それは生きている者たちが、死者たちをコントロールできるようになったことを意味しています。やや乱暴な言い方をするなら、生きている者たちは死者や死後の世界を自由に解釈し、アレンジできるようになった。しかも朝廷のような強大な権力を恃まなくても、読経、念仏、造像、写経といった個人の行為によって、死者たちを

Ｚ

ことができる。

古代以前の社会において、生者と死者は同じ世界を共有していました。生きている者たちにとって、死者とは「生ける死者」に③他ならなかった。「生ける死者」として、強大な力を行使しうる存在だったのです。仏教は日本人に、死者を死者として扱うための作法によって、はじめて死者は死者になった、と言うことができるかもしれません。日本の場合は仏教の伝来によって、はじめて死者は死者になった、と言うことができるかもしれません。生者の立場から、現世の文脈で死者を規定できるようになった。仏法を手にすることで、生それは生きている者たちの世界から、死者を体よく追い払うためのスキルであった、とも言えます。生者の立場から、現世の文脈で死者を規定できるようになった。仏法を手にすることで、生きている者たちは死者を制御できるようになった。生者の立場から、現世の文脈で死者を規定できるようになった。仏法を手にすることで、生きている者たちは死者を制御できるようになった。今日的な言い方をすれば、それは死者の外部性や他者性を奪うことでもあります。

（片山恭一『死を見つめ、生をひらく』による）

注1　マックス・ウェーバー──一九世紀末から二〇世紀初頭のドイツの社会科学者。

注2　清涼殿──平安京内裏の殿舎で、天皇の日常的な居所。

たように、自然の異変を引き起こすものとも考えられました。【ア】

当時の人々は、よほど死者の扱いに苦慮していたらしい。〔　a　〕非業の死や不慮の死を遂げた人間、この世に恨みを抱いて死んだ人間は、怨霊となって禍をもたらすと信じられていました。そのため菅原道真の場合は、天神として北野天満宮に祀られることになります。神として崇めたてまつることで、死者の祟りを鎮めようとした。それほどまでに　x　ていた、ということでしょう。神社を建てることには、膨大な出費が伴います。当然、人々の暮しを圧迫し、ときには朝廷の財政を危うくすることもあったかもしれません。【イ】

こうした事例から窺えるのは、強大な力をもっているのは死者たちで、それに比べて生きている者たちは甚だ無力であったということです。死者たちの激しい関与や介入を無力化するための有効な方法を、当時の人々はもっていなかった。〔　b　〕一人の死者に、　y　ケアが必要とされたのでしょう。そこへ仏教が登場して、死者たちへのまったく新しい対処法をもたらします。〔　c　〕仏の強大な力によって、怨霊を鎮めるという方法です。これは当時の人々にとって、非常に《　Ⅰ　》的なものであったはずです。神社などを建立しなくても、加持祈禱や経典読誦といった、ごく簡単な手続きによって死者を封じ込めることができる。安上がりである。そんな理由から（?）死者の扱いにかんして、時代は仏教を中心とする新機軸へと徐々にシフトしていったと考えられます。【ウ】

これは死者にたいする根本的な態度変更を意味しています。〔　d　〕死者のことは、仏の理法に任せるべきで、生きている者たちがあれこれ思い煩うことではない。仏教の教えによれば、死者たちが生きている者たちの世界に介入してくるのは成仏していないからです。そこから「供養（追善回向）」という考え方が出てくる。供養は仏の強い力でもって怨霊のようなものを調伏しつつ、同時に、迷える死者の霊を成仏させるという二面性をもっています。神として祀るかわりに、供養によって成仏させる。迷える死者たちを救済するというわけです。死者と死後の問題は、いわば《　Ⅱ　》的なものから《　Ⅲ　》的なものへと昇華る。

（ウ）　フランスはイングランドと同様に兄弟間の財産分与が平等だったから。

（エ）　フランスの中核都市では親から早めに離れて自らの判断で行動できたから。

大問二・大問三は、出願時に登録した問題、いずれか一問を選択し、解答しなさい。

（選択問題）　二　次の文章を読んで、後の問に答えなさい。（解答番号は　21　～　39　）

原始的な面影を残す民俗宗教に比べると、仏教もキリスト教も、非常にモダンな宗教と言えるでしょう。仏教を世界宗教として見た場合、その意義は、「仏」の絶対性を武器とした普遍主義によって、古代宗教のなかの不合理な要素を排除していくことにありました。注1マックス・ウェーバーがキリスト教について述べた『脱魔術化』の過程を、①仏教を移入した地域も、程度は様々ながらたどることになります。それは死にかんする禁忌の意識が緩んでいくことであり、人々が死者から自由になっていくことでもありました。

一つの例を、死者の祟りをめぐる考え方の変化について見てみましょう。死者の祟りを恐れてこれを祀る、という行為に近いものが記録として出てくるのは、律令国家体制が完全に組み上がった奈良時代になってからだそうです。奈良から平安時代にかけて、ときの権力者たちは、死者たちの強大な力に悩まされていた。菅原道真や平将門など、権力闘争に敗れた者たちの怨霊化は、十世紀ごろになって歴史の表舞台に登場します。六条御息所の怨霊が跳梁する『源氏物語』の成立も、十一世紀はじめごろです。②この時代、死者たちの霊は、しばしば疾病の発生と結びつけられました。また清涼殿への落雷が道真の怨霊の仕業とされ

こうした議論に対しては、日本でも直系家族的構造はどんどん崩れてきて、とくに都市部では核家族が大半になっているのだから無意味だという意見があるでしょう。

問七　二重傍線部Ⅲについて、問題文中で用いられている「権威主義」に対し、反対の意味を表す語を、次の㋐～㋕から選んで、記号をマークしなさい。　解答番号は 18 。

㋐　資本主義　　　㋑　民族主義　　　㋒　民主主義　　　㋓　平等主義　　　㋔　官僚主義

問八　二重傍線部Ⅳに沿った考え方としてもっとも適切なものを、次の㋐～㋔から選んで、記号をマークしなさい。　解答番号は 19 。

㋐　工業化社会の人間関係が個人の発想法を縛ることになる。

㋑　構造化された集団の無意識が個人の思考や行動に強い影響を与える。

㋒　中核都市の地形が人間の考え方を方向づける力を持っている。

㋓　過去の家族類型を踏まえる形で新しい家族関係が作り上げられる。

㋔　親子、兄弟などの家族間の権力関係が集団の無意識を作り上げる。

問九　二重傍線部Ⅴの理由としてもっとも適切なものを、次の㋐～㋓から選んで、記号をマークしなさい。　解答番号は 20 。

㋐　フランスでは農業国を経ないで早くに工業化社会が成立したから。

㋑　もともとフランスのパリ盆地には民主主義の伝統が根付いていたから。

問四　二重傍線部Ⅰの説明としてもっとも適切なものを、次の㋐〜㋔から選んで、記号をマークしなさい。　解答番号は ① 10 、② 11 、③ 12 、④ 13 、⑤ 14 。

マークしなさい。　解答番号は ① 10 、② 11 、③ 12 、④ 13 、⑤ 14 。

㋐　母の力が強固な家族類型

㋑　長子相続制を貫く家族類型

㋒　核家族制に基づく家族類型

㋓　父権制を基盤にする家族類型

㋔　親・子・孫が同居する家族類型

問五　二重傍線部Ⅱの意味としてもっとも適切なものを、次の㋐〜㋓から選んで、記号をマークしなさい。　解答番号は 16 。

㋐　稀少で入手困難なもの

㋑　たまたま手に入れたもの

㋒　結果として授かったもの

㋓　磨かれて美しく輝くもの

問六　問題文には次の一文一段落が省略されている。入る位置としてもっとも適切なものを、問題文中の【㋐】〜【㋓】から選んで、記号をマークしなさい。　解答番号は 17 。

(1) 提ショウ
㋐ 参ショウ
㋑ 斉ショウ
㋒ ショウ書
㋓ ショウ励

(2) ボク守
㋐ ボク汁
㋑ 下ボク
㋒ ボク訥
㋓ 放ボク

(3) ケン著
㋐ ケン虚
㋑ ケン挙
㋒ ケン現
㋓ ケン悪

(4) 模サク
㋐ 対サク
㋑ 思サク
㋒ サク取
㋓ サク誤

(5) ハン映
㋐ ハン船
㋑ ハン決
㋒ ハン戦
㋓ ハン栄

問二　空欄A〜Dに入る語を、それぞれ次の㋐〜㋓から選んで、記号をマークしなさい。解答番号はA　6 、B　7 、C　8 、D　9 。

A　㋐ 受動的　㋑ 先進的　㋒ 保守的　㋓ 他律的
B　㋐ 潜在的　㋑ 原理的　㋒ 表層的　㋓ 儀礼的
C　㋐ 基礎的　㋑ 生理的　㋒ 公共的　㋓ 根源的
D　㋐ 言語的　㋑ 構造的　㋒ 身体的　㋓ 政治的

問三　波線部①〜⑤の語句のうち、連体修飾の働きをしているものには㋐、連用修飾の働きをしているものには㋑を、それぞれ

では、このような家族人類学の考え方で、パスカルやデカルト[注2]の国であるフランスを見るとどうなるのでしょうか？

フランス、とくにその中核地域であるパリ盆地は、トッド分類では平等主義核家族という類型に属します。結婚して独立した子供は親の家から出て、新しい家庭を構えます。そのため、親の権威が長い間子供に影響を及ぼすことは少なく、子供は自由という観念を身につけます。言い換えると、「自由」が核家族類型の集団の無意識となります。ただ、同じ核家族類型でも、フランスはイングランドと違って、兄弟の相続が平等なことから、平等主義核家族という下類型に属します。その無意識は平等で、フランス革命の「自由、平等、友愛」というスローガンはこのパリ盆地の平等主義核家族の無意識を(5)ハン映したものにほかなりません。

⑤このように、フランスのパリ盆地は平等主義核家族という家族類型なので、前工業化社会においても子供たちは早めに親元を離れ、別居したとたん親の権威から切り離されて「自由」になり、自分の頭で考え、行動するようになります。

前工業化社会の段階のフランスにおいてすでに「自由」「平等」という観念が発達し、V考えるのだったら自分の頭で徹底的に考えるという姿勢が生まれたのは、まさにこうした平等主義核家族の無意識によるものなのです。

（鹿島茂『思考の技術論』による）

注1　エマニュエル・トッド――現代フランスの歴史学者。
注2　パスカルやデカルト――ともに十七世紀に活躍したフランスの哲学者。

問一　傍線部(1)〜(5)のカタカナと同じ漢字を、それぞれ次の㋐〜㋓から選んで、記号をマークしなさい。解答番号は(1)[1]、(2)[2]、(3)[3]、(4)[4]、(5)[5]。

【ア】
国が先進工業国の仲間入りを果たしたのは、この家族類型のたまものであると言われています。

【イ】
しかしながら、権威主義的で、親や先生や上役の言うことをよく聞くというその同じ特徴が、疑問を持ち、問いを発し、自分の頭で考えるというイノベイティブな発想を妨げることが多いため、世界を変えてしまうような大発明、大発見はなかなか生まれないという側面も持ちます。

【ウ】
日本についていえば、開国以来、急激な近代化を可能にした直系家族的な権威主義的メンタリティーそのものが、「正しく考えるための方法」や「問いを見いだす方法」の模サクの障害となってきたということができるのです。いわば、日本の社会は「　　D　　」に自分の頭で考えるのには向いていない社会なのです。

ところが、家族人類学というのは、現在ある家族の類型ではなく、前工業化社会で支配的だった家族類型が長い間に学校、軍隊、官僚組織、会社などの集団に影響を与えてその集団の無意識を構造化してしまうという考え方を取ります。そのため、個人の家族形態がいかに変化しても、学校、軍隊、官僚組織、会社などの集団の無意識は変わらず、個人がそれに加わるや否や、個人もまた構造化された古い家族類型の思考に強く縛られることになり、集団の無意識に保存された過去の家族類型の思考に嵌まってしまうというわけです。直系家族だった社会に生まれた人間は、直系家族の形態が崩れたとしても、当面は(約五〇〇年くらいは)、直系家族の思考、たとえば権威主義に囚われることになるのです。

【エ】
これが家族人類学の立場です。

国語

（六〇分）

（注）　大問一「現代文」は必答問題、大問二「現代文」と大問三「古文」は選択問題となる。文芸学部は必ず大問三「古文」を選択すること。

（必答問題）　一　次の文章を読んで、後の間に答えなさい。（解答番号は　1　～　20　）

　家族類型が思考のパターンを決定する(1)。

　日本の家族はエマニュエル・トッドが提ショウする家族人類学でいうと、直系家族というものに相当します。直系家族というのは、両親が、結婚した子供のうちの一人と同居し、親・子・孫の三代が直系でつながるという意味でこう呼ばれています。日本、韓国・朝鮮、ドイツ、スウェーデン、ノルウェー、スイス、ベルギーなどがこれに相当します。

　この直系家族の特徴は、父親の権威が強く、前工業化社会においては旧套ボク守の傾向が(2)ケン著(3)で、たいていの場合、　A　ですが、その反面、古くからの伝統を伝えていくのには適していますし、また、　B　には女性の力が強く、教育熱心であるという特徴を持ちます。そのため、前工業化社会の段階では遅れた農業国ですが、工業化の進展でいったんテイク・オフが始まると、権威主義的で、親や先生や上役の言うことをよく聞き、教育力が高いという特徴が幸いしてあっというまに先進工業国の仲間入りを果たします。十九世紀末にドイツ、日本、ベルギー、スウェーデン、スイスが、また二十世紀末に韓

解答編

英語

I 解答　1—㋑　2—㋓　3—㋒　4—㋒　5—㋒　6—㋑
7—㋒　8—㋒　9—㋓　10—㋓

解説

1.「イタリアに行って，歴史的な場所を観光して，料理を味わって，それから通りを歩きながら雰囲気を楽しんでみたいな」

㋑の直後の and が結んでいるのは，㋐・㋑・㋓（観光・料理・雰囲気）と考えられる。この3つは文法上の形がそろっている必要があることから，㋑は動名詞ではなく，㋐・㋓と同じく不定詞にしなければならない。なお，㋐の sights は sites「場所」の書き誤りではない。一般に，see the sights で「観光する」の意味。

2.「私たちの鼻がかゆくなるのは，あなたの香水が私たちには強すぎるからだ。おまけに私の目は涙が出ているし，彼女の目は赤くなっている」

㋓ hers は所有代名詞であり，単体で名詞のはたらきをするから，直後に名詞 eyes を置いて「彼女の目」とすることはできない。正しくは，her eyes のように所有格を用いる。

3.「今日はオムレツを作りましょう。明日はオムレツのレストランに行って，今週後半には，オムライスをいただくとしましょう。昨日初めて食べたのよね」

plan to *do* で「～するよう計画する」だから，㋒の to の直後は過去形ではなく原形でなければならない。

4.「このシャツを着るべきだと思う？　それともこっちのほうがもっといいかなあ。第一印象を良くしなくちゃいけないし，そのためには適切な服を選ばなきゃ」

must は助動詞なので，直後は動詞の原形のみであり，[ウ]の to は不要。

5.「結婚式に行くのだから，スーツを着る必要があるよ。それはフォーマルなスーツか，少なくともフォーマルに準じたものであるべきだね。でも，黒のネクタイはだめだよ」

[ウ]nor は not と or を合わせた接続詞であることから，否定の文脈で使われる。ここでは or が正しい。

6.「初めてアメリカに行ったとき，人々が僕に何と言っているのかを理解することも，その人たちの質問に答えることもできなかった」

When I went…と過去を示す語句があることから，主文の時制は過去である。よって，[イ]couldn't が正解。なお[ウ]について，should は形式上 shall の過去形であるが，文字通りの過去の意味をもつことはない。

7.「食生活を改善することで，必ず健康を増進できる」

前置詞 by の直後であるから，置けるのは名詞または動名詞。[イ] improvement は純粋な名詞であり，派生元の他動詞 improve と異なり目的語を伴うことはできない。したがって，動名詞で[ウ]improving your diet「食生活を改善すること」とする。

8.「宿題を提出しない生徒に直接声をかけようとしているところです」

空所直前の students を先行詞とみて，関係詞を選択する問題。直後で don't turn in の主語が欠けていることから，主格の関係代名詞である[ウ] who が正解。

9.「日本語を話せるようになるには，外国人にとっては多くの努力を要する」

a lot of の直後だから名詞が入る。動詞 take には「～を必要とする」という意味があるが，[ア]effect「効果，影響」では意味をなさないので，[エ] effort「努力」を選ぶ。

10.「健康的な睡眠習慣についてのあなたのスピーチは，大変興味深く，勉強になるものでした」

[エ]on には「～について」という，about と同じ意味がある。なお，on は比較的専門的または学術的な事柄に使われる傾向がある。

II 解答

1—㋐　2—㋓　3—㋓　4—㋓　5—㋒　6—㋓
7—㋑　8—㋓　9—㋑　10—㋒

解説

1. A:「すみません，次の電車が何時に来るかわかりますか？」
B:「ええと，時刻表によると，次の電車の到着は午後2時27分のようですね」

その時点での時刻を表すのに用いられる前置詞は㋐atである。なお，時の表現に関して，onの直後に来るのは曜日や日付であり，inの直後には週・月・季節・年など比較的大きな時間の単位がくる。

2. A:「あら！　最新のスマートフォンを持っているのね。最近買ったの？」
B:「いや。実は，5月から使っているんだよ」

時制に関する出題で，since May「5月からずっと」と継続を意味する表現があることから，現在完了形である㋓have hadを選ぶ。

3. A:「どうしましたか？」
B:「郵便局がどこにあるか教えてくれませんか？」

locateはもともと「～を置く」という他動詞なので，これを使って何かがあることを言う場合，be locatedと受動態になる。また，Bの文は間接疑問文なので，疑問詞whereの直後が肯定文の語順（the post office is …）になることに注意。したがって，㋓が正解。

4. A:「今日の授業欠席者は多いのですか？」
B:「ええ，生徒の数名が風邪をひいてしまったようですね」

本問のseveralに加え，someやmany，noneといった数量表現にofが続く場合，その直後はtheや所有格，theseやthoseなどで限定されている名詞か，usやthemのような代名詞である必要がある。したがって，㋐や㋑のように名詞そのものだけが直後にくることはできない。さらに，「生徒のうちの数名が」という意味であることから，㋓のように複数形でなければならない。

5. A:「君が子どもの頃と比べて，今はどんなことが違いますか？」
B:「僕が子どもの頃は，こんなにたくさんの車は道路を走っていなかったよ」

空所の直後は可算名詞の複数形carsであるから，「多くの車」と言うた

めにはa lot of carsまたはmany carsとなるが，空所直前にあるsoはa lot ofを修飾できないため，㋒manyのほうが妥当。なお，㋑largeは文法的には可能だが，昔と比べて今の車のサイズがいかにも大きいというのは常識に反する。largeを用いて数の多さを表現するなら，so large a number of carsとなる（語順注意）。

6． A：「日本に住む人の寿命が長いのはどうしてだと思いますか？」
B：「主な理由に，魚，果物，野菜から成る良質な食生活というのがあるね」

consist of～で「～で構成される」という意味だが，その日本語と裏腹に受動態にはならないことに注意。空所直前のthatは，a good dietを先行詞とする関係代名詞であるから，空所には三単現のsを伴う現在形が入る。したがって，㋓consists ofが正解。

7． A：「ストレスレベルが低くなるための秘訣とは何でしょう？」
B：「僕が思うに，低ストレスは十分な運動と関係がありますね」

動詞associateはもともと，associate *A* with *B*「*A*を*B*と関連付ける」のように用いる。本問では，これを受動態にしたbe associated with～「～と関連している」という形にする。したがって，㋑が正解。

8． A：「先週のコンサート，すごかったよね」
B：「ああ，特にあの若いピアニストの演奏は驚くほど良かったよ」

空所に入る語は直後のwellを修飾する副詞である。たとえばvery wellで「大変上手に」となるように，surprisingly wellで「驚くほど上手に」という意味になる。したがって，副詞である㋓surprisinglyが正解。

9． A：「このグラス，パーティに使えるかな？」
B：「もちろん。食器棚にある新しいのを使ってもいいよ」

空所に入る語はAの文のglassesを指す代名詞であることから，複数形である必要がある。onesはthemと異なり，形容詞（句）で修飾することができる。したがって，㋑が正解。

10． A：「ケンの電話番号，知ってたりするかな？」
B：「ううん。メールアドレスなら知っているんだけど」

空所が文末にあることから，入りうるのは接続詞ではなく副詞である。かつ，「メールアドレスは知っているけれども，電話番号は知らない」という論理関係であることから，譲歩を表す㋒thoughが正解。thoughには

接続詞の用法と副詞の用法があるが，後者の場合，必ず文頭以外の場所に置かれる。

III 解答

1－㋑　2－㋒　3－㋓　4－㋐　5－㋑　6－㋐
7．(a)－㋒　(b)－㋐　(c)－㋐

解説

《校則のない高校》

1．㋐については，(B)段第2・3文（Their hair colors … forbidden at schools.）で，「生徒たちの髪の色には茶髪や金髪も見られた」とあり，普通の学校では禁止されている例としてピアスとともに言及されている。㋒と㋓については，(F)段第2文（When it was …）で，「詰め襟のボタンアップジャケット以外の着用を許可しなかったり，登下校中に教職員と会ったときには挨拶するよう要求したり」と，中央大学附属高校にかつて存在した校則として具体的に言及されている。

2．㋐について，対応する箇所は(D)段第1文（Principal Yuichi Ishida, …）だが，中央大学附属高校の校長を兼ねるのは，中央大学の学長ではなく法学部の教授（a professor in the Department of Law at Chuo University）である。よって誤り。

㋑について，(B)段第3文（Some had pierced ears …）に対応する。ここでは，普通の高校では禁止されているピアスやマニキュアが，中央大学附属高校では許されていることが記されている。よって誤り。

㋒については，(D)段第2文（The school's principal …）の who specializes in European literature「欧州文学を専門とする」に合致する。specialize in ～ で「～を専攻する」の意味。

㋓について，(A)段最終文（This *Mainichi Shimbun* …）および(C)段第1文（The school is known …）において，中央大学附属高校に校則が存在しないことが述べられているが，そのような高校が東京で他に存在しないとまでは書かれていない。よって誤り。

3．㋐については，(G)段第1文（"I believe that …）で，学校が生徒に自由を与えたのではなく，生徒が自ら闘い，自由を勝ち取ったことが述べられている。よって正しい。

㋑について，(F)段第2文（When it was …）において，中央大学附属高校

がかつては男子高であったこと，また，(G)段最終文（Since the school became …）において，中央大学附属高校が 2001 年に共学化されたことが，それぞれ述べられている。よって正しい。

ⓦについて，(E)段全体において言及されている。この段落では，まず第1文（The school's educational philosophy …）で生徒の自主性・自律性を重んじる教育哲学への言及があり，第3文（If the adults …）ではより具体的に，生徒が自ら考える機会を大人（＝教職員）が奪うようなことがあってはならないという内容が読み取れる。さらに第4文（He added, …）以降では身だしなみにどこまでこだわるかを自ら決定する場合が想定され，例えば染髪のせいで交際相手の両親から嫌われるようなことがあるかもしれないが，そのような失敗を通じて TPO について学ぶほうが望ましいという石田校長の見解（in my opinion）で結ばれている。よって正しい。

ⓔは，ⓦで述べたような失敗を生徒が経験することを校長が心配していると言っている点で誤っている。

4. ⓐの内容は，(I)段最終文で It's good that this place allows us to cultivate our individuality「この場所（＝校則を設けず生徒の自主性を重んじる中央大学附属高校）が僕たちに自主性を育ませてくれるのは良いことです」と述べられていることに一致する。

ⓑについて，常識に言及している段落は(K)である。その第2文（We live in …）において，我々の住む世界では昨日の常識は今日の常識ではない，すなわち常識とされるものは刻一刻と変わることが記されている。また続く最終文では，生徒の望ましい将来像について unrestrained by common sense「常識に囚われることなく」と述べられていることから，「現在の常識を尊重する重要性」に言及するⓑは誤り。

ⓒについて，スマートフォンの使用に言及している(J)段第2文（Smartphone use during …）ではそれが許されていると確かに書かれている。ただし，続く第3文では，Although there is a "when necessary" condition「『必要な場合に限る』という条件はあるものの」とあることから，使用が無条件に認められているわけではないことがわかる。よって誤り。

ⓓについて，大学生になれば得られる自由について言及されている箇所は，(H)段第4文の発言内容（No matter how … whatever you want.）「高校在学中いくら校則が厳しくても，大学生になってしまえば望みのままに何で

も自由にできる」である。しかしこの発言者は，だから高校の校則に我慢しようとは言っておらず，そもそも彼女の通う中央大学附属高校には校則が存在しない。むしろ彼女は，染髪やピアスが学業やその他の活動に影響しないとして，それらを禁止する校則の必要性を疑問視しているのである。よって誤り。

5． 一般に，指示語 this や that は，前文の一部または全体を指すのが普通。また，下線部(2)を含む分詞構文 Considering that は「それを考慮すると」という意味で，主文の内容（高校生のうちから自分の見た目を自ら決められるのは良いこと）に対する理由・根拠になっている。これらより，that は前文の後半部分（once you become … whatever you want）「大学生になってしまえば望みのままに何でも自由にできる」を指すと考えられる。よって㋑が正解。

6． ㋐・㋑について，中央大学附属高校の自由な校風に対してまず生徒がどのように感じているかを(H)・(I)段で確認しよう。(H)段最終文（Considering that, …）および(I)段で生徒３名がそれぞれ順に，「高校生のうちから自分の見た目を自ら選べるのは良いことだと思います」，「この学校が僕たちに自主性を育ませてくれるのは良いことです」，「自由な校風だから，私たちは広い視野を持てるようになります」と述べていることから，生徒たちは自由な校風に満足していることがわかる。一方，教員の立場としては石田校長の意見のみが述べられており，それも自由な校風を好意的に評価するものである。例えば(D)段第１文後半（adding that he personally …）では，「当校の生徒の身だしなみは個人的に全く嫌ではない」として，服装や髪の色を全く問題視していない。続く(E)段では，第１・２文（The school's educational philosophy … their personal appearance.）において生徒の自主性を重んじる教育哲学は服装などの自己決定にも当てはまるとしたうえで，(E)段後半（Even if …）でたとえその判断を誤ったとしてもその苦い経験が一つの学びになりうるという校長の個人的見解が示されている。さらに最終段落の(K)段では校長が，常識に囚われない自由で新しい思考を生徒たちに期待しているという記述から，生徒の自主独立を促す校風について，やはり肯定的に評価していることがわかる。したがって㋑は誤りで，㋐が正解。なお，㋒については生徒同士の衝突が一切言及されていないことから誤り。㋓について，中央大学附属高校と中央大学の関係について言

及されているのは，⒟段第2文（The school's principal …）で中央大学
附属高校の校長のポストに就くのが中央大学の法学部教授であると述べら
れている部分だけである。また，⒝段の最終文（The atmosphere was
…）も，中央大学附属高校の雰囲気が，一般的な大学のそれと似ていると
言っているだけである。したがって，中央大学附属高校の生徒のどれほど
が中央大学に進学するかは本文において不明であり，㋑は誤り。

7. ⒜　rebel against ～ で「～に反抗する」という意味。本文では順接
の接続詞 and によって直後の called for their abolition「それら（＝校則）
の廃止を求めた」と結ばれていることから，二重下線部⒜も同様の意味で
あると推測できる。したがって，㋒「反対した」が妥当。

⒝　assertive は動詞 assert「断言する」を元にした形容詞で，「断言的
な」という意味。本文の "assertive" students とは，不当と思われる校則
に対して公然と声を上げる生徒，くらいの意味である。ゆえに㋐「意見を
率直に言うような」が正解。

⒞　unrestrained は，動詞 restrain「抑制する」から派生した形容詞
restrained に否定の接頭辞 un- がついたもので，「抑制されていない」と
いう意味。したがって，unrestrained by common sense で「常識に囚わ
れず」という意味であるから，㋐「～から独立して」が正解。

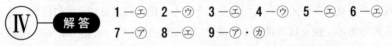

Ⅳ　**解答**　1 —㋑　2 —㋒　3 —㋑　4 —㋒　5 —㋑　6 —㋑
　　　　　　7 —㋐　8 —㋑　9 —㋐・㋕

解説

《オーディオブック業界を侵食する AI》

1.「bypassing の言い換えとして最も適切なのは，以下のうちどれか？」
　bypass はもともと名詞で「自動車専用迂回路」を意味するが，そこか
ら転じて「（困難・人）を迂回する＝無視する」の意味でも用いられる。
つまり人間のプロを差し置いて，AI が声の仕事を取ってしまうというこ
と。よって㋑「～をとばしている」が正解。

2.「声優ターニャ＝エビィに対して，その業界に AI が導入された後ど
のようなことが起こったか？」
　ターニャ＝エビィについては第2段で言及されている。その第3文
（But in the past …）では，直近6カ月で仕事量が半減してしまったとあ

る。したがって㋒「多くの吹き込みの仕事を失ってしまった」が正解。なお，仕事が激減したとはいえ，従来の半分の仕事はこの６カ月間もこなしているので，㋓「６カ月以上仕事をしていない」は誤り。

3.「It seems to make sense に最も意味が近いものは，以下のうちどれか？」

熟語 make sense は「意味をなす，（話者にとって）合点がいく」という意味。したがって㋓「〜と結論することは合理的だ」が正解。reasonable は「値段が手ごろな」という意味がよく知られているが，原義は「理にかなっている」で，値段についての意味もそこから来ている。

4.「“voices” が指しているのは，以下のうちどれか？」

このような引用符はしばしば，その語（句）が本来とは違った意味合いで用いられていることを示す。実際，下線部(3)の “voices” は generated from a databank「データバンクから生成される」という語句に修飾されていることから，人の喉から発せられるものとは異なる「声」のことである。そしてこのデータバンクについては，第３段第３文（The small London-based …）で「数名の声優の声を録ることでつくられたデータベース」と，さらに詳しく説明されている。したがって㋒「AI によって組み合わされた，さまざまな人間の声のパーツ」が正解。また，データベースの素材はあくまで人間の声であるため，AI のみが（only with AI）音声をつくったとしている㋓は誤り。

5.「that standard とは何のことか？」

基本的に，指示語の this や that は前文内容の一部または全体を指していると考える。かつ，第４段の下線部(4)を含む文は Not everyone を主語とする部分否定の文であり，that standard が指すものは誰もが尊重するものではないことがわかる。さらに，直後の第２文（“All these new companies …）以降で that standard を尊重しない会社について具体的に説明されていることが確認できる。この文前半の who are not as ethical「(that standard を尊重する会社ほどには）倫理的でない」は，より具体的には同文後半にあるように，データベース内の声の一部を，その声の主に対価を支払うことなく利用するという意味である。つまり，that standard は声を利用した分だけ当該声優に対価を払うということであり，第３段最後の２文（“Every voice that …）で述べられている内容に一致

２０２４年度　全学統一方式　英語

する。したがって，㋑「オーディオブックの会社はきちんとしたライセンス契約に基づいて声優に対価を支払うべきである」が正解。

6．「such practices とは何のことか？」

a practice には「慣行」という意味がある。また第５段第１文（All the audio book …）によれば，such practices「そのような慣行」はあらゆるオーディオブック出版社が関与を否定しているものであるから，現に関与している者にとってはきわめて後ろめたい事柄ということになる。この点について，第４段第２文（"All these new …）は，声優に対価を支払わずにその声のデータを勝手に利用する新興の出版社を非難する（not as ethical）ものである。したがって，㋑「声優から許可を得ることなく既存の録音を利用すること」が正解。㋐については，声優の許可を得ずにやっていることが，新しい話の創作であるとしている点で誤り。

7．「the promising business に最も意味が近いものは，以下のうちどれか？」

形容詞 promising は「将来を約束するような＝前途有望な」という意味。そして「前途有望なビジネス」とは，利益の見込めるビジネスのことであるから，㋐「成長が見込まれるビジネス」が正解。㋒「新しいルールを生み出すビジネス」については，新たな規則の創設は利益拡大と直接的な関係をもたないため，誤り。

8．「本文によると，AI 音声によるオーディオブックのもつ潜在的な利点として言及されていないものは，以下のうちどれか？」

オーディオブックの利点については，‘Accessible to all’（「あらゆる出版社・作家にとって手の届く存在に」）の小見出しのついた２段落ですべて言及されている。㋐「AI が存在しなかった時代に出版された古い本でさえもオーディオブック化される可能性がある」については，第８段第１文（"Synthetic narration …）の内容に一致する。また，同文 and 以下（all the books from the future …）は㋒「ベストセラーでない本がオーディオブック化される可能性が高まる」と同じ内容。本文のほうの because of the economics とは，端的に言えば「売れ行きが振るわないせいで」くらいの意味。㋑「それ（＝AI）によって，小規模出版社も自社の書籍をより簡単に出版できるようになる」は，第７段第１文（Early this year, …）に一致する。この文では all（あらゆる出版社・作家）の直後で，

notably independent authors and small publishers「特にフリーの作家や
小規模出版社」と，資金面の問題から通常の方法では出版が困難な個人・
企業が取り上げられている。したがって，㊤「AI を活用して仕事の質が
向上することから，声優の収入が増える」は本文で言及がないので，これ
が正解。実際，第 8 段最終文（"They will make more money, …"）で声
優の収入増の可能性が示唆されているが，その根拠とされているのは直前
の文（But Abramov insisted …）にあるようにオーディオブック市場の
拡大であって，声優としての仕事の質のためではない。

9.「本文によると，正しい記述は，どれとどの 2 つか？」

㋐「AI 技術は大変進んでおり，音声のみならず画像や映像をも合成して
新たな作品をつくることができる」

　第 6 段第 2 文（But professionals said …）後半の which 節の内容と一
致する。

㋑「AI 音声のオーディオブックは通常の本に比べてより高価だが，音質
がすばらしいという傾向がある」

　第 3 段第 2 文（Among the most …）の内容に不一致。ここでは，オー
ディオブックが従来型のオーディオブックの 4 分の 1 以下のコストで出版
可能という事例が挙げられている。

㋒「オーディオブックナレーターのエミリー = エレットの考えるところで
は，AI が将来発達していくことで，人々が他者との情緒的なつながりを
より深めていくことができる」

　第 9 段第 2 文（And we feel …）に不一致。この文の 2 つめの that は
直前の文の内容かつ文末の to teach us about how to be human「人間ら
しくあるにはどうすべきかについて我々に教えること」を指している（お
そらく，この that は指示語であると同時に，擬似的な形式主語としても
用いられている）。つまりエレットの主張は，「人々に人間としてのあり方
を教えるという語りの本質を，機械に明け渡すべきではない」ということ
である。

㋓「はっきりラベルにそうと書いてあるので，どの本が AI 音声で録音さ
れたかは簡単にわかる」

　第 3 段第 1 文（There is no label …）に不一致。

㋔「人間の声優による録音ならば，AI 録音の場合に比べてはるかに速く

て安価なものになるだろう」

　人間の声優が吹き込んだほうが速いという点については，第1段第2文（AI has the ability …）に AI の録音性能について at assembly-line speed「（工場の）組み立てラインのようなスピードで」とあることと矛盾する。また，コストに関しては，第3段第2文（Among the most …）で従来型のオーディオブックの4分の1以下の費用で出版可能な AI 型オーディオブックの事例が挙げられている。また第8段第2文（Given the costs …）は，人間の声優が吹き込んだ場合にかかるコストのせいで，本全体の5パーセントほどしかオーディオブック化できないという内容である。これは裏を返せば，AI 型のオーディオブックならばそれほどコストがかからないことから，より多くの書籍をオーディオブックにすることができるということである。よって㋐は誤り。

㋑「声優が過去に録音したものを，本人に使用料を支払うことなく利用している会社もある」

　第4段第2文（"All these new …）の内容と一致する。

　以上より，㋐・㋑が正解。

日本史

I　解答　《古墳の特徴》

問1．㋐　問2．㋒　問3．㋒　問4．㋐　問5．㋒　問6．㋓
問7．㋑

II　解答　《江戸初期の文化》

問1．㋓　問2．㋐　問3．㋓　問4．㋑　問5．㋐　問6．㋒
問7．㋓　問8．㋑

III　解答　《侘茶の創出と完成》

問1．㋓　問2．㋒　問3．㋑

IV　解答　《古代の外交・政治》

問1．㋑　問2．㋓　問3．㋐　問4．㋒　問5．㋐　問6．㋓
問7．㋑　問8．㋒

V　解答　《応仁の乱，寛政の改革》

問1．㋒　問2．㋑　問3．㋓　問4．㋐　問5．㋒　問6．㋑
問7．㋓　問8．㋐　問9．㋓

VI　解答　《明治前期の日清・日朝関係，日本の敗戦》

問1．㋒　問2．㋓　問3．㋐　問4．㋑　問5．㋑　問6．㋒
問7．㋐　問8．㋑　問9．㋒　問10．㋐　問11．㋑　問12．㋓

問13. ⑦　問14. ⑨　問15. ⑨　問16. ④　問17. ㊤

世界史

I　解答　《古代ギリシアにおける奴隷》

問1．㋑　問2．㋐　問3．㋐　問4．㋐　問5．㋑　問6．㋑
問7．㋑　問8．㋓　問9．㋑　問10．㋒

II　解答　《アンダルシアの歴史》

問1．㋐　問2．㋒　問3．㋑　問4．㋐　問5．㋐　問6．㋐
問7．㋓　問8．㋒　問9．㋑　問10．㋑

III　解答　《オベリスクの歴史》

問1．㋐　問2．㋐　問3．㋐　問4．㋓　問5．㋑　問6．㋑
問7．㋐　問8．㋒　問9．㋐　問10．㋓

IV　解答　《第二次世界大戦における日本とアメリカ》

問1．㋑　問2．㋓　問3．㋒　問4．㋐　問5．㋐　問6．㋑
問7．㋓　問8．㋒　問9．㋓　問10．㋑

地理

I 解答 《世界の自然環境》

問1．㋒　問2．㋑　問3．㋑　問4．㋓　問5．㋐　問6．㋓

II 解答 《東京湾沿岸地域の地誌》

問1．㋑　問2．㋑　問3．㋓　問4．㋑　問5．㋓　問6．㋐

III 解答 《世界の農業》

問1．㋒　問2．㋑　問3．㋑　問4．㋓　問5．㋒　問6．㋒
問7．㋐　問8．㋑　問9．㋓　問10．㋒

IV 解答 《ロシアの地誌》

問1．㋒　問2．㋓　問3．㋐　問4．㋑　問5．㋐　問6．㋐
問7．㋓　問8．㋔　問9．㋕　問10．㋒

$$\boxed{数\ \ 学}$$

Ⅰ 　解答　《実数，分母の有理化，1次不等式》

ア. 2 　**イ.** 5 　**ウ.** 2 　**エ.** 2 　**オ.** 4 　**カキ.** 13

Ⅱ 　解答　《平均値，分散》

ア. 7 　**イウ.** 12 　**エ.** 3 　**オ.** 4

Ⅲ 　解答　《絶対値を含む2次不等式》

ア. 5 　**イ.** 2 　**ウ.** 5 　**エ.** 3 　**オ.** 7 　**カ.** 2 　**キ.** 4 　**ク.** 3
ケ. 7

Ⅳ 　解答　《等差数列》

アイ. 52 　**ウエ.** −3 　**オカ.** −3 　**キク.** 55 　**ケコ.** 32

Ⅴ 　解答　《余弦定理，三角錐の体積》

アイ. 33 　**ウ.** 3 　**エ.** 2 　**オカ.** 10 　**キクケ.** 128 　**コ.** 9

Ⅵ 　解答　《2次関数と絶対値を含む1次関数で囲まれた部分の面積》

ア. 1 　**イ.** 3 　**ウ.** 2 　**エ.** 3 　**オ.** 1 　**カ.** 3 　**キ.** 1 　**ク.** 1
ケ. 1 　**コ.** 5 　**サ.** 1 　**シ.** 3 　**ス.** 5

化　学

解答　**《小問集合》**

問1. ㋐	問2. ㋐	問3. ㋒	問4. ㋐	問5. ㋔	問6. ㋔
問7. ㋒	問8. ㋔	問9. ㋔	問10. ㋔	問11. ㋔	問12. ㋓
問13. ㋔	問14. ㋓	問15. ㋓	問16. ㋓	問17. ㋑	問18. ㋔
問19. ㋑	問20. ㋓	問21. ㋐	問22. ㋔	問23. ㋒	問24. ㋔
問25. ㋓	問26. ㋒	問27. ㋔	問28. ㋔	問29. ㋓	問30. ㋒

生 物

I 解答 《一・二次遷移，土壌形成，湿性遷移》

問1．(a)—㋗ (b)—㋒ (c)—㋖ (d)—㋔
問2．㋐
問3．㋒
問4．㋔
問5．㋓
問6．㋓
問7．㋓

II 解答 《細胞構造，細胞史，細胞接着，原形質流動，ミクロメーター》

問1．㋑
問2．(d)—㋒ (e)—㋓
問3．14—㋓ 15—㋐ 16—㋕
問4．㋐
問5． 1)—㋐ 2)—㋒ 3)20—㋐ 21—㋑ 4)—㋑

III 解答 《DNA の構成，半保存的複製，塩基数，岡崎フラグメント，体細胞分裂》

問1．㋐
問2．㋒
問3．㋒
問4．㋕
問5．27—㋑ 28—㋔
問6．㋑
問7．㋑
問8． 1)—㋔ 2)—㋓ 3)—㋓

Ⅳ　解答　《自律神経系，内分泌系，フィードバック調節，受容体》

問1．㋖

問2．㋑

問3．㋐

問4．㋐

問5．38—㋐　39—㋑　40—㋖　41—㋓

問6．㋓

問7．㋑

問8．㋑

❸は、❷を受けて「いとほしとおぼし」た人物であるから、㋑「若紫」。
❹直前の「妹背」(=夫婦、親しい男女)から㋒「光源氏と若紫」になる。

問五 Ⅰ、「うたて」は〝嫌だ〟の意なので㋒が選べる。
Ⅱ、副詞「さらに」は打消を伴って〝全然……ない〟と訳す。「ね」は打消の助動詞「ず」の已然形。

問六 波線部Ⅲを含む歌意は、〝赤い花はわけもなく嫌だと思ってしまう。梅の立枝には心がひかれるけれども〟である。赤い梅の枝は良いけれど、赤い花はダメだという理屈は、リード文および第一段落(光源氏が女性の絵を描いて鼻に紅をつけた)を把握した上で選択肢を見ると、㋓が適切と判断できる。

問七 波線部Ⅳ「かかる人々」とは、前の段落に登場した光源氏や若紫である。全体では〝このような人たちの将来は、どうなったのだろうか〟と想像している場面。このように考えている人物としては、㋒が適切。

問八 作り物語の系譜として㋔『竹取物語』・㋑『うつほ物語』・『落窪物語』が、歌物語の系譜として『伊勢物語』『大和物語』『平中物語』があり、この系譜を合わせた物語として『源氏物語』が成立する。正解は㋑と㋔。

問八　　イ・オ

問七　　ウ

問六　　エ

問五　　I ─ ウ　　II ─ イ

問四　　❶ ─ イ　　❷ ─ ア　　❸ ─ イ　　❹ ─ ウ

解説

問一　(a)「色どり」は動詞の連用形で〝色を付ける〟意。

(b)「をかしう」は形容詞「をかし」の連用形でウ音便になっている。

(c)「清らなる」は形容動詞「清らなり」の連体形。

(d)「かく」は直後の「よき」に係るので副詞。

問二　i、直後の「けり」は連用形接続の助動詞。

ii、未然形接続の助動詞「む」に接続している。強意の助動詞「ぬ」の未然形は「な」。

iii、「る」は直後に補助動詞の「給ふ」があるので、連用形の「れ」が入る。

問三　いずれも基本語彙なので、落とさないようにしたい。

A、「いとほし」は〝かわいそう〟と同情する気持ちを表す。

B、「いつしか」は〝早くも〟と〝（待ち望んで）早く〟の意味があるが、「霞みわたれる」の「る」が存続・完了の助動詞なので、〝早くも〟が適切。

C、「心もとなき」は、春霞が立ったので、梢に花が咲くのを待ち望む気持ちである。

問四　❶直前に〝引用〟の「とて」があるので、「うたてこそあらめ」と答えた⒤「若紫」。

❷「宣ふ」は「のたまふ」と読む尊敬語。「そら拭ひをして……宣ふ」までの主体はⓐ「光源氏」である。

2024年度　全学統一方式　国語

接が適切。

c・d、cは「新しい対処法」を、dは「根本的な態度変更」をそれぞれ具体的に言い換えたものであるから、㋒「すなわち」が入る。

問六　I、続く部分の「ごく簡単」「安上がり」「徐々にシフト」から考える。

II・III、直前の「神として祀るかわりに、供養によって成仏……救済する」に対応して、神社を建てて祀ることを「地上」、仏教の力で成仏させることを「宗教」と表現している。

IV、「全宇宙に貫徹」に沿うのは「普遍」である。

問七　直前の『「生ける死者」として、強大な力を行使しうる存在だった」に着目する。つまり傍線部③は〈生ける死者は死者になった〉という意味であり、これと合致する選択肢は㋓である。

問八　I、第一段落二文目にあるように、「仏を……不合理な要素を排除していく」という形で関与しているので合致しない。

II、「祟りを鎮めることをせず」が不可。

III、「疫病の発生が抑えられ」が不可。

IV、空欄dの後に説明される「仏の理法」に合致する。

解答

（三）

出典　紫式部『源氏物語』〈末摘花〉

問一　(a)—㋑　(b)—㋒　(c)—㋓　(d)—㋕

問二　i—㋑　ii—㋐　iii—㋐

問三　A—㋒　B—㋐　C—㋒　D—㋒

二

[出典] 片山恭一『死を見つめ、生をひらく』〈第三章　合理主義がニヒリズムを生んだ〉（ＮＨＫ出版新書）

解答

問一 ㋑
問二 ㋒
問三 ㋐
問四 a―㋔ b―㋓ c―㋒ d―㋒
問五 x―㋕ y―㋑ z―㋒
問六 Ⅰ―㋔ Ⅱ―㋒ Ⅲ―㋐ Ⅳ―㋓
問七 ㋓
問八 Ⅰ―㋑ Ⅱ―㋑ Ⅲ―㋑ Ⅳ―㋐

解説

問一 挿入文からすると、直前の内容が、あまり適切でない「対処法」であると推測できる。㋑の直前が、「人々の暮しを圧迫し……朝廷の財政を危うくする」などの「仕方がない」「対処法」であることから、挿入箇所として㋑が適切。

問二 直前に「死にかんする禁忌の意識が緩んでいく」とあり、第三段落に「当時の人々は、よほど死者の扱いに苦慮していた」とあることから、人々が死者の力に悩まされていた状態から解放されるという意味だと読み取れる。

問三 第二～四段落で、「死者たちの霊」は「疾病の発生」「自然の異変」を引き起こすと信じられており、それに比べて生きている者たちは甚だ無力であったということが述べられている。これは㋐の「人知を超えた現象として捉えられていた」に合致する。

問四 a、「死者」の中でも特殊な死に方をした人物を取り上げている。

b、〈死者を無力化する有効な方法をもっていなかった〉という前文から、〈ケアが必要となった〉をつなげるには順

「根源的」が適切。

D、文頭に「いわば」とあるので前文の言い換えである。「開国以来……権威主義的メンタリティーそのもの」に該当するのは㋑「構造的」。

問三　「連体修飾の働き」をするのは、品詞でいえば連体詞や形容詞、形容動詞等であり、「連用修飾の働き」をするのは副詞などである。係っていく語が、体言か用言かで判断できる。波線部①は「果たします」に、波線部②は「発想」に、波線部③は「生まれない」に、波線部④は「家族」に、波線部⑤は「家族類型なので」に係る。

問四　第二・三段落は「直系家族」を説明したもの。第二段落に「父親の権威が強く」とはあるが、波線部④は「家族」に、波線部⑤は「家族類型なので」に係る。「直系家族というのは……親・子・孫の三代が直系でつながる」とある。第三段落に「父権制を基盤にする」とはないので、㋔は不適。

問六　挿入文の「日本でも……核家族が大半になっているのだから無意味」と対照的な内容が「こうした議論」になるはずである。この観点から挿入箇所を探すと、㋒の直前の段落に「日本についていえば……直系家族的な権威主義的……考えるのには向いていない社会」とあるのがわかる。そこで、正解は㋒となる。

問七　対義語を問う形になっているが、「日本」と「フランス」の対比を読み取る。「日本」＝「権威主義」、それに対して「フランス」＝㋔「平等主義」という構造が第九段落を中心に記されている。よって正解は㋔である。

問八　「家族人類学の立場」については、直前の第六段落に、「前工業化社会で支配的だった家族類型が……その集団の無意識を構造化してしまうという考え方」とある。これと合致する選択肢は㋑である。

問九　二重傍線部Ⅴは「平等主義核家族の無意識による」と説明されている。そして、「平等主義核家族」の説明は直前の段落に「前工業化社会においても……自分の頭で考え、行動するようになります」とある。この内容に合致する選択肢は㋔である。

国語

一

[出典] 鹿島茂『思考の技術論──自分の頭で「正しく考える」』〈第二章 何のために「正しく考えるための方法」を学ぶ必要があるのか?〉(平凡社)

解答

問一 (1)—㋑ (2)—㋐ (3)—㋒ (4)—㋑ (5)—㋒
問二 A—㋒ B—㋐ C—㋓ D—㋑
問三 ①—㋑ ②—㋐ ③—㋑ ④—㋐ ⑤—㋑
問四 ㋔
問五 ㋒
問六 ㋒
問七 ㋓
問八 ㋑
問九 ㋓

解説

問二 A、直前の「父親の権威が強く、……旧套ボク守の傾向」から、関連する㋒「保守的」を選ぶ。
B、前に「その反面」とあり、その前の「父親の権威が強く」と対比する形で「女性の力が強く」と記されている。前者は顕著な特徴で、後者は目立たない、隠れた特徴なので、㋐「潜在的」が適切。
C、「親や先生や……よく聞く」は表面的な特徴、「すべてに疑問を持ち……考える」は心の深い作用であるので、㋓

問題と解答

■一般選抜全学統一方式

問題編

▶試験科目・配点

〈大　学〉

学部・学科・コース	教科	科　　　　目	配　点
家政学部 被服／食物栄養（食物学専攻）／児童	外国語	コミュニケーション英語Ⅰ・Ⅱ・Ⅲ，英語表現Ⅰ・Ⅱ	100 点
	選択	日本史B，世界史B，地理B，「数学Ⅰ・Ⅱ・A・B」，「化学基礎・化学」，「生物基礎・生物」から1科目選択	100 点
	国語※	国語総合（漢文除く）	100 点
食物栄養（管理栄養士専攻）	外国語	コミュニケーション英語Ⅰ・Ⅱ・Ⅲ，英語表現Ⅰ・Ⅱ	100 点
	選択	「数学Ⅰ・Ⅱ・A・B」，「化学基礎・化学」，「生物基礎・生物」から1科目選択	100 点
	国語※	国語総合（漢文除く）	100 点
文芸学部	外国語	コミュニケーション英語Ⅰ・Ⅱ・Ⅲ，英語表現Ⅰ・Ⅱ	100 点
	選択	日本史B，世界史B，地理B，「数学Ⅰ・Ⅱ・A・B」，「化学基礎・化学」，「生物基礎・生物」から1科目選択	100 点
	国語※	国語総合（漢文除く）	100 点
国際学部 ビジネス学部	外国語	コミュニケーション英語Ⅰ・Ⅱ・Ⅲ，英語表現Ⅰ・Ⅱ	100 点
	選択	日本史B，世界史B，地理B，「数学Ⅰ・Ⅱ・A・B」から1科目選択	100 点
	国語※	国語総合（漢文除く）	100 点

看　護　学　部	外国語	コミュニケーション英語Ⅰ・Ⅱ・Ⅲ，英語表現Ⅰ・Ⅱ	100 点
	選　択	「数学Ⅰ・Ⅱ・Ａ・Ｂ」，「化学基礎・化学」，「生物基礎・生物」から1科目選択	100 点
	国　語※	国語総合（漢文除く）	100 点
建築・デザイン学部	外国語	コミュニケーション英語Ⅰ・Ⅱ・Ⅲ，英語表現Ⅰ・Ⅱ	100 点
	選　択	日本史Ｂ，世界史Ｂ，地理Ｂ，「数学Ⅰ・Ⅱ・Ａ・Ｂ」，「化学基礎・化学」，「生物基礎・生物」から1科目選択	100 点
	国　語※	国語総合（漢文除く）	100 点

〈短期大学〉

方式	教　科	科　　　　　　目		配　点
ベストワン方式	外国語	コミュニケーション英語Ⅰ・Ⅱ・Ⅲ，英語表現Ⅰ・Ⅱ	3科目受験高得点1科目で判定	100 点
	選　択	日本史Ｂ，世界史Ｂ，地理Ｂ，「数学Ⅰ・Ⅱ・Ａ・Ｂ」，「化学基礎・化学」，「生物基礎・生物」から1科目選択		
	国　語※	国語総合（漢文除く）		
オンリーワン方式	外国語	コミュニケーション英語Ⅰ・Ⅱ・Ⅲ，英語表現Ⅰ・Ⅱ	出願時に選択した1科目で判定	100 点
	選　択	日本史Ｂ，世界史Ｂ，地理Ｂ，「数学Ⅰ・Ⅱ・Ａ・Ｂ」，「化学基礎・化学」，「生物基礎・生物」から1科目選択		
	国　語※	国語総合（漢文除く）		

▶備　考

※「国語」の「古文」は選択問題となる。出願時に「現代文・現代文」
「現代文・古文」から選択する。文芸学部に出願する場合，必ず「現
代文・古文」を選択すること。

・「数学Ｂ」は，数列の範囲に限る。

・「化学」は，物質の状態と平衡・物質の変化と平衡（化学反応と平衡
を除く）・無機物質の性質と利用・有機化合物の性質と利用の範囲に

限る。

- 「生物」は，生命現象と物質・生物の環境応答の範囲に限る。
- 上記の得点の他に調査書（10 点満点）を加えて選抜する。
- 各科目の得点を偏差値換算し判定を行う。
- 外部英語検定試験の利用：出願時点で，大学の定める外部英語検定試験の基準を満たしている場合，外国語（英語）の試験の得点としてみなされる。また，大学独自の外国語（英語）の試験も受験した場合は，高得点の点数で合否判定が行われる。

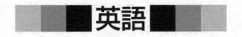

英語

（60分）

I 以下の英文1～5の下線部㋐から㋓のうち，**正しくないもの**を一つ選びなさい。

1. We have ㋐some bananas, ㋑a few apples, ㋒a kiwi fruit and ㋓a cherries that we bought yesterday. [1]

2. ㋐Writing our text exercises will be difficult because ㋑to write them well, we have to create ㋒written texts that are more challenging than what we ㋓writed last year. [2]

3. This bread is both delicious ㋐or nutritious, ㋑but it's expensive, ㋒so we should only buy some for you ㋓and me. [3]

4. In case we get hungry, let's put sandwiches ㋐to our backpacks to eat when we go ㋑to the baseball game ㋒at the park ㋓on the weekend. [4]

5. You don't ㋐need to hand in your homework yet, but you ㋑should get started on it as soon as possible. You'll ㋒have to spend a lot of time on it and it ㋓must to be done well. [5]

以下の英文6～10の（　　　）内に入るものとして，最も適切なものを一つ選びなさい。

6. Usually, we are（　　　）to hand in our reports at the end of the month.
[6]

㋐ require

㋑ required

㋒ requirement

㋓ requiring

7. I wanted you to remember my birthday without my having to (　　　) you. [7]

㋐ remained

㋑ remind

㋒ retained

㋓ rewind

8. You can (　　　) least say hello. [8]

㋐ at

㋑ if

㋒ in

㋓ the

9. Don't even (　　　) about leaving before the baseball game is over. [9]

㋐ thank

㋑ think

㋒ thought

㋓ throw

10. I want to know the reason (　　　) you didn't complete your essay. [10]

㋐ what

㋑ which

㋒ who

㋓ why

Ⅱ　以下の会話文 1 ～10 の下線部に入るものとして，最も適切なものを一つ選びな
さい。

1.　A：Excuse me, but do you know where the post office is?

　　B：Yes, it's around the corner _____ the right side.　| 11 |

　　　　㋐　at

　　　　㋑　between

　　　　㋒　in

　　　　㋓　on

2.　A：_____ is the homework that's due tomorrow?

　　B：We need to do exercise three, but exercise four is optional.　| 12 |

　　　　㋐　How

　　　　㋑　What

　　　　㋒　When

　　　　㋓　Where

3.　A：I want to go to Hawaii for summer vacation.

　　B：You had better _____ saving money. It's so expensive!　| 13 |

　　　　㋐　start

　　　　㋑　started

　　　　㋒　starting

　　　　㋓　starts

4.　A：What time do you _____ eat dinner?

　　B：I normally eat around 6 o'clock.　| 14 |

　　　　㋐　never

　　　　㋑　rarely

　　　　㋒　sometimes

　　　　㋓　usually

5. A：How did this bug get into the house?

B：You forgot ＿＿＿＿ the window last night. [15]

㋐ close

㋑ closing

㋒ to close

㋓ to closed

6. A：The weather forecast looks bad for tomorrow.

B：I ＿＿＿＿ we should go to the movies instead of golfing. [16]

㋐ am thinking

㋑ are thinking

㋒ thinking

㋓ thinks

7. A：She really loves dogs!

B：That's so true, ＿＿＿＿ did you know she's allergic? [17]

㋐ about

㋑ besides

㋒ but

㋓ so

8. A：Watch out for that snake!

B：Thanks for the ＿＿＿＿. You saved my life. [18]

㋐ warn

㋑ warning

㋒ warnings

㋓ warns

9. A：I don't know what I'm going to do ＿＿＿＿ all these oranges.

B：I have an idea. Let's share some with our neighbors. [19]

㋐ among

㋑ by

㋒ next

㋓ with

10. A：I'm ready for the next step in the recipe.

B：Please ＿＿＿＿＿ two onions with a knife. [20]

㋐ boil

㋑ drain

㋒ poach

㋓ slice

Ⅲ 以下の英文を読んで，設問に答えなさい。(右上に数字を付した語句は，本文の後に注があります。)

Your Biological Clock

Your biological clock controls a great deal of how you function. This works much like a program, regulating the timing of many biological functions ranging from when you sleep to when you reproduce. Circadian rhythms[1] manage daily cycles of sleeping and waking and contribute to your energy levels at various points during the day.

You might become particularly aware of your body's biological clock at times when your daily schedule <u>is thrown off-kilter</u>(1). Shift workers, for example, must constantly adjust their daily activities to the demands of their work schedule. Travelers may experience disturbances in their sleep-wake cycles leading to feelings of jetlag.

You've probably noticed that there are certain times during the day when you feel more energized. At other times, you might feel drained. Research has shown, however, that your body clock is responsible for far more than just your sleep-wake cycle.

How It Affects Your Health

Circadian rhythms affect your sleep-wake cycle, eating habits, body temperature, digestion, hormone levels, and other body functions. Because of this, your body's internal clock can play an important role in your overall health. Interruptions to your circadian rhythm may contribute to health conditions including diabetes[2], seasonal affective disorder, and sleep disorders.

Fortunately, understanding how these cycles influence your health can help you address potential problems and seek treatments that can help. For example, you can make lifestyle changes that can help get your circadian rhythm back on track.

The Best Time for Activities

When is the best time to tackle certain tasks?

Sleeping

The body's natural sleep cycle changes as we age. Knowing this might help you adapt your own schedule to best suit your sleep needs.

- Young children tend to be early risers, where teens are more inclined to sleep in.
- As people approach later adulthood, the sleep cycle continues to shift back toward rising earlier in the morning.
- Teens might be better served getting longer periods of rest before tackling their day, where older adults might prefer to get up earlier and go to bed earlier.

Eating

Studies suggest that eating at certain times may have some health benefits.

● Eating at the right time might help control your weight. According to one study, when certain mice had their food restricted to particular times, they were protected from excessive weight gain and metabolic diseases[3].

● Surprisingly, research has found that when you eat can even play a role in resetting your biological clock. This research also suggests that if you are trying to adjust to a new schedule (such as if you are traveling or doing shift work), altering your eating schedule can also help you reset your body clock to better match your new daily schedule.

(2) Restricting your eating to a 12 to 15-hour window during the day can be helpful. Eating before bed can also have a negative impact on sleep, so it's best to avoid eating late in the evening. At the very least, try timing your last meal so that it leaves a minimum of three hours before you go to bed.

Exercising

Adjusting your exercise schedule to match your biological clock may also help you get the most out of your workouts.

● Try strength-training later in the day. Physical strength also tends to be at its highest point between 2 p.m. and 6 p.m.

The evening might be the best time for yoga and other exercises that require flexibility. This is because this is when the body is at its most relaxed and least prone to injury.

Thinking

You may also want to adjust your schedule to make the most of your mental powers.

● You are probably at your sharpest in the morning. Studies suggest that cognitive abilities tend to peak during the late morning hours and that you might want to tackle those mentally taxing activities before lunch.

● Experts also suggest that alertness and attention levels taper off following meals. This is why you might find yourself struggling to concentrate on those post-lunch work meetings.

● Concentration levels tend to dip between noon and 4 p.m., which might explain why so many people feel like they need some type of energy-boosting pick-me-up[4] during those hours.

How to Change Your Circadian Rhythms

So what can you do if your daily schedule is out of sync with your biological clock? Early risers, for example, may burn up their best energy in the early morning hours and feel burned out by the time evening rolls around. Night owls, on the other hand, might sleep through what might be the most productive times of the day and find themselves staying up at times when they tend to be low energy.

Tips for Adjusting

Here are some tips for establishing a more productive daily schedule:

● **Establish a sleep schedule:** Set an alarm and go to bed at the same time each night. Wake up when your alarm goes off—no hitting that snooze button over and over again.

● **Give it some time:** Getting used to a new schedule may take a while, but stick with it until it starts to feel more natural.

● **Pay attention to your energy levels:** Try to arrange certain activities around your peak energy levels. Not everyone is the same, so your own energy levels may follow a slightly different schedule.

[Adapted from "Synchronizing your biological clock with a schedule" by Kendra Cherry, February 10, 2022,
⟨https://www.verywellmind.com/synchronizing-biological-clock-daily-schedule-4174976⟩]

(注)

    1. circadian rhythm：概日リズム(睡眠と覚醒，代謝など，ほぼ一日の周期で体内に繰り返し起こるリズム)

    2. diabetes：糖尿病

    3. metabolic disease：代謝性の病気

    4. pick-me-up：元気をつけるための飲み物や食べ物

1. Which of the following is the most appropriate to replace <u>is thrown off-kilter</u>(1)? | 21 |

    ㋐ becomes well organized

    ㋑ gets messed up

    ㋒ provides more rests

    ㋓ requires no preparations

2. Which of the following is **NOT** mentioned among the effects circadian rhythms may cause? | 22 |

    ㋐ body temperature

    ㋑ energy level

    ㋒ muscle pain

    ㋓ sleep problems

3. Which group of people tend to get up early? | 23 |

    ㋐ older adults only

    ㋑ teens and older adults

    ㋒ young children and older adults

[エ] younger children only

4. What does restricting your eating to a 12 to 15-hour window (2) refer to? 24

[ア] Eating at at least one of your meals while the sun is up.

[イ] Having your first and last meals within a period of 12 to 15 hours.

[ウ] Leaving your meals by the window for 12 to 15 hours.

[エ] Schedule one of your meal times between 12:00 to 15:00.

5. According to the text, which of the following is correct advice for exercise? 25

[ア] Always do some yoga before moving on to strength training.

[イ] Avoid doing strength-training and yoga on the same day.

[ウ] Schedule strength-training or yoga early in the night.

[エ] Start your day by strength-training early in the morning.

6. According to the text, which of the following advice would the author most likely give to the students who need to do difficult homework? 26

[ア] It is best to do it as late as possible and after you have dinner.

[イ] Late morning is the best to do mathematics but not for reading literature or writing essays.

[ウ] You should do it right after lunch because the lunch provides more energy to your brain.

[エ] You should not wait until afternoon when you find it more difficult to concentrate.

7. According to the text, which of the following would **NOT** be correct advice in order to build your ideal schedule? 27

[ア] Ask people around you what program they have adopted and try the same one yourself.

[イ] Be patient and keep following your new schedule until you start feeling comfortable with it.

㋒　Find out your own best combination between your energy levels and type of activities you do.

㋓　When you get up at the time you set, don't go back to sleep even if you still feel tired.

8. Which **TWO** statements are true according to the text?　| 28 |

㋐　A late-night meal can cause no negative effect on your sleep cycle as long as it is low in calories.

㋑　Altering your meal schedule is one effective way to help your body clock adjust to your new work schedule.

㋒　Changing your exercising schedule is the easiest way to get your body clock back to normal.

㋓　Teens tend to need longer sleep in order to function properly during the day.

㋔　The older you get, the less and less sleep you will need to adjust your body clock.

㋕　When your body clock is working properly, you rarely feel the changes in your energy level at any time.

Ⅳ　以下の記事を読んで，設問に答えなさい。(A)から(K)は段落を表す記号です。
(右上に数字を付した語句は，本文の後に注があります。)

(A) They are two young girls from <u>two very different worlds</u>, linked by a global
(1)
industry that exploits an army of children.

(B) Olivia Chaffin, a Girl Scout in rural Tennessee, was a top cookie seller in her
troop when she first heard rainforests were being destroyed to make way for
ever-expanding palm oil plantations. On one of those plantations a continent
away, 10-year-old Ima helped harvest the fruit that makes its way into a dizzying
array of products sold by leading Western food and cosmetics brands.

(C) Ima is among the estimated tens of thousands of children working alongside
their parents in Indonesia and Malaysia, which supply 85% of the world's most
consumed vegetable oil. An Associated Press investigation found most earn little
or no pay and are routinely exposed to toxic[1] chemicals and other dangerous
conditions. Some never go to school or learn to read and write. Others are
smuggled[2] across borders and left vulnerable[3] to trafficking[4] or sexual abuse.
Many live with no citizenship and fear being swept up in police raids and thrown
into detention[5].

(D) The AP used U.S. Customs records and the most recently published data
from producers, traders and buyers to trace the fruits of their labor from the
processing mills where palm kernels[6] were crushed to the supply chains of many
popular kids' cereals, candies and ice creams sold by Nestle, Unilever, Kellogg's,
PepsiCo and many other leading food companies, including Ferrero—one of the
two makers of Girl Scout cookies.

(E) Olivia, who earned a badge for selling more than 600 boxes of cookies, had
spotted palm oil as an ingredient on the back of one of her packages but <u>was
(2)
relieved</u> to see a green tree logo next to the words "certified sustainable." She
assumed that meant her Thin Mints and Tagalongs weren't harming rainforests,
orangutans or those harvesting the orange-red palm fruit.

(F) But later, the smart 11-year-old saw the word "mixed" in all caps on the label and turned to the internet, quickly learning that it meant exactly what she feared: Sustainable palm oil had been blended with oil from unsustainable sources. To her, that meant the cookies she was selling were tainted[7].

(G) Thousands of miles away in Indonesia, Ima led her class in math and dreamed of becoming a doctor. Then one day her father made her quit school because he needed help meeting the high company targets on the palm oil plantation where she was born. Instead of attending fourth grade, she squatted[8] in the constant heat, snatching up the loose kernels littering the ground and knowing if she missed even one, her family's pay would be cut.

(H) She sometimes worked 12 hours a day, wearing only sandals and no gloves, crying when the fruit's razor-sharp spikes bloodied her hands or when scorpions stung her fingers. The loads she carried, sometimes so heavy she would lose her footing, went to one of the very mills feeding into the supply chain of Olivia's cookies. "I am dreaming one day I can go back to school," she told the AP, tears rolling down her cheeks.

(I) Child labor has long been a dark stain on the $65 billion global palm oil industry. Though often denied or minimized as kids simply helping their families on weekends or after school, it has been identified as a problem by
                                                    (a)
rights groups, the United Nations and the U.S. government.

(J) With little or no access to childcare, some young children follow their parents to the fields, where they come into contact with fertilizers[9] and some pesticides[10] that are banned in other countries. As they grow older, they push
                   (b)
wheelbarrows[11] heaped with fruit two or three times their own weight. Some weed[12] and prune[13] the trees barefoot, while teen boys may harvest bunches large enough to crush them, slicing the fruit from lofty branches with sickle[14] blades attached to long poles. In some cases, an entire family may earn less in a day than a $5 box of Girl Scout cookies.

(K) "For 100 years, families have been stuck in a cycle of poverty and they
                                            (c)
know nothing else than work on a palm oil plantation," said Kartika Manurung, who has published reports detailing labor issues on Indonesian plantations.

"When I ... ask the kids what they want to be when they grow up, some of the girls say, (3)'I want to be the wife of a palm oil worker.'"

[Adapted from "Child labor in palm oil industry tied to Girl Scout cookies," January 3, 2021, *Asahi Shimbun*, 〈https://www.asahi.com/ajw/articles/14079051〉]

(注)

1. toxic：有毒な
2. smuggle：密入国させる
3. left vulnerable：〜に巻き込まれやすい
4. trafficking：人身売買
5. detention：拘留，留置
6. kernel：(果実の核の中にある)仁（じん）
7. taint：汚す
8. squat：しゃがむ，うずくまる
9. fertilizer：化学肥料
10. pesticide：殺虫剤
11. wheelbarrow：手押し一輪車
12. weed：葉を取り除く
13. prune：刈り込む
14. sickle：鎌状の

1. 下線部(1)が指す内容として，**本文中で述べられていないもの**を一つ選びなさい。[29]

㋐ 児童労働が問題になっている国々と，そうでない国々。

㋑ 東南アジアの貧しい国々と，西洋諸国。

㋒ パーム油が食用に使われる国々と，そうではない国々。

㋓ パーム油を産出する国々と，消費する国々。

出典追記：Associated Press

2. 段落(B)(C)の内容を表すのに，適切なものを二つ選びなさい。　30

　㋐　イマと同じような境遇にある子どもは，数千人いると考えられている。

　㋑　オリビアとイマはパーム油を介して知り合い，友人として交流している。

　㋒　オリビアはクッキーの販売で成功したため，学校に行くのを止めた。

　㋓　パーム油に関わる仕事は危険だが高収入をもたらすので，やめにくい。

　㋔　パーム油は西洋諸国で売られている食品や化粧品に含まれている。

　㋕　流通しているパーム油の 85% が，インドネシアまたはマレーシア産である。

3. オリビアが下線部(2)のように感じた理由として，最も適切なものを一つ選びなさい。　31

　㋐　オーガニックであることを示すロゴを製品に付けてよいことになったから。

　㋑　現地の環境や人々を傷つけないことを意味するロゴが付いていると思ったから。

　㋒　自分が売っているクッキーには，パーム油が含まれていないことが分かったから。

　㋓　600 箱以上のクッキーを任されたが，一人で売り切ることが出来たから。

4. 段落(F)の内容を表すのに，最も適切なものを一つ選びなさい。　32

　㋐　クッキーに使われていたのは，サステナブルな方法で生産されたパーム油だけだった。

　㋑　クッキーに使われていたのは，実はパーム油ではなくヤシ油だった。

　㋒　クッキーには，サステナブルな方法で生産されていない油も含まれていた。

　㋓　クッキーは，様々な人種の人々が集まり協力して作ったものだった。

5. 段落(G)(H)の内容を表すのに，適切なものを二つ選びなさい。　33

　㋐　イマとオリビアは，オリビアが現地の作業所を視察しに来た際に出会った。

　㋑　イマは一日に 12 時間働くこともあり，仕事内容も危険である。

　㋒　イマは家族の手伝いをしていたが，危険な仕事が出来ないので学校に戻された。

　㋓　イマは家族の手伝いをするため，父親によって学校を辞めさせられた。

　㋕　イマは家族を手伝って働きながらも，医師になるための勉強を続けている。

　㋖　イマはパーム油の栽培地に生まれ，初めから学校に行かず家族の手伝いをしている。

6. 段落(J)の内容を表すのに，**適切でないもの**を一つ選びなさい。　34

　㋐　幼い子どもが親の仕事について行き，危険な物質に触れることがある。

　㋑　家族全員で一日働いても，得られる賃金はごくわずかである。

　㋒　作業は危険を伴うため，子どもを預けて仕事に出る親が多い。

　㋓　比較的大きくなった子どもたちは非常に重いものを扱うことがある。

7. 下線部(3)のような発言が聞かれる理由として，最も適切なものを一つ選びなさい。　35

　㋐　少女たちの理想の生活は，結婚して家庭に入ることだから。

　㋑　少女たちは，貧困の中で育ったため他の仕事を知らないから。

　㋒　パーム油産業に関わることで，家族が長時間一緒にいられるから。

　㋓　パーム油産業に関わることで，豊かな暮らしが期待できるから。

8. 本文中の二重下線部(a)から(c)を置き換えるのに，最も適切なものを一つずつ選びなさい。

(a) identified　36

　㋐　numbered

　㋑　recognized

　㋒　warned

(b) banned　37

　㋐　carried in

　㋑　made illegal

　㋒　thrown away

(c) <u>stuck</u>　[38]

㋐　mixed

㋑　trapped

㋒　worried

日本史

（60分）

I 下記の文章を読んで，設問に答えなさい。解答は，㋐〜㋓のなかから最も適切な答えを一つ選び，解答用紙の記号をマークしなさい。

平安遷都から9世紀末ごろまでの文化を，嵯峨・清和天皇の時の年号から（　A　）とよぶ。この時代には，平安京において貴族を中心とした文化が発展した。文芸を中心として国家の隆盛をめざす（　B　）の思想が広まり，宮廷では（　C　）が発展し，仏教では新たに伝えられた天台宗・真言宗が広まり（　D　）がさかんになった。

（　E　）は近江国分寺や比叡山で修学し，804（延暦23）年遣唐使に従って入唐し，天台の教えを受けて帰国し，天台宗をひらいた。（　F　）も同年入唐し，長安で（　D　）を学んで2年後に帰国し，高野山に金剛峰寺を建てて真言宗をひらいた。

天台・真言の両宗はともに国家・社会の安泰を祈ったが，（　G　）によって災いを避け，幸福を追求するという現世利益の面から皇族や貴族たちの支持を集めた。

問1　（　A　）に入るのは，次のどれか。[1]

㋐ 天平文化　　㋑ 化政文化
㋒ 弘仁・貞観文化　　㋓ 白鳳文化

問2　（　B　）に入るのは，次のどれか。[2]

㋐ 文章経国　　㋑ 文明開化　　㋒ 鎮護国家　　㋓ 興禅護国

問3　（　C　）に入るのは，次のどれか。[3]

㋐ 有職故実　　㋑ 国　学　　㋒ 説話文学　　㋓ 漢文学

問4　（　D　）に入るのは，次のどれか。　4

　　㋐　浄土教　　　　㋑　儒　教　　　　㋒　密　教　　　　㋓　回　教

問5　（　E　）に入るのは，次のどれか。　5

　　㋐　西　行　　　　㋑　重　源　　　　㋒　行　基　　　　㋓　最　澄

問6　（　F　）に入るのは，次のどれか。　6

　　㋐　空　海　　　　㋑　明　恵　　　　㋒　円　珍　　　　㋓　円　仁

問7　（　G　）に入るのは，次のどれか。　7

　　㋐　加持祈禱　　　㋑　神仏習合　　　㋒　農耕儀礼　　　㋓　廃仏毀釈

Ⅱ　下記の文章を読んで，設問に答えなさい。解答は，㋐～㋓のなかから最も適切な
　答えを一つ選び，解答用紙の記号をマークしなさい。

　　幕藩体制の安定とともに儒学のもつ意義は増大した。とくに（　A　）の思想は大
義名分論を基礎に，封建社会を維持するための教学として幕府や藩に重んじられ
た。

　　戦国時代に土佐でひらかれたとされ，谷時中に受け継がれた（　B　）も（　A　）
の一派で，その系統から（　C　）・野中兼山らが出た。とくに（　C　）は神道を儒
教流に解釈して垂加神道を説いた。

　　（　A　）に対し中江藤樹や門人の（　D　）らは，（　E　）を学んだが，知行合一
の立場で現実を批判してその矛盾を改めようとするなど革新性を持っていたため
に，幕府から警戒された。

　　一方，外来の儒学にあきたらず，孔子・孟子の古典に直接立ち返ろうとする
（　F　）派が，山鹿素行や（　G　）らによって始められた。（　G　）らの（　F　）
を受け継いだ（　H　）は政治・経済にも関心を示し，都市の膨張をおさえ，武士の
土着が必要であると説いて，統治の具体策を説く経世論に道をひらいた。

問 1　（　A　）に入るのは，次のどれか。　| 8 |

　　㋐　古　学　　　　㋑　朱子学　　　　㋒　南　学　　　　㋓　陽明学

問 2　（　B　）に入るのは，次のどれか。　| 9 |

　　㋐　古　学　　　　㋑　朱子学　　　　㋒　南　学　　　　㋓　陽明学

問 3　（　C　）に入るのは，次のどれか。　| 10 |

　　㋐　山崎闇斎　　　㋑　荻生徂徠　　　㋒　熊沢蕃山　　　㋓　伊藤仁斎

問 4　（　D　）に入るのは，次のどれか。　| 11 |

　　㋐　山崎闇斎　　　㋑　荻生徂徠　　　㋒　熊沢蕃山　　　㋓　伊藤仁斎

問 5　（　E　）に入るのは，次のどれか。　| 12 |

　　㋐　古　学　　　　㋑　朱子学　　　　㋒　南　学　　　　㋓　陽明学

問 6　（　F　）に入るのは，次のどれか。　| 13 |

　　㋐　古　学　　　　㋑　朱子学　　　　㋒　南　学　　　　㋓　陽明学

問 7　（　G　）に入るのは，次のどれか。　| 14 |

　　㋐　山崎闇斎　　　㋑　荻生徂徠　　　㋒　熊沢蕃山　　　㋓　伊藤仁斎

問 8　（　H　）に入るのは，次のどれか。　| 15 |

　　㋐　山崎闇斎　　　㋑　荻生徂徠　　　㋒　熊沢蕃山　　　㋓　伊藤仁斎

Ⅲ　下記の文章を読んで，設問に答えなさい。解答は，㋐～㋓のなかから最も適切な答えを一つ選び，解答用紙の記号をマークしなさい。

　　貴族の男性の正装は（　Ａ　）やそれを簡略にした（　Ｂ　），女性の正装は唐衣や裳をつけた（　Ｃ　）で，これらは唐風の服装を大はばに日本人向きにつくり変えた優美なものである。衣料はおもに絹を用い，文様や配色などにも日本風の意匠をこらした。

　　住宅も，開放的な日本風の（　Ｄ　）であり，そこに畳や円座をおいてすわる生活であった。食生活は比較的簡素で，仏教の影響もあって獣肉は用いられず，調理に油を使うこともなく，食事は日に2回を基準とした。

問1　（　Ａ　）（　Ｂ　）（　Ｃ　）（　Ｄ　）に入る言葉がすべて適切なものは，次のどれか。　16

　㋐　（　Ａ　）衣　冠　（　Ｂ　）束　帯　（　Ｃ　）打掛姿　　（　Ｄ　）権現造

　㋑　（　Ａ　）衣　冠　（　Ｂ　）束　帯　（　Ｃ　）女房装束　（　Ｄ　）寝殿造

　㋒　（　Ａ　）束　帯　（　Ｂ　）衣　冠　（　Ｃ　）打掛姿　　（　Ｄ　）権現造

　㋓　（　Ａ　）束　帯　（　Ｂ　）衣　冠　（　Ｃ　）女房装束　（　Ｄ　）寝殿造

Ⅳ　下記の文章を読んで設問に答えなさい。解答は㋐〜㋑のなかから最も適切な答え
　　を一つ選び、解答用紙の記号をマークしなさい。

　A

　　10 世紀の初めは、律令体制のいきづまりがはっきりしてきた時代であった。朝
廷は 902 年に延喜の荘園整理令を出して、違法な（　A　）を禁じたり、班田を命じ
たりして律令体制の再建をめざした。しかし、もはや諸国や国家の財政を維持する
ことはできなくなっていた。

　　そこで 9 世紀末から 10 世紀前半にかけて、国司の交替制度を整備し、任国に赴
任する国司の最上席者に、大きな権限と責任を負わせた。この地位は、新任者が、
交替の際に一国の財産などを前任者から引き継ぐことから、やがて（　B　）と呼ば
れるようになった。

　　（　B　）は、有力農民に田地の耕作を請け負わせ、税である官物と、本来力役で
ある臨時雑役を課すようになった。受領は、みずからの郎等たちを強力に指揮しな
がら徴税を実現し、みずからの収入を確保するとともに国家財政を支えた。

問 1　（　A　）に入る語句として正しいものは、次のどれか。　　17
　　　㋐　土地所有　　　㋑　年貢徴収　　　㋒　農地耕作　　　㋑　土地質入

問 2　（　B　）に入る語句として正しいものは、次のどれか。　　18
　　　㋐　郡　司　　　㋑　遙　任　　　㋒　受　領　　　㋑　御家人

問 3　下線部 a に関連して、最後の全国的な班田収授がおこなわれた年は、次のど
　　れか。　　19
　　　㋐　902 年　　　㋑　908 年　　　㋒　914 年　　　㋑　939 年

問 4　下線部 b に該当するものは、次のどれか。　　20
　　　㋐　名　　　㋑　良　民　　　㋒　預　所　　　㋑　田　堵

B

　1199年に源頼朝が死去し，若い（　C　）の時代になると，御家人中心の政治を求める動きが強まった。それとともに有力者のあいだで政治の主導権をめぐる激しい争いが続き，多くの御家人が滅んでいった。
　　　　　　　　　　　　　　　　　　c
　1203年，頼朝の妻（　D　）の父である北条時政は，2代将軍（　C　）を廃し，弟の実朝を立てて幕府の実権を握った。この時政の地位は（　E　）と呼ばれ，子の（　F　）に継承された。これ以降，（　E　）の地位は北条氏のあいだで世襲されるようになった。

問5　（　C　）に入る語句として正しいものは，次のどれか。　　21
　　㋐　義　経　　　㋑　頼　家　　　㋒　範　頼　　　㋓　公　暁

問6　（　D　）に入る人名として正しいものは，次のどれか。　　22
　　㋐　時　子　　　㋑　徳　子　　　㋒　政　子　　　㋓　富　子

問7　（　E　）に入る語句として正しいものは，次のどれか。　　23
　　㋐　別　当　　　㋑　執　権　　　㋒　公　方　　　㋓　得　宗

問8　（　F　）に入る人名として正しいものは，次のどれか。　　24
　　㋐　宗　時　　　㋑　義　時　　　㋒　泰　時　　　㋓　時　宗

問9　下線部cに関連して，源頼朝の死から承久の乱までに滅ぼされた御家人に該当しないものは，次のどれか。　　25
　　㋐　三浦泰村　　　㋑　比企能員　　　㋒　和田義盛　　　㋓　梶原景時

Ⅴ　下記の文章を読んで設問に答えなさい。解答は㋐～㋑のなかから最も適切な答え
を一つ選び，解答用紙の記号をマークしなさい。

　　1651 年に 3 代将軍徳川家光が死去し，子の（　Ａ　）が 11 歳で征夷大将軍を受け
　a
継いだ。すでに幕府機構は整備され，会津藩主で叔父の（　Ｂ　）や譜代大名も幼少
の将軍（　Ａ　）を支え，社会秩序が安定しつつあった。平和が続く中での重要な政
治課題は，戦乱を待望する者や「かぶき者」の対策であった。そこで幕府は 1651 年
に末期養子の禁止を緩和した。続いて 1663 年に，将軍（　Ａ　）は殉死の禁止を命
　b　　　　　　　　　　　　　　　　　　　　　　　　　　　　　　　　　　　c
じた。翌年には，すべての大名にいっせいに（　Ｃ　）を発給して将軍の権威を確認
し，また幕領のいっせい検地をおこなって，幕府の財政収入の安定もはかった。

　　諸藩においても，安定した平和が続いたことで軍役動員の負担が軽減したうえ
に，（　Ｄ　）の飢饉が転機となって，藩政の安定と領内経済の発展がはかられるよ
うになった。いくつかの藩では，藩主が儒者を顧問にして藩政の刷新をはかった。
　　　　　　　　　　　　　　d

問 1　（　Ａ　）に入る人名として正しいものは，次のどれか。　26

　　㋐　綱　吉　　　　㋑　吉　宗　　　　㋒　秀　忠　　　　㋑　家　綱

問 2　（　Ｂ　）に入る人名として正しいものは，次のどれか。　27

　　㋐　徳川忠長　　　㋑　保科正之　　　㋒　徳川光圀　　　㋑　松平信綱

問 3　（　Ｃ　）に入る語句として正しいものは，次のどれか。　28

　　㋐　武家諸法度　　㋑　鎖国令　　　　㋒　領知宛行状　　㋑　一国一城令

問 4　（　Ｄ　）に入る語句として正しいものは，次のどれか。　29

　　㋐　寛　永　　　　㋑　天　明　　　　㋒　寛　政　　　　㋑　天　保

問 5　下線部 a の年におこった出来事として正しいものは，次のどれか。　30

　　㋐　明暦の大火　　　　　　　　　㋑　慶安の変

　　㋒　田畑永代売買禁止令の発布　　㋑　島原の乱

問 6　下線部 b について，末期養子の禁止に関連する内容としてふさわしくないものは，次のどれか。　31

　㋐　末期養子とは，跡継ぎのいない大名が死にのぞんで，急に相続人（養子）を願い出るものである。

　㋑　末期養子が認められないと，その大名は改易となった。

　㋒　下線部 b によって，すべての大名の末期養子が認められるようになった。

　㋓　下線部 b の目的の 1 つは，牢人の増加を防ぐことにあった。

問 7　下線部 c について，殉死の禁止に関連する内容として正しいものは，次のどれか。　32

　㋐　殉死とは，主君の命令に背いた者に対する処罰である。

　㋑　この後，主君に指名された者だけが殉死するようになった。

　㋒　これによって，従者（家臣）は主君個人ではなく，主家に奉公することが求められるようになった。

　㋓　殉死とは，江戸時代初期に特有なもので，他の時代には存在しない。

問 8　下線部 d について，この例としてふさわしくないものは，次のどれか。　33

　㋐　木下順庵　　㋑　徳川光圀　　㋒　前田綱紀　　㋓　池田光政

Ⅵ　下記の文章を読み，設問に答えなさい。最も適切な答えを選択肢から選び，解答用紙にマークしなさい。

A

　　日本が幕末に締結した不平等条約の改正は，明治初年以降の外交課題であった。（　①　）は，1879 年に外務卿に就任した。（　①　）は欧化政策を推進することにより，日本の近代化を欧米に示そうとしたが，政府内外の反対にあい，辞任した。
　　　　　　　　　　　　　　　　　　　　　a
ついで外務大臣となった（　②　）は 1889 年に，条約改正案に不満をもった（　③　）の襲撃にあい，挫折した。ロシアの東アジア進出強化を懸念するようになった（　④　）は，日本の条約改正交渉に応じる構えをみせてきたが，交渉は1891 年の大津事件により頓挫した。日清戦争開始を目前に，日本は（　④　）との
　　　　　　　b　　　　　　　　　　　　c
通商航海条約調印に成功した。

問 1　（　①　）（　②　）に当てはまる人名の組み合わせとして正しいものを一つ選びなさい。　34

　　㋐　①　寺島宗則　　　②　井上馨

　　㋑　①　青木周蔵　　　②　寺島宗則

　　㋒　①　井上馨　　　　②　大隈重信

　　㋓　①　大隈重信　　　②　青木周蔵

問 2　下線部 a の内容として間違っているものを一つ選びなさい。　35

　　㋐　1886 年，アメリカ船のノルマントン号が沈没し，日本人乗客が全員死亡した事件の裁判結果により，国民は法権回復の必要性を痛感した。

　　㋑　当時の条約改正案は，領事裁判権を撤廃する代わりに外国人判事を任用することを認める内容だった。

　　㋒　欧化政策の一環として行われたのが鹿鳴館外交であるが，鹿鳴館は当時，東京日比谷にあり，イギリス人コンドルが設計した建物であった。

　　㋓　1887 年の三大事件建白運動では，外交失策の挽回が目標の一つに盛り込まれていた。

問３（　③　）に入る人名として正しいものを一つ選びなさい。 36

㋐　津田三蔵

㋑　来島恒喜

㋒　児島惟謙

㋓　頭山満

問４（　④　）に入る国名として正しいものを一つ選びなさい。 37

㋐　ドイツ

㋑　イギリス

㋒　フランス

㋓　アメリカ

問５　下線部ｂについて間違っているものを一つ選びなさい。 38

㋐　訪日中のロシア皇太子ニコライが滋賀県大津で警備の巡査に切りつけられ，負傷した。

㋑　明治天皇がニコライを見舞う事態にまで発展した。

㋒　日本の皇族に対する大逆罪を適用し，犯人を死刑にする判決が出た。

㋓　「司法権の独立を守った判決」として評価された。

問６　下線部ｃについて間違っているものを一つ選びなさい。 39

㋐　当時の外務大臣は陸奥宗光であった。

㋑　この条約によって，日本は領事裁判権を撤廃することができた。

㋒　他の列強とも通商航海条約を締結した。

㋓　下関条約において，日本は関税自主権を回復することができた。

B

日中戦争の全面化を受け，1938年には国家総動員法が制定され，政府は国民生活を全面的統制下におく法的根拠を得た。(下線部d)

「国家総動員法　第四条　政府ハ戦時ニ際シ国家総動員上必要アルトキハ，（　⑤　）ノ定ムル所ニ依(よ)リ，帝国臣民ヲ（中略）総動員業務ニ従事セシムルコトヲ

得(う)」

（出典：官報，適宜ふりがな等を補った）

国家総動員法に基づき，1939年には(　⑥　)によって一般国民が軍事産業に動員されるようになった。その後，戦争の拡大と長期化によって軍事費は年々急増し，$_{e}$国民生活は増税のみならず，消費の切り詰めなどを強いられた。

問7　下線部dについて間違っているものを一つ選びなさい。[40]

㋐　同年，大日本産業報国会が結成され，すべての労働組合が解散に追い込まれた。

㋑　政府は帝国議会の承認なしに，戦争遂行に必要な物資や労働力を動員することができるようになった。

㋒　国家総動員法と同時期に電力国家管理法が制定され，電力会社は単一の国策会社に統合された。

㋓　1938年度から企画院によって物資動員計画が作成され，軍需品は優先的に生産された。

問8　(　⑤　)に入る語として正しいものを一つ選びなさい。[41]

㋐　戒厳令

㋑　憲　法

㋒　詔　書

㋓　勅　令

問9　(　⑥　)に入る語として正しいものを一つ選びなさい。[42]

㋐　重要産業統制法

㋑　価格等統制令

㋒　国民徴用令

㋓　臨時資金調整法

問10　下線部eについて間違っているものを一つ選びなさい。[43]

㋐　砂糖・マッチ・衣料などの消費は，切符制により制限されるようになっ

た。

㋑　1940 年には，ぜいたく品の製造・販売の禁止命令が出された。

㋒　政府は農村から米を強制的に買い上げる供出制を実施した。

㋓　太平洋戦争勃発により，節約・貯蓄など一層の戦争協力を促す国民精神総動員運動が開始された。

C

明治期の自由民権運動には(　⑦　)や(　⑧　)のように女性も参加した。しかし，近代の法制度において日本の女性は低い地位におかれてきた。たとえば，1900 年に成立した(　⑨　)では政治集会や政治結社に女性が参加することを禁じていたが，市川房枝・平塚らいてうが結成した新婦人協会の運動が実を結び，1922 年に部分改正に成功し，女性の政治集会参加が認められるようになった。

1925 年の衆議院議員選挙法改正では男子のみに普通選挙が認められたが[f]，女性の参政権実現は第二次世界大戦後をまたなければならなかった。

1946 年，戦後初の総選挙で(　⑩　)人の女性議員が誕生した。男女平等を定めた日本国憲法の精神に基づき，1947 年の民法改正によって，家中心の戸主制度が廃止された。女性の社会的地位の向上や，男女平等実現への取り組みは国際潮流とも連動してきた。国連総会は 1975 年[g]を国際婦人年と定めた。日本では 1985 年に(　⑪　)が公布された。しかし，今日の女性を取り巻く現状をみてもわかるように，未だ道半ばである。

問11　(　⑦　)(　⑧　)に当てはまる人名の組み合わせとして正しいものを一つ選びなさい。 44

㋐　⑦　岸田俊子　　⑧　景山英子

㋑　⑦　下田歌子　　⑧　管野スガ

㋒　⑦　岸田俊子　　⑧　下田歌子

㋓　⑦　景山英子　　⑧　管野スガ

問12　(　⑨　)に入る語として正しいものを一つ選びなさい。 45

㋐　集会及政社法

　㋑　治安維持法

　㋒　集会条例

　㋓　治安警察法

問13　下線部 f について間違っているものを一つ選びなさい。　46

　㋐　この法改正により，満 25 歳以上の男性は衆議院議員の選挙権・被選挙権をもつことになった。

　㋑　この法改正を行った当時の内閣総理大臣は憲政会の加藤高明であった。

　㋒　この法改正に基づく最初の男子普通選挙が実施されたのは 1928 年のことである。

　㋓　この法改正により，有権者はそれまでの約 4 倍に増加した。

問14　（　⑩　）に当てはまる数字として正しいものを一つ選びなさい。　47

　㋐　13

　㋑　26

　㋒　39

　㋓　52

問15　下線部 g の年の出来事として正しいものを一つ選びなさい。　48

　㋐　第 1 回先進国首脳会議開催

　㋑　オイルショック始まる

　㋒　日中平和友好条約調印

　㋓　ロッキード事件問題化

問16　（　⑪　）に入る語として正しいものを一つ選びなさい。　49

　㋐　女子差別撤廃条約

　㋑　男女雇用機会均等法

　㋒　育児休業法

　㋓　男女共同参画社会基本法

問17　Cの文章に関する説明として正しいものを一つ選びなさい。[50]

㋐　新婦人協会は，弾圧を受けながらも1945年まで活動を続けた。

㋑　平塚らいてうは母性保護をめぐって与謝野晶子と論争を展開したことがある。

㋒　「元始，女性は実に太陽であった」と宣言した『青鞜』は，新婦人協会の機関誌である。

㋓　市川房枝は第二次世界大戦後，政界浄化を掲げ，衆議院議員として活躍した。

世界史

(60 分)

I 次の文章を読んで，設問に答えなさい。

文字の放つ魅力には抗いがたいものがある。解読のハードルが高くとも，いな，高ければなおさら，何が書かれているのか，読んでみたくなりはしないだろうか。

<u>図1は「ウィトルーウィウス的人体図</u>
①
<u>(l'uomo vitruviano)」と呼ばれる名高い</u>
<u>素描である。</u>見事な人体比率の周囲にびっしり書き込まれた文字列を読みたいと思ったことはないだろうか。それが図1のような不思議な文字列であればなおさらである。よく見れば鏡文字であったとしても，それで魅力が損なわれることはないだろう。一行目は右から左に

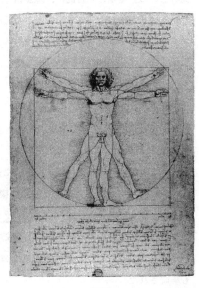

図1

<u>Vetruvio architecto mecte nella sua op(er)a</u>
②
<u>d'architectura che lle</u> と記してある。「建築家のウィトルーウィウスはその著『建築論』でこのように述べる。つまり」という意味であり，以下，人体の比率が具体的な数字で示されている。

図1拡大図

図2のヴォイニッチ手稿のように読みやすい字形で綴られ，数年おきに解読成功の噂が聞こえてきながら，いまなお未解読のものもある。<u>ロジャー＝ベーコン</u>の著作であり，科学史の常識を覆す内容が記されて
③

いると説く学者もいる。挿画にコショウ，ヒマワリなど，ベーコンの時代のヨーロッパにはなかった植物が描かれていること，また手稿に用いられた羊皮紙(vellum と呼ばれる上質のもの)を放射性炭素年代測定法で調査したところ，15世紀前半のものであることを指摘して，ベーコン著作説を斥ける研究者もいる。金儲けを目的に，錬金術師が捏造した偽書で，プラハでルドルフ２世に売りつけたものだとする説もある。今日もなお解読される日を待ち，インターネット上で盛んに取り沙汰される写本である。

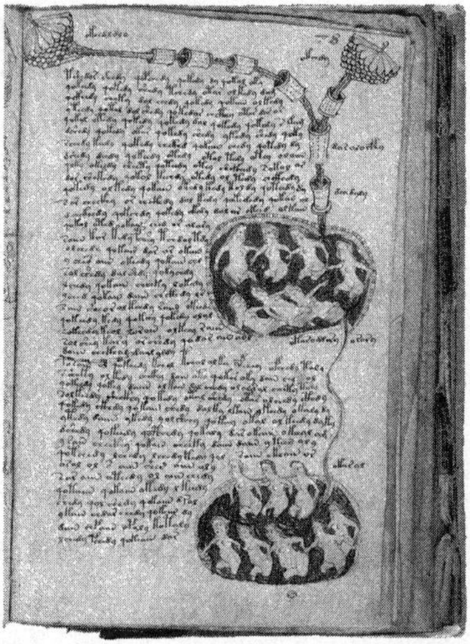

図２

人類が解読に成功した文字もある。19世紀には楔形文字の解読が相次いだ。ペルセポリス④の碑文に刻まれていた古代(　5　)楔形文字が解読されると，古代(　5　)，アッカド語⑥，エラム語の楔形文字で同じ内容の文章を刻んだベヒストゥーン碑文の解読も行われた。ロゼッタ＝ストーン⑦と同様，解読済みの文字，言語を使って，未解読の言語を刻む楔形文字を解読して行った。アッカド語の楔形文字が読めるようになり，それを使って20世紀にはシュメール語を刻んだ楔形文字も解読された。

同じく20世紀に解読された文字は他にもある。ミケーネ文明の(　8　)，マヤ文字，アナトリア象形文字(ルウィ象形文字)などが名高い。2022年９月にはアッシリア学の専門誌にエラム線文字⑨の解読の成功を主張する論文が掲載された。解読に際しては，スサ⑩の発掘で出土したモニュメントが決め手となったようである。線文字の刻文に添えられた，解読済みのアッカド語楔形文字による文をみると，プズル＝スシナクという人物がスサの守護神であるスシナクにささげた奉納物であることが判る。二つの名前は「スシナク」が共通している。この守護神の名前はエラム語でインスシナクという。プズル＝スシナクの名前をエラム語で表記する場合にも「インスシナク」という文字列が含まれているはずである——その予想の下に重複す

る文字列をエラム語線文字の刻文に探し出し，今回の解読が進むきっかけになったとのことである。解読は成功だったのだろうか。解読によっていかなる知見が得られるのであろうか。今後の検証が待たれる。

問 1　下線部①に関して，もっとも適切な記述を選び，その記号をマークしなさい。 [1]

㋐ 「万能の天才」と呼ばれた作者は，トスカナ大公レオ10世の援助を受けて，フィレンツェのサン＝ピエトロ大聖堂を建設した。

㋑ 「万能の天才」と呼ばれた作者を援助したフランス国王フランソワ1世は神聖ローマ皇帝の位をめぐって，スペイン国王カルロス1世と争い，敗れた。

㋒ 「万能の人」といわれる作者は，この素描に描いた人体のプロポーションをもとに，新約聖書の逸話をモチーフとする傑作「ダヴィデ像」を制作した。

㋓ 「万能の人」といわれる作者は，この素描に描いた人体のプロポーションをもとに，古代の作家の群像で名高い「アテネの学堂」を描いた。

問 2　下線部②に関して，ウィトルーウィウスはカエサルやアウグストゥスの下で仕えた人物であり，ラテン語で『建築論 de architectura』を執筆したが，下線部②はラテン語ではない。よく似ているが，下線部②が執筆された当時に人々が使っていたことばである。このことばについて，もっとも適切な記述を選び，その記号をマークしなさい。 [2]

㋐ こうしたことばを「共通語」といい，チョーサーが主著『天路歴程』のなかで主張した，言文一致運動の影響が見てとれる。

㋑ こうしたことばを「俗語」といい，ペトラルカが主著『痴愚神礼讃』のなかで主張した，古文運動への反発が見てとれる。

㋒ こうしたことばを「俗語」という。ダンテはラテン語で『俗語論』を著し，「俗語」のもつ力を称揚し，自らも「俗語」のひとつ，トスカナ語で『神曲』をつづり，今日のイタリア語に大きな影響を与えた。

㋓ こうしたことばを「雅語」という。モンテーニュは『ユートピア』を著し，その当時，社会問題化していたコミュニケーション不全について，改善の一策を世に問い，波紋を呼んだ。

問3　下線部③に関して，もっとも適切な記述を選び，その記号をマークしなさい。[3]

㋐　エリザベス1世の下，議会で活躍し，実験を重視して自然科学の祖となった。

㋑　中世最大のスコラ学者として知られ，その主著『神学大全』はアウグスティヌスとトマス＝アクィナスの長大な対話篇という形式をとりつつ，認識論哲学の基礎を築くこととなった。

㋒　12世紀ルネサンスの旗手であり，また中世最大の錬金術師として知られ，東ローマ帝国で編纂された『ヘルメス文書』をギリシア語からラテン語に翻訳して，西ヨーロッパで停滞していた自然科学の水準を飛躍的に高めた。

㋓　スコラ学がキリスト教信仰とアリストテレスの体系化した多神教時代の哲学の統合を目指すなか，この人物はイスラーム科学の影響を受けつつ，実験に基づく自然科学とも統合しようと企てた。

問4　下線部④に関して，おおよその位置を地図のなかから選び，その記号をマークしなさい。[4]

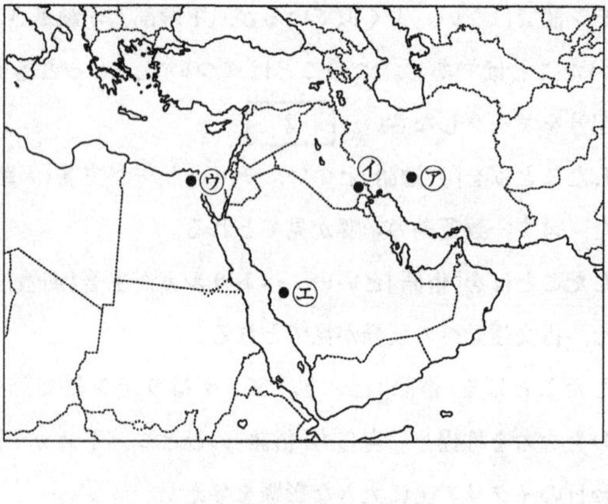

問5　空欄5に入る適切な語を選び，その記号をマークしなさい。[5]

㋐　ギリシア語

㋑　ペルシア語

㋒　バビロニア語

㋓　パルティア語

問6　下線部⑥に関して，もっとも適切な記述を選び，その記号をマークしなさい。[6]

㋐　サルゴン1世が創設したアッカド王国で用いられていた言語である。史上初めてメソポタミアの統一に成功した国家の言語であり，王国滅亡後も古代メソポタミアの共通語として広く用いられていた。

㋑　系統不詳のシュメール人が話していた言語。メソポタミア南部に最古の都市文明を築いたため，シュメール人の都市国家が滅亡した後も，古代メソポタミアの共通語として，パルティア王国の公用語にも採用された。

㋒　『ギルガメシュ叙事詩』が執筆された紀元後1世紀に至るまで，細々とではあるが，使用され続けた文語である。

㋓　セム系の言語としては，今日知られている限り，最古の言語であり，系統上，インド＝ヨーロッパ語族の英語とよく似た言語と言える。

問7　下線部⑦に関して，誤った記述を選び，その記号をマークしなさい。[7]

㋐　ナポレオンのエジプト遠征に際して発見された小さな白い大理石。コイネー，エジプト語民用文字(デモティック)，文語アラビア語の三つの言語で同じ内容の文章が刻まれていた。

㋑　ナポレオンのエジプト遠征に際して発見された暗色の花崗閃緑岩の石柱に，古代エジプト語神聖文字(ヒエログリフ)，民用文字(デモティック)，コイネーの三つの言語で同じ内容の文章が刻まれていた。

㋒　エジプト遠征隊が発見したロゼッタ＝ストーンの現物は大英博物館に収蔵されている。

㋓　シャンポリオンはロゼッタ＝ストーンに刻まれているヒエログリフの解読に成功した。

問8　空欄8に入る適切な語を選び，その記号をマークしなさい。[8]

　㋐　ウガリト文字

　㋑　フェニキア文字

　㋒　線文字A

　㋓　線文字B

問9　下線部⑨に関して，実例を写した写真を選び，その記号をマークしなさい。
　　　9

　㋐

著作権の都合上，類似の写真と差し替えています。
ユニフォトプレス提供

　㋑

㋒

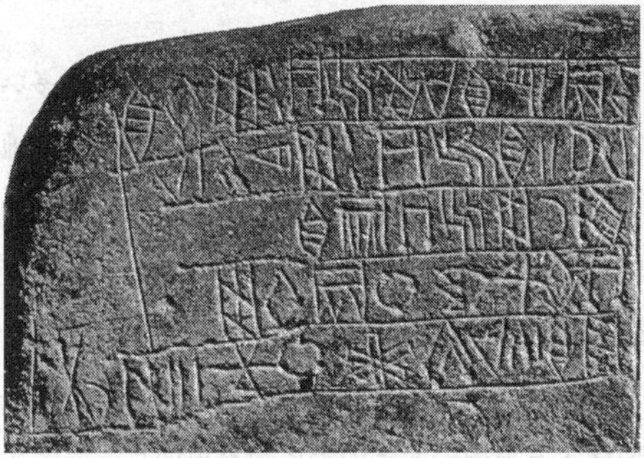

㋓

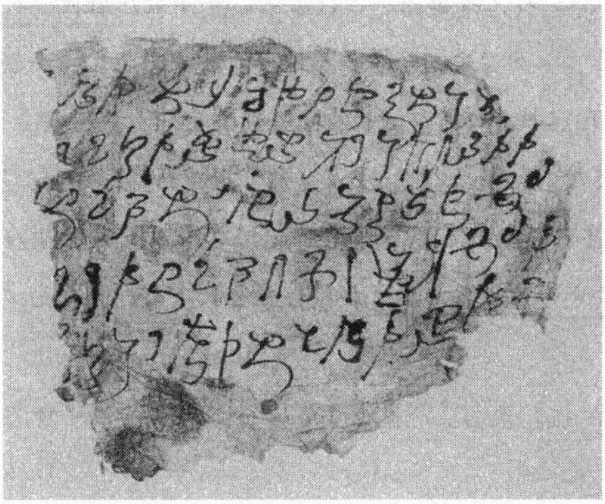

問10　下線部⑩に関して，誤った記述を選び，その記号をマークしなさい。
10

㋐　ダレイオス１世の時代にはまだ建設されていなかった。

㋑　エラム王国の中心であり，エラム王国を滅ぼしたアケメネス朝ペルシアもここに都を置いていた。

㋒　アレクサンドロス３世(大王)の支配下にあった都市である。

㋓　ダレイオス１世は領内に公道「王の道」を整備した。リディアのサルディスと首都のスサを結ぶルートは特に名高い。

Ⅱ　次の文章を読んで，設問に答えなさい。

古今東西，地理書や旅行記，また地誌をふんだんに盛り込んだ著述は数多い。古くは楔形文字で綴られたヒッタイト語①の粘土板文書群がある。多数の地名，地形，地誌に関する情報が刻み込まれた理由や用途はまだ解明されていない。土地柄，また文化的にその影響を受けたものか，ミレトス②のヘカタイオスは『大地巡行(ゲース＝ペリオドス)』を著し，彼を批判的に受け継いだヘロドトス③の『歴史』にもさまざまな地方の様子が描き込まれている。なかには「犬頭人」のような人外と思しきものに関する伝承も混じっており，関係する地域の人々の世界観を垣間見ることもできる。ストラボン④(紀元前64頃～後21頃)の『地理誌』やパウサニアス⑤(115頃～180頃)の『ギリシア案内記』などが綴られる素地がここにある。極東には戦国時代⑥に遡ると見られる『山海経』があり，山々の系列に沿って地誌，産物を記し，また妖怪についても載録する。『漢書』⑦の「地理誌」「匈奴伝」「西南夷両粤朝鮮伝」「西域伝」，北魏の酈道元による『水経注』，また(　8　)の口述した『大唐西域記』など，漢字文化圏では相次いで地理に関する著述が現れている。13世紀にユーラシア大陸の東西の往来が活発になると，西方からやってきた人々⑩が旅行記を著すようになる。

問1　下線部①に関して，もっとも適切な記述を選び，その記号をマークしなさい。 11

㋐　アナトリアに本拠地を置くヒッタイト帝国で用いられた言語である。

㋑　イオニア地方に本拠地を置くミタンニ王国で用いられた言語である。

㋒　アイオリス地方で用いられたこの方言で，サッフォーは詩歌を詠んだ。

㋓　バビロニア地方で用いられたセム系のこの言語で，ハンムラビ法典は起草され，刻まれた。

問2　下線部②に関して，誤った記述を選び，その記号をマークしなさい。 12

㋐　この町のタレスは万物の始原を水だと主張した。

㋑　ペルシア戦争の発端と関係のある町である。

㋒　今日の南イタリア，当時「マグナ＝グラエキア」と呼ばれる地域にギリシア

人が建設した植民市として名高い。

　㋑　ヒッタイト人が「ミッラワンダ」と呼び，ギリシア人の町になるはるか以前から栄えた，イオニア系の都市である。

問 3　下線部③に関して，もっとも適切な記述を選び，その記号をマークしなさい。　13

　㋐　物語的歴史の元祖として知られ，自らも将軍として出陣したペロポネソス戦争の推移を描いた。

　㋑　科学的歴史の元祖として知られ，ペルシア戦争の開戦から終戦までに絞った記述を行い，後に国民国家の歴史学を模索していたランケの手本となったことはよく知られている。

　㋒　アケメネス朝ペルシアによるギリシア遠征を多面的に描き出したこの著作は，アッカド語の『ギルガメシュ叙事詩』を翻案したものである。

　㋓　「歴史の父」と呼ばれている。その著作は『ヒストリアイ』であり，今日では『歴史』と訳されることが多いが，ヘロドトスの執筆した当時に「歴史」を意味する語がなく，むしろこの題名は『調査(報告)』とでも解するのが適当である。

問 4　下線部④に関して，もっとも適切な記述を選び，その記号をマークしなさい。　14

　㋐　彼の生きた時代は「内乱の一世紀」の後半にあたり，カエサルの暗殺やアウグストゥスの支配体制の確立を目撃する時代でもあった。

　㋑　彼の生きた時代は身分闘争がさかんで，聖山事件が勃発したことも重要である。

　㋒　彼の生きた時代に導入された支配体制を「四分統治」と呼んでいる。

　㋓　彼の在世中にはすでにアウグストゥスの身内を後継者に指名する慣習は廃止されていた。

問 5　下線部⑤に関して，もっとも適切な記述を選び，その記号をマークしなさい。　15

　㋐　軍人皇帝時代のローマ帝国は既成の秩序が激しく動揺していたため，その
　　さなかにあって祖国ギリシアの伝統の保持と称揚を目指した人物である。

　㋑　従来の価値観を批判し，人間の合理性を前面に押し出した，ソフィストと
　　呼ばれる人物の一人。しかし彼らソフィストの論法は時に強引であり，その
　　ために詭弁，屁理屈という非難を受けることもあった。

　㋒　「ローマの平和」や「五賢帝」というキーワードを連想する時代に生き，ギリ
　　シア語を用い，ギリシア語文化圏の読者に対してギリシアの名所旧跡，伝説
　　や異聞を綴っていった人物である。

　㋓　キリスト教の伝道が激しさを増す中，伝統的な多神教の世界を守るべく執
　　筆を始めた人物である。

問 6　下線部⑥に関して，もっとも適切な年紀を選び，その記号をマークしなさ
　　い。　16

　㋐　前 770～前 403

　㋑　前 403～前 221

　㋒　前 221～前 206

　㋓　前 202～後 220

問 7　下線部⑦に関して，もっとも適切な記述を選び，その記号をマークしなさ
　　い。　17

　㋐　著者の班固は西域都護として名高い班超の兄であり，武帝の時代にはじめ
　　て紀伝体で正史を執筆した人物である。

　㋑　著者の班固は西域都護として名高い班超の兄であり，ともに後漢の時代の
　　人物である。

　㋒　本書は編年体を軸に編纂され，先行する司馬遷の『史記』と差別化をしてい
　　ることがうかがわれる。

　㋓　本書は紀事本末体を軸に編纂され，後続する『史記』との差別化をしている
　　ことがうかがわれる。

問 8　空欄 8 に入る適切な語を選び，その記号をマークしなさい。　18

㋐ 鳩摩羅什

㋑ 玄　奘

㋒ 義　浄

㋓ 法　顕

問9　(　8　)に対して，時の皇帝は還俗し，出仕するよう勧めているが，断られている。しかし，皇帝は『大唐西域記』が完成した時に「仏教のことは難しく，なかなか理解が行かないが，このたびの『大唐西域記』は自ら手に取って読むべきものだと思います」という趣旨の勅を出している。以上のことに関して，もっとも適切な記述を選び，その記号をマークしなさい。[19]

㋐ 唐の太宗は東突厥を服属させ，吐谷渾の一部を属国としたとはいえ，吐蕃や西突厥の動向は注視をする必要もあり，最新の国際情勢を入手する上でも(　8　)の出仕を望んだのではないか。出仕が無理でも，その代わりとなる『大唐西域記』の著述は歓迎されたことであろう。

㋑ 周辺勢力を羈縻政策で統御していた唐の太宗は，王朝の権威を高めるために仏門にある(　8　)の還俗を命じて権力を誇示し，最新の世界情勢を出版して他国を睥睨しようとしたことは間違いない。

㋒ 唐の玄宗は安史の乱で疲弊した国内の不満をそらし，政権の立て直しを図るべく，突厥遠征を計画しているところであったから，(　8　)を幕僚として出征し，また合従連衡の実を上げるために，最新の国際情勢を入手しようと試みたようである。

㋓ 唐の則天武后は乱れた唐を再建するため，国際情勢の把握に努めているところであった。その結果，「貞観の治」と呼ばれる盛世が現出することとなった。

問10　下線部⑩に関して，誤った記述を選び，その記号をマークしなさい。

[20]

㋐ ローマ教皇に派遣されてザイトゥンに至ったイブン＝バットゥータの『旅行記』(『三大陸周遊記』)には，フビライの建設した大都の様子が詳しく描かれている。

　㋑　ローマ教皇の派遣したプラノ＝カルピニ，フランス王の派遣したルブルック，またオドリコやマルコ＝ポーロはそれぞれヨーロッパ世界から極東へ到達し，旅の様子や滞在地の風俗などを記録に残している。

　㋒　ここにいう「西方」とはヨーロッパ世界，あるいはキリスト教世界にとどまらない。イスラーム世界も含まれており，多くのイスラーム教徒の移住，定住も見られた。

　㋓　中国で最初のカトリックの大司教が任じられたのも，この時代のことである。

Ⅲ　ヨーロッパの本と作家をめぐる次の文章を読んで，設問に答えなさい。

　現在のドイツ領にある都市マインツで，15世紀中頃に（　1　）の関与によって，活版印刷術が改良された。これは，簡単に並べ替えられる活字で原版を作り，まとめて紙に刷るという方法で，本を作る効率が飛躍的に向上した。ヨーロッパでは，古代ギリシア・ローマ時代から出版業は存在したが，古代であれば奴隷，中世にはキリスト教の修道士や神学校・大学の関係者らの手で本は一冊ずつ書写されていたため，部数は限られていたのである。
　　　　　　　　　　　②

　この優れた活版印刷の登場は，歴史を大きく変えた。キリスト教プロテスタントの普及がその一例である。プロテスタントの創始者である（　3　）が，それまでのキリスト教の在り方を批判すると，彼の主張は本やビラの形で特にヨーロッパの北半分に広まっていく。プロテスタント諸侯は神聖ローマ帝国皇帝による弾圧に屈せず，1555年の（　4　）で，諸侯の領邦におけるプロテスタント選択の自由が認められた。

　活版印刷による出版は，15世紀中に西・中央ヨーロッパの広範囲に普及し，16世紀には企業化していく。なかでもネーデルラントのプランタン印刷所は，上述の
　　　　　　　　　　　　　　　　⑤
宗教対立の両陣営から依頼を受け，出版物を増やした。また，ドイツのフランクフルト＝アン＝マインとライプツィヒでは，各地の出版物が集まるブックフェアが定期的におこなわれた。両都市は現在でもこのイベントで有名である。17世紀にはドイツをはじめとしたヨーロッパで，新聞の発行も始まる。郵便制度の普及が，都

市を超えた読者層の確保を後押ししたともされる。

とはいえ，識字率が低く，著作権意識も希薄な時代には，印税で生活を営む専業作家は存在しえない。たとえば17世紀フランスでは，太陽王ルイ14世⑥の治下で文化活動が活発になり，後世に名を残す劇作家⑦も多数生まれたが，彼らは本の売り上げを主たる収入源としていたわけではない。王や貴族の庇護を受け，あるいは舞台演劇の入場料を頼りに暮らしていた。本の流通量が少ない時代には，小説よりも演劇の方が多くの客を満足させられたからである。

18世紀になると，識字率の向上にともなう読者の増加から，出版業はより活況を呈する。フランスでは知性や科学を重視する啓蒙思想を伝える手段として書籍が利用され，ディドロらが編集者となった『百科全書』は全28巻という途方もない規模ながら，発行からおよそ30年のうちに国内外で2万5000部売れたという。政治家としても有名なアメリカのベンジャミン＝フランクリン⑧は，新聞の印刷から仕事を始め，彼の作った『貧しいリチャードの暦』は，格言を豊富に収録し，「日めくりカレンダー」の原形としてよく売れた。

18世紀後半には娯楽小説の需要も高まり，小説家として生計を立てることを目指す人々も現れる。それでも，ドイツ最大の文豪ゲーテが実家の裕福さとヴァイマル公国からの俸給に頼って暮らしていたように，高名な作家でも本の売り上げに頼らず生活する方が一般的だった。

こうした事情が一変し，作家が稼げる仕事になるのが19世紀である。産業革命で購買力を得た庶民を対象に新聞・雑誌が普及し，連載をすれば大きな収入が得られた。作家のなかにはこうした雑誌の編集や，出版社の経営に携わった者もいる。イギリスの国民的作家ディケンズは，自分が編集長を務める雑誌に『オリヴァー＝トゥイスト』等の小説を発表し，社会の不正⑨を批判した。フランスを代表する作家バルザックは，出版者として失敗して借金を作り，その返済も目指して小説を執筆した。

19世紀後半には，医者を職業としながら，より多くの収入を目指して雑誌に小説を書いた著名作家もいる。推理小説のシャーロック＝ホームズシリーズ⑩で有名なコナン＝ドイルや，ロシアを代表する短編小説・劇作家のチェーホフがそうである。100年前には考えづらかった，稼ぐために小説家になるという選択肢が，ヨーロッパで現実のものとなっていた。

問 1　空欄 1 に入る適切な語を選び，その記号をマークしなさい。　21

　　㋐　マキャベリ　　　　　　　　　㋑　グーテンベルク

　　㋒　ゲノフェーファ　　　　　　　㋓　ファン＝アイク兄弟

問 2　下線部②に関連して，中世の大学の主要学部ではないものを選び，その記号をマークしなさい。　22

　　㋐　経済学部　　　㋑　神学部　　　㋒　法学部　　　㋓　医学部

問 3　空欄 3 に入る適切な語を選び，その記号をマークしなさい。　23

　　㋐　カルヴァン　　　　　　　　　㋑　ミュンツァー

　　㋒　ルター　　　　　　　　　　　㋓　エラスムス

問 4　空欄 4 に入る適切な語を選び，その記号をマークしなさい。　24

　　㋐　ナント王令　　　　　　　　　㋑　ウェストファリア条約

　　㋒　大シスマ　　　　　　　　　　㋓　アウクスブルクの和議

問 5　下線部⑤の地域は，16 世紀後半に，北部 7 州と南部 10 州に分かれる。このうち南部 10 州とほぼ同じ範囲を領土とする現在の国を選び，その記号をマークしなさい。　25

　　㋐　デンマーク　　　　　　　　　㋑　ベルギー

　　㋒　オランダ　　　　　　　　　　㋓　ルクセンブルク

問 6　下線部⑥は，コルベールを財務総監に任じた。このコルベールの政策として最も適切なものを選び，その記号をマークしなさい。　26

　　㋐　自由貿易主義　　　　　　　　㋑　重商主義

　　㋒　重農主義　　　　　　　　　　㋓　共産主義

問 7　下線部⑦に関して，17 世紀フランスの劇作家とその作品の説明として正しいものを選び，その記号をマークしなさい。　27

　　㋐　アリストファネスは，ソクラテスを揶揄する戯曲『蛙』を執筆した。

㋑　ラシーヌは，古代ギリシアの英雄伝説を題材にした戯曲『アンドロマック』を執筆し，フランス古典主義を代表する劇作家となった。

㋒　ロスタンは，17世紀の実在の剣士を題材にした戯曲『三銃士』を執筆した。

㋓　ユゴーは，罪を犯した者の改心を描いた戯曲『レ＝ミゼラブル』を執筆した。この作品は20世紀にミュージカル化された。

問 8　トマス＝ジェファソンが起草し，下線部⑧の人物らが補筆した，アメリカ合衆国建国期の文書を選び，その記号をマークしなさい。[28]

㋐　(アメリカ)独立宣言　　㋑　コモン＝センス

㋒　アメリカ連合規約　　㋓　アメリカ合衆国憲法

問 9　下線部⑨に関して，ディケンズと同じ1810年代の生まれで，こうした社会問題に着目した思想家を選び，その記号をマークしなさい。[29]

㋐　ルソー　　㋑　サン＝シモン

㋒　マルクス　　㋓　ウェッブ夫妻

問10　下線部⑩のシリーズに出てくる探偵ホームズの相棒ワトソンは，軍医としてある戦争を経験している。1878年から1880年まで続いた，イギリスとロシアの対立を原因とする戦争を選び，その記号をマークしなさい。[30]

㋐　ボーア戦争　　㋑　クリミア戦争

㋒　マラーター戦争　　㋓　第2次アフガン戦争

Ⅳ 次の文章を読んで，設問に答えなさい。

ローマ帝国が滅びてからも，イタリア半島とその中心地ローマはヨーロッパの旅人たちを惹きつけてきた。早くも中世には，アルプスの北側からローマを訪れる人々のために書かれた旅行案内書のような書物が出版されていたことが知られている。そうした案内書には聖人①の遺物の所在や奇跡の痕跡をたどるための情報が書かれ，人々はそれにしたがって諸都市を巡回したと考えられている。やがてルネサンス②文化が花開くと，イタリアに関する案内書には古代の建造物や遺跡，芸術や宮廷文化などの情報が多く含まれるようになった。そうした情報は活版印刷③による書物の普及ともあいまってイタリアへの関心を高め，高尚な文化にふれて勉学を積むためにイタリアを訪れるという習慣がヨーロッパ各地に広まっていった。

なかでもイタリア熱が高まったのは近世のイギリスであった。大きな影響をあたえた著作としては，テューダー朝④時代にウィリアム＝トマスが著した『イタリア史』，イギリス革命⑤の時代にリチャード＝ラッセルによって書かれた『イタリアへの旅』といった作品が知られている。ラッセルの著作のなかで「グランド＝ツアー」と呼ばれたイタリア旅行は，17世紀末から18世紀にかけて，良家の子弟が学業の仕上げとして長期の旅行を行う習慣として定着していった。イギリスの貴族やジェントリの子弟は家庭教師と召使いにともなわれてヨーロッパ各地を訪れ，その旅は数年間におよぶことも少なくなかった。家庭教師のなかには，ホッブズやアダム＝スミス⑥のように後世に名を残す学者も含まれていた。

グランド＝ツアーには典型的なルートがあり，ドーバー海峡に面したカレーからフランスに上陸し，パリをへて南下し，アルプス⑦を越えるかマルセイユから海路でイタリアに入り，ローマをめざすというのが一般的であった。そこから旅行者たちは南イタリア，ときにはシチリアまで南下して復路にふたたびローマに立ち寄り，帰路についた。ちなみに，オスマン帝国⑧支配下のギリシアにまで旅程がおよぶことはほとんどなかった。

こうした旅行を通じてイタリアの文化や美意識がイギリスに紹介され，イギリス風の庭園文化の発展などに影響を与えた。グランド＝ツアーはフランス革命⑨とナポレオン戦争の時代に下火になり，やがて鉄道⑩旅行が普及すると過去のものとなった。しかし，ヨーロッパ諸国におけるイタリアへの憧れは時代をくだっても根強く

受け継がれることになった。

問 1　下線部①に関して，初代ローマ教皇とされる聖人の名を選び，その記号をマークしなさい。[31]

㋐　パウロ　　㋑　ペテロ　　㋒　マルコ　　㋓　ユ　ダ

問 2　下線部②に関して，サン＝ピエトロ大聖堂の「ピエタ」，システィーナ礼拝堂天井画などを制作したことで知られる芸術家の名を選び，その記号をマークしなさい。[32]

㋐　レオナルド＝ダ＝ヴィンチ　　㋑　シェークスピア

㋒　ボッティチェリ　　㋓　ミケランジェロ

問 3　下線部③に関して，近世ヨーロッパで活版印刷の実用化に貢献した人物と関係の深い書物を選び，その記号をマークしなさい。[33]

㋐　『四十二行聖書』　　㋑　『フランス民法典』

㋒　『マグナ＝カルタ』　　㋓　『金印勅書』

問 4　下線部④に関して，カトリックに復帰して新教徒を弾圧したため「血まみれの」とあだ名をつけられたテューダー朝の女王の名を選び，その記号をマークしなさい。[34]

㋐　イサベル　　㋑　ヴィクトリア

㋒　エリザベス１世　　㋓　メアリ１世

問 5　下線部⑤に関して，イギリス革命の時代に護国卿として独裁政治を行った人物の名を選び，その記号をマークしなさい。[35]

㋐　ウォルポール　　㋑　クロムウェル

㋒　ジョンソン　　㋓　ロベスピエール

問 6　下線部⑥に関して，彼の著作の題名を選び，その記号をマークしなさい。

[36]

　　㋐　『共産党宣言』　　　　　　　㋑　『諸国民の富』

　　㋒　『人間不平等起源論』　　　　㋓　『ユートピア』

問 7　下線部⑦に関して，古代ローマ時代にアルプスを越えてイタリアに攻め入っ
　　　たカルタゴ軍の将軍の名を選び，その記号をマークしなさい。　37

　　㋐　アレクサンドロス　　　　　　㋑　カエサル

　　㋒　スキピオ　　　　　　　　　　㋓　ハンニバル

問 8　下線部⑧に関して，オスマン帝国がヨーロッパ諸国に与えた通商特権を何と
　　　呼ぶか。適切な語を選び，その記号をマークしなさい。　38

　　㋐　イェニチェリ　　　　　　　　㋑　カピチュレーション

　　㋒　クルアーン　　　　　　　　　㋓　ミニアチュール

問 9　下線部⑨に関して，フランス革命で処刑されたルイ 16 世の王妃の名を選
　　　び，その記号をマークしなさい。　39

　　㋐　マリー＝ローランサン　　　　㋑　マリ＝キュリー

　　㋒　マリ＝アントワネット　　　　㋓　マリア＝テレジア

問10　下線部⑩に関して，蒸気機関車の実用化に貢献したイギリスの鉄道技術者の
　　　名を選び，その記号をマークしなさい。　40

　　㋐　アインシュタイン　　　　　　㋑　エディソン

　　㋒　スティーヴンソン　　　　　　㋓　テスラ

地理

（60分）

I　次の図1を見て，世界の自然環境に関する以下の問い(問1～6)に答えなさい。解答はマークシート解答用紙に記入すること。

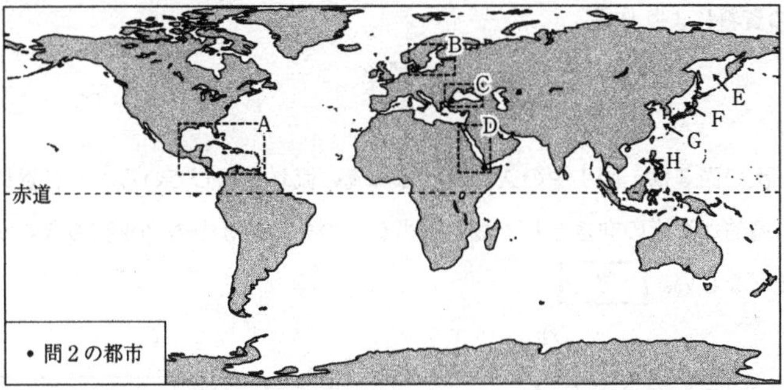

図1

問1　図1中のA～Dは，周囲を陸地に囲まれた海を示している。これらのうち，プレート境界の地溝帯に海水が侵入して形成されたものとして最も適当なものを，次の㋐～㋓のうちから一つ選びなさい。[1]

㋐　A　　㋑　B　　㋒　C　　㋓　D

問2　次の図2は，図1中のA～Dが他の海域と接続する付近に位置する都市(マイアミ，コペンハーゲン，イスタンブール，ジブチ)における月別降水量を示している。**イスタンブール**に該当するものを，次の㋐～㋓のうちから一つ選びなさい。[2]

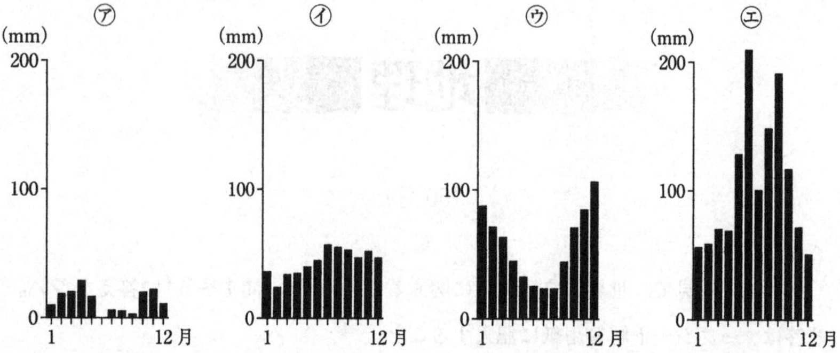

WMOの資料により作成。

図2

問 3　次の図3は，図1中のAにおける海流の流れを示している。A付近における典型的な海流の向きとして最も適当なものを，図3中の㋐〜㋓のうちから一つ選びなさい。[3]

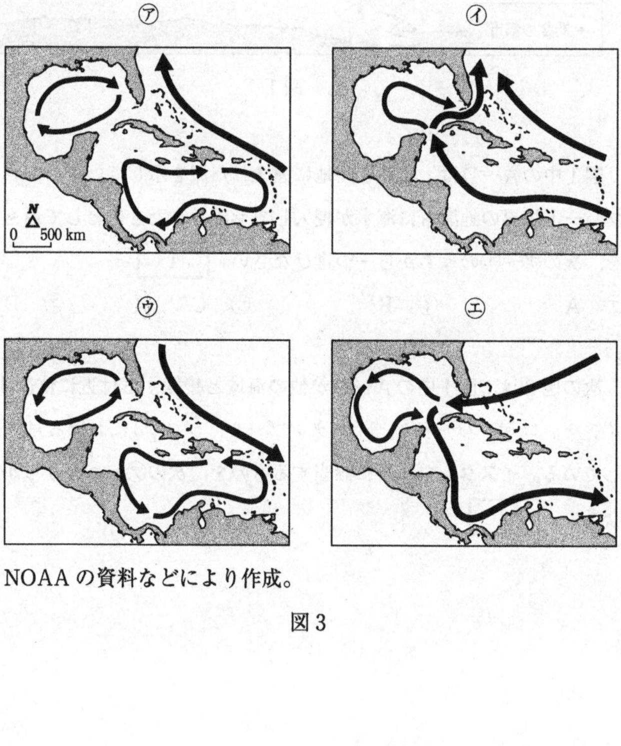

NOAAの資料などにより作成。

図3

問 4　図1中のB付近の自然環境の説明として**適当でないもの**を，次の㋐～㋓のうちから一つ選びなさい。[4]

㋐　海域周囲の陸地には，楯状地や卓状地が広がる。

㋑　海域周囲には火山が多く，有名な温泉地が多数存在する。

㋒　氷河期には，北西ヨーロッパを広く覆ったスカンジナビア氷床に覆われた。

㋓　スカンジナビア氷床が後退して氷床の重みがなくなって以降，この付近の地面はゆっくりと上昇している。

問 5　次の図4は，図1中のCの海域からエーゲ海を結ぶ地域の拡大図である。ここには特徴的な地形X～Zが並ぶ。地形X～Zの組み合わせとして最も適当なものを，後の㋐～㋓のうちから一つ選びなさい。[5]

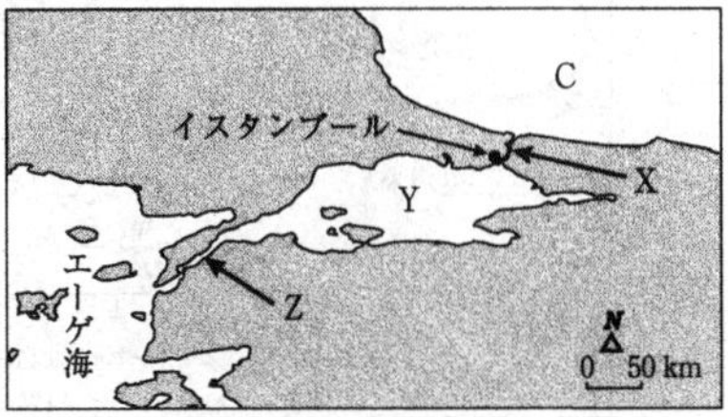

図4

	㋐	㋑	㋒	㋓
X	ダーダネルス海峡	ダーダネルス海峡	ボスポラス海峡	ボスポラス海峡
Y	アドリア海	マルマラ海	アドリア海	マルマラ海
Z	ボスポラス海峡	ボスポラス海峡	ダーダネルス海峡	ダーダネルス海峡

問 6　図1中のE～Hは，ユーラシア大陸の東縁に位置し，弧状列島などの島嶼部に囲まれた西太平洋の縁海である。これらのうち，**海底の大部分が大陸棚によって構成され平均深度が最も浅い縁海**として最も適当なものを，次の㋐～㋓のうちから一つ選びなさい。[6]

㋐　E　　㋑　F　　㋒　G　　㋓　H

Ⅱ　次の図1を見て，岩手県とその諸地域に関する以下の問い(問1〜6)に答えなさ
　い。解答はマークシート解答用紙に記入すること。

問1　図1中の凡例Aが示すものとして最も適当なものを，後の㋐〜㋓から一つ選
　　びなさい。　7

国土交通省国土数値情報などにより作成。

図1

　㋐　火　山　　　　　　　　　　㋑　鍾乳洞

　㋒　鉄　山　　　　　　　　　　㋓　地熱発電所施設

問2　岩手県の人口動態を調べるために，令和2(2020)年国勢調査結果のデータを
　　用いて，市町村別の転入・転出超過率*，第一次産業従業者率，外国人人口
　　率，老年人口率**を示す図2を作成した。このうち，**転入・転出超過率**に該
　　当するものを，図2中の㋐〜㋓から一つ選びなさい。　8

*　転入・転出超過率：5年前は当該市町村以外に常住していたが現在は当該市町
　村に常住している者(転入者)の数から，5年前は当該市町村に常住していたが
　現在は当該市町村以外に常住している者(転出者)の数を差し引いた数(転入・転

出超過数)が，常住者(現在の市町村の人口)に占める割合。転入者が多ければプラス，転出者が多ければマイナスの値をとる。

**老年人口率：総人口に占める65歳以上人口の割合。

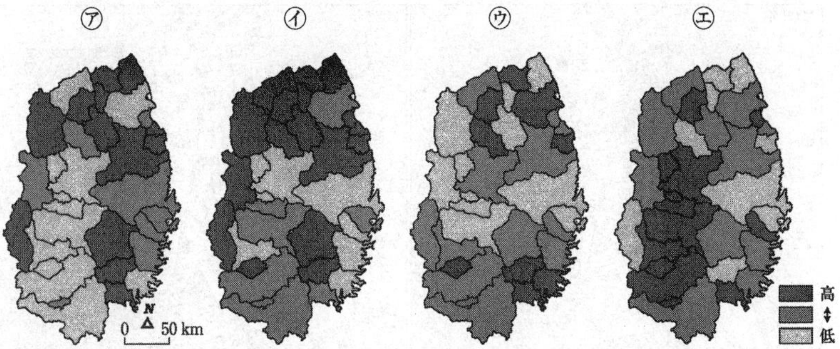

それぞれの図に示した割合は相対的であり，高率は濃く，低率は薄く示している。

国勢調査により作成。

図2

問3　次の表1は，図1中の久慈における月別の気温と降水量の平年値を示している。表1の情報から求めた場合，久慈はケッペンの気候区分でどの気候区に属すると判断できるか。最も適当なものを，後の㋐～㋓から一つ選びなさい。なお，教科書等に登場する気候区と一致するとは限らないため，表1の情報から判断すること。[9]

表1

久慈	1月	2月	3月	4月	5月	6月	7月	8月	9月	10月	11月	12月
降水量(mm)	50.9	49.7	68.9	70.9	89.6	121.4	161.9	177.9	183.7	135.1	54.9	53.9
平均気温(℃)	-0.5	-0.2	3.0	8.1	12.8	16.1	20.1	21.9	18.8	12.8	6.8	1.7

気象庁の資料により作成。

㋐　Cfa　　㋑　Cfb　　㋒　Cw　　㋓　Df

問4　次の図3は，国土地理院が2006年に発行した2万5000分の1地形図「田老」の一部(原寸，一部調整)であり，図1中のXの範囲に該当する。さらに次の図4は，国土地理院発行の電子地形図25000(2022年8月作成，原寸で縮尺2万

5000分の1，一部改変)で，図3と同じ範囲を示している。両図を比較して，田老地区における東日本大震災の前後の土地利用の変化の説明として**適当でないもの**を，後の㋐～㋓から一つ選びなさい。 10

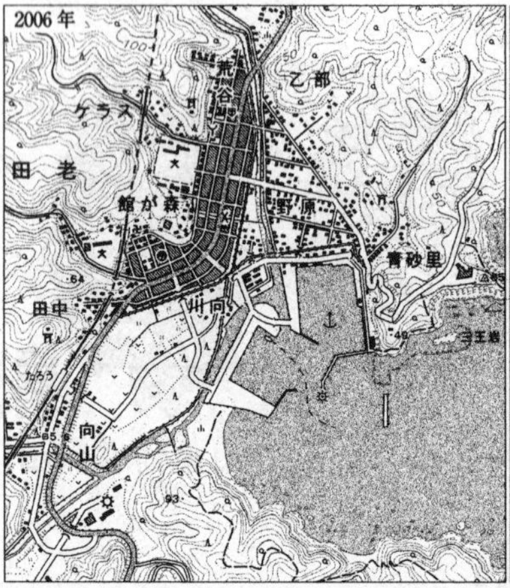

図3

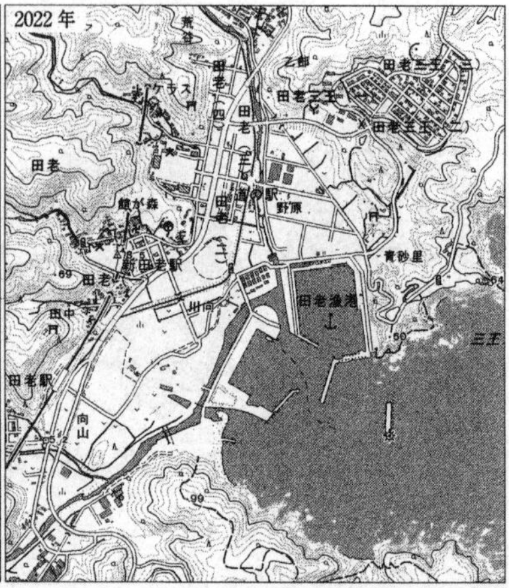

図4

(編集の都合上，70%に縮小)

㋐ 震災前に幹線道路沿いに展開していた市街地は，震災後に同じ位置に同じ規模で再建されなかった。

㋑ 震災前に市街地を囲うように設置されていた防潮堤は，震災後に完全に撤去された。

㋒ 震災後，田老漁港北側の標高50～60m付近の高台に新しい住宅地が造成され，2006年時点で幹線道路沿いの市街地に立地していた交番や消防署も，震災後は同住宅地付近に移設されている。

㋓ 震災後，「新田老駅」が増設され，その付近に電子基準点も設置された。

問5 次の図5は，国土地理院が2002年に発行した2万5000分の1地形図「魹ケ崎」の一部(原寸，一部調整)であり，図1中のYの範囲に該当する。図5中にみられる3つの集落(姉吉，千鶏，石浜)のうち，姉吉では，集落東の海岸に納屋がみられるが，住宅のほとんどが標高50メートルを超える内陸に立地したため，東日本大震災の津波の被害を他の集落と比較して最小限にとどめること

ができた。震災前の2002年に，姉吉の集落の中心が標高50mより高い内陸に立地していた理由として最も適当なものを，後の㋐〜㋓から一つ選びなさい。 11

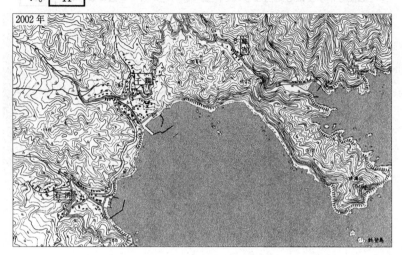

図5

㋐　千鶏と石浜の住民の生業の中心は漁業であったが，姉吉の住民は主に農業や林業で生計を立てていたため，集落の中心が内陸に立地していた。

㋑　姉吉の集落は，もともとは海岸から続く道路沿いに「街村」のような形態で立地していたが，過去の地震によるがけ崩れにより，海岸の納屋集落と内陸の集落本体が分断された。

㋒　姉吉の海岸部は，平地が狭く集落が発展しにくかったため，海岸から続く道路沿いの標高50メートル以上の内陸に集落の本体が形成された。

㋓　姉吉では，1896年と1933年に発生した大津波で多くの犠牲者を出したため，それを教訓として東日本大震災のはるか以前に集落の中心を高台に移転した。

問6　次の図6は，国土地理院発行の電子地形図25000（2022年8月作成，原寸で縮尺2万5000分の1，一部改変）で，図5と同じ範囲を示している。図

6中の姉吉，千鶏の付近に，図5には見られなかった地図記号 🪦 が登場している。さらに，図4の田老地区にも同じ地図記号が複数登場している。この地図記号が示す最も適当なものを，後の㋐～㋓から一つ選びなさい。 [12]

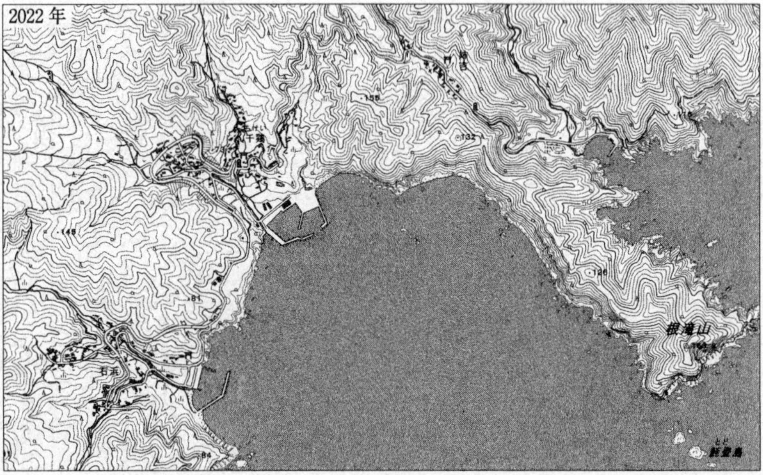

図6

（編集の都合上，70%に縮小）

㋐　災害時避難所　　㋑　自然災害伝承碑

㋒　潮位観測施設　　㋓　防災放送施設

Ⅲ　次の文章を読み，観光に関する以下の問い(問1～10)に答えなさい。解答はマークシート解答用紙に記入すること。

世界の観光は，国際化や多様化が進む中で，地域差が生じている。$_{(1)}$所得水準の向上，交通や情報通信技術の発達$_{(2)}$により，国際観光客数は増加している。

日本では，2003年1月に小泉総理大臣(当時)が施政方針演説で，政府を挙げて観光の振興に取り組み，当時年間約500万人に留まっていた訪日外国人旅行者数を2010年に倍増させるとの目標を示した。これを受けて，国，地方公共団体，および民間が共同して取り組む訪日促進キャンペーンとして，「[a]・キャンペーン」が展開された。日本政府は，2008年10月に観光庁を設立し，ビザ発給条件の緩和，観光情報の提供と宣伝活動，外国人旅行者の受け入れ環境の整備などを進めた。地方公共団体は，歴史的な街並みや伝統的景観の保存$_{(3)}$，観光施設の整備などの観光振興に取り組んできた。

日本政府観光局(JNTO)によると，こうした観光施策の結果，訪日外国人旅行者数は増加し，その後リーマン・ショックによる世界的不況や東日本大震災などの影響もあって一時的に伸び悩みをみせたが，円安進行の影響もあり，2013年には1000万人の大台を超えた。

観光業が成長戦略の柱・地方創生への切り札となることに対する期待も大きく，日本政府は豊かな自然や文化を世界遺産$_{(4)}$として登録することで国際的にその価値をアピールすることにも取り組んでいる。2019年に3188万人の訪日外国人旅行者数を記録した$_{(5)}$後，新型コロナウィルス感染症(COVID-19)の世界的な流行によって，観光業は厳しい状況に置かれている。感染症流行の終息後に観光業が一層の発展を遂げるためには，次世代につながる持続可能な観光業$_{(6)}$の在り方を模索することが課題となる。さらに，訪日外国人旅行者がより快適に滞在できるような$_{(7)}$環境を構築することで満足度を高めてリピーターを増やすことも重要とされる。

問1　下線部(1)について，次の表1は，2019年のアメリカ合衆国，イタリア，フランス，メキシコの国際観光収入，国際観光支出を示している。表1中の空欄[B]～[E]に入る国名の組み合わせとして最も適当なものを，後の㋐～㋓のうちから一つ選びなさい。[13]

表1

国　名	国際観光収入(億ドル)	国際観光支出(億ドル)
B	2,335	1,824
C	710	607
D	519	379
E	258	123

『世界国勢図会 2021/22』により作成。

	㋐	㋑	㋒	㋓
B	アメリカ合衆国	フランス	アメリカ合衆国	フランス
C	イタリア	アメリカ合衆国	フランス	アメリカ合衆国
D	フランス	イタリア	イタリア	メキシコ
E	メキシコ	メキシコ	メキシコ	イタリア

問 2　下線部(2)について，高度情報化社会の中では，情報産業や知識産業といった
　　新たな第 3 次産業も生まれている。次の表 2 は，アジアの 4 か国の 2018 年の
　　産業別人口構成(%)を示している。表 2 中の　　F　　に入る国名として，最
　　も適当なものを，後の㋐～㋓のうちから一つ選びなさい。　14

表2

国　名	第 1 次産業	第 2 次産業	第 3 次産業
日　本	3.5 %	24.4 %	72.1 %
韓　国	5.0 %	25.2 %	69.8 %
F	24.3 %	19.1 %	56.6 %
タ　イ	32.1 %	22.8 %	45.1 %

『データブック オブ・ザ・ワールド 2022 年版』により作成。

㋐　インド　　　　　　　　㋑　シンガポール

㋒　バングラデシュ　　　　㋓　フィリピン

問 3　本文中の空欄　　a　　に入る最も適当な語句を，次の㋐〜㋓のうちから一
　　　つ選びなさい。　15

　　　㋐　ウェルカム・ジャパン　　　　　㋑　トラベル・ジャパン
　　　㋒　ディスカバー・ジャパン　　　　㋓　ビジット・ジャパン

問 4　下線部(3)について，江戸時代の宿場の姿を色濃く残している街並みが残る長
　　　野県の妻籠宿は，歴史的な街並みとして外国人観光客に人気であるが，そこを
　　　通っていた街道として最も適当なものを，次の㋐〜㋓のうちから一つ選びなさ
　　　い。　16
　　　㋐　甲州街道　　　㋑　東海道　　　㋒　中山道　　　㋓　日光街道

問 5　下線部(4)について，世界遺産として登録されている文化遺産として，**適当で
　　　ないもの**を，次の㋐〜㋕のうちから一つ選びなさい。　17
　　　㋐　厳島神社　　　　　　　　　　　㋑　石見銀山遺跡とその文化的景観
　　　㋒　鎌倉の社寺　　　　　　　　　　㋓　古都京都の文化財
　　　㋔　白川郷・五箇山の合掌造り集落　㋕　法隆寺地域の仏教建造物

問 6　下線部(4)について，沖縄県に関連する世界遺産としては「琉球王国のグスク
　　　及び関連遺産群」と「奄美大島，徳之島，沖縄島北部及び西表島」が登録されて
　　　おり，そこには多くの外国人観光客が訪れる。沖縄県の県庁所在地那覇市か
　　　ら，シャンハイ(上海)，ソウル，タイペイ(台北)，東京の4都市までの距離を
　　　近い順に並べたものを，次の㋐〜㋓のうちから一つ選びなさい。　18

	㋐	㋑	㋒	㋓
近い	タイペイ	シャンハイ	タイペイ	シャンハイ
↑	シャンハイ	タイペイ	シャンハイ	タイペイ
↓	ソウル	ソウル	東　京	東　京
遠い	東　京	東　京	ソウル	ソウル

問 7　下線部(5)について，次の表3は，2019年の国・地域別訪日外国人旅行者数
　　　を示したものである。表3中の　　G　　と　　H　　の国・地域名の組み合

わせとして最も適当なものを，後の㋐～㋕のうちから一つ選びなさい。

[19]

表3

順位	国・地域名	人数(人)
1位	中　国	9,594,394
2位	[G]	5,584,597
3位	[H]	4,890,602

日本政府観光局(JNTO)HPにより作成。

㋐　G　韓国，H　ホンコン(香港)

㋑　G　韓国，H　台湾

㋒　G　ホンコン(香港)，H　韓国

㋓　G　ホンコン(香港)，H　台湾

㋔　G　台湾，H　韓国

㋕　G　台湾，H　ホンコン(香港)

問 8　下線部(5)について，次の図1は，2019年の外国人の港別入国者数でみた場合の上位7位とそれ以外を「その他」と示したものである。**関西国際空港**に該当するものを，図1中に示した㋐～㋓のうちから一つ選びなさい。 [20]

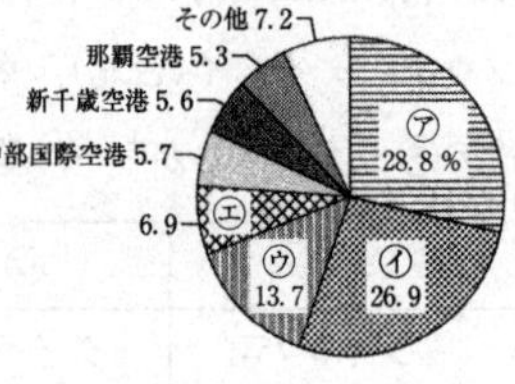
その他 7.2
那覇空港 5.3
新千歳空港 5.6
中部国際空港 5.7
㋐
28.8 %
㋑
26.9
㋒
13.7
㋓
6.9

四捨五入の関係で内訳の合計は100.0％にはならない。

出入国管理統計より作成。

図1

問 9　下線部(6)について，世界自然遺産である小笠原諸島で実践されている，持続可能性を重視して自然保全を目的とした観光の形態を表す語句として最も適当

なものを，次の㋐～㋓のうちから一つ選びなさい。 [21]

㋐ アグリツーリズム　　㋑ エコツーリズム

㋒ オーバーツーリズム　　㋓ グリーンツーリズム

問10　下線部(7)について，宗教上行って良いことや食べることが許されていることなど，異文化への配慮や対応をすることも重要とされる。東南アジアなどからのムスリムの観光客や留学生に配慮すべきこととして**適当でないもの**を，次の㋐～㋓のうちから一つ選びなさい。 [22]

㋐ ムスリムは飲酒を禁じられているため，原材料にアルコールを含んでいる食品は，アルコール分が残っているかどうかも含めて表示することが重要である。

㋑ ムスリムは毎日決められた時間に礼拝をするため，空港や駅などの公共の場所に礼拝所を設けると便利である。

㋒ ムスリムはイスラームの教えによって牛を食べることが禁じられているので，牛肉を使った料理を提供しないように注意する必要がある。

㋓ ムスリムには，礼拝の方向や時間，ハラール対応のレストランなどの必要な情報をインターネットで入手することができることから，フリーWi-Fiの提供が歓迎される。

Ⅳ　次の文章を読み，オセアニア（大洋州）とそれに関連する国々の地誌に関する以下の問い（問1〜10）に答えなさい。解答はマークシート解答用紙に記入すること。

　　日本から南方にみて，赤道を挟んで広がるオセアニアは，オーストラリア大陸やニュージーランド，太平洋の島々からなり，六大州の中では面積・人口ともに最小である。オセアニアは，その英語表記 "Oceania" からも分かるように，別名「大洋州」とも呼ばれる。オーストラリア大陸はその主要な大陸であり，形成年代も古い。その南東海上には，環太平洋造山帯に含まれ，山々の起伏に富み火山や地震の活動も活発なニュージーランドが位置する。また，オーストラリア大陸の北東沖，南回帰線から北回帰線に挟まれた太平洋の海域には多くの島々が存在し，ミクロネシア，メラネシア，ポリネシアに分けられる。

　　オーストラリアやニュージーランドは，天然資源にも恵まれるほか，産業としては，それぞれの土地，地形，気候を生かして農牧業が盛んである。オーストラリア大陸では，内陸部の一部や沿岸部では羊や牛の粗放的放牧が行われ，南西部や南東部の沿岸地域では牧羊が集約的に行われている。さらに，大陸の東部から南部，南西部にかけては，小麦や大麦などの穀物や野菜・果物の栽培と，牧羊とを組み合わせた混合農業が営まれている。ニュージーランドでは，一部の地域では穀物やかぼちゃの生産が多いものの，作物を栽培する農業はオーストラリアほどには盛んではなく，放牧や酪農など畜産業が盛んである。

　　オーストラリアやニュージーランドには，もともとは先住民族が居住していたが，18世紀末から19世紀にかけてイギリスによる入植・開発が進み，英語やイギリス文化が流入した。20世紀後半になると，さらにアジア系移民もオーストラリアに移住するようになってきている。近年は，このような人の移動に加えて，経済的な結びつきも域外の諸地域・諸国と深めつつある。例えば，オーストラリアにとっては，1965年では最大の輸出相手国は　 a 　，次いで地理的に結びつきも深い　 b 　であり，この頃は　 c 　との貿易関係はヨーロッパ以下であった。しかし，近年でみると，例えば2016年には，　 a 　との貿易は減少し，オーストラリアにとっての最大の輸出相手国は　 b 　を追い越して　 c 　になっている。

　　オセアニア諸国域内外の地域協力関係の象徴は，オーストラリアによる働きかけ

によって 1989 年に結成されたことで有名なアジア太平洋経済協力会議（APEC，エイペック）である。これにより自由貿易や経済協力，安全保障を目指す地域協力が推進されるようになった。その後も，オセアニアと域外との地域協力は緊密化・超域化しつつある。特に，近年の変化として，オセアニアの主要国であるオーストラ リアは，「QUAD」（クアッド）と通称される 4 か国首脳会議に参加しており，4 か ⁽⁹⁾
国の首脳は 2021 年 9 月にホワイトハウスで初の対面式の首脳会議を開催した。このような動きも，これらの国々を取り巻く域内外の政治・経済・安全保障上の地域協力関係を示す一例となっている。

問 1　下線部(1)について，面積は日本のおよそ 20 倍ほどであるが，その人口は日本の 5 分の 1 ほどしかいないオーストラリア大陸の人口密度に最も近い値を，次の㋐～㋓のうちから一つ選びなさい。　23

　㋐　3 人/km²　　㋑　5 人/km²　　㋒　7 人/km²　　㋓　9 人/km²

問 2　下線部(2)について，オーストラリアとニュージーランドの地形や気候に関する説明として**適当でないもの**を，次の㋐～㋓のうちから一つ選びなさい。24

　㋐　オーストラリア大陸の西部は安定陸塊であり，東部の山脈は古期造山帯に属している。

　㋑　オーストラリア大陸の気候は乾燥帯が多くを占め，温帯も分布するが，熱帯は北部に一部分布している。

　㋒　ニュージーランドでは，気候や風土を活かして羊・肉牛の放牧や酪農が見られるのは，おもに北島である。

　㋓　ニュージーランドの南島において，島を南北に縦断する山脈の西部では乾燥気候となり，樹木ではなく草原が広がるが，山脈の東部では偏西風による降雨の影響で森林が広がる。

問 3　下線部(3)について，太平洋の島嶼部に関して説明した文章として最も適当なものを，次の㋐～㋓のうちから一つ選びなさい。25

　㋐　海鳥の糞が形成したリン鉱石の採掘・輸出が，現在のナウルの経済発展を

牽引している。

㋑　マーシャル諸島のビキニ環礁では，1934年に核実験による第五福竜丸事件が起きた。

㋒　ニューカレドニア島では，ニッケル鉱が多く産出する。

㋓　ニューギニア島は安定陸塊であり，銅鉱・金鉱・石油など鉱物資源に恵まれている。

問 4　下線部(4)について，ミクロネシア，メラネシアおよびポリネシアにそれぞれ分類される国名の組み合わせとして**適当でないもの**を，次の㋐～㋓のうちから一つ選びなさい。ただし，域外ポリネシアの地域概念は適用しないものとする。[26]

㋐　ミクロネシア－パラオ

㋑　メラネシア－パプアニューギニア

㋒　ポリネシア－ニュージーランド

㋓　ポリネシア－サモア

問 5　下線部(5)について，オーストラリア北部に位置するアーネムランド半島のゴヴやオーストラリア北東部に位置するケープヨーク半島のウェイパにある鉱山で産出される資源として最も適当なものを，次の㋐～㋓のうちから一つ選びなさい。[27]

㋐　ボーキサイト　　　㋑　鉄鉱石

㋒　銅　鉱　　　㋓　バーミキュライト

問 6　下線部(6)について，オーストラリアの産業構造に関して説明した文章として最も適当なものを，次の㋐～㋓のうちから一つ選びなさい。[28]

㋐　国民経済は先進国に分類されるが，一次産品を輸出し，工業製品を輸入するという開発途上国型の貿易形態を持つ。

㋑　工業化をさらに推進するためには，地理的に近く，人口増による消費需要が大きいオセアニア内近隣諸国の購買力を活用する必要がある。

㋒　広大な土地に豊富な地下資源・天然資源が存在し，大消費地である都市が

多数立地するため，高い効率性をもった工業体制が早期から樹立されてき
た。

㊁　オーストラリア国内の豊富な人口が消費の起爆剤となり，近年ではサービ
ス産業や IT などの成長を急速に進めている。

問 7　下線部(7)について，日本にとって，かぼちゃの輸入先としてニュージーラン
ドが有名であるが，太平洋島嶼国の中に 2000 年頃にかぼちゃの主要輸入先
だった国がある。それに該当する国として最も適当なものを，次の図 1 の㋐〜
㊁のうちから一つ選びなさい。　29

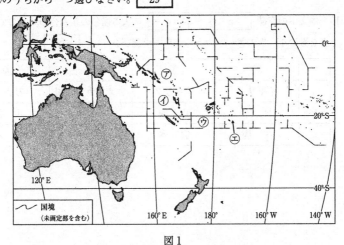

図 1

問 8　下線部(8)について，オーストラリアの移民に関して説明した文章として最も
適当なものを，次の㋐〜㊁のうちから一つ選びなさい。　30

㋐　ベトナム戦争やカンボジア内戦でうまれた難民の受入には消極的であっ
た。

㋑　1980 年代後半から香港からオーストラリアへの移民は増えたが，1997 年
の中国返還後，さらにその数は飛躍的に増加した。

㋒　白豪主義は，20 世紀初頭から今日に至るまで，法律的にも制度的にも，
アジア人への差別や排斥運動の温床となっており，解決すべき課題となって
いる。

㊤　第二次世界大戦後，オーストラリアに向かうアジア系移民数は，ヨーロッパ系移民数に比して相対的に割合が増加しつつある。

問 9　下線部(9)について，QUAD に参加する 4 か国とは，オーストラリア，日本，アメリカ合衆国とあとどの国か。正しいものを，次の㋐～㋔のうちから一つ選びなさい。　31

㋐　中　国　　　　　　　　　　　　㋑　ニュージーランド

㋒　韓　国　　　　　　　　　　　　㋓　インド

問10　本文中の空欄　a　～　c　に入る国名の組み合わせとして最も適当なものを，次の㋐～㋓のうちから一つ選びなさい。　32

	㋐	㋑	㋒	㋓
a	イギリス	イギリス	アメリカ合衆国	アメリカ合衆国
b	日　本	中　国	日　本	中　国
c	中　国	日　本	中　国	日　本

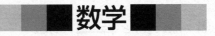

数学

(60 分)

次の問題 I から VI の解答を解答用紙にマークしなさい。

解答上の注意

・分数形で解答する場合，それ以上約分できない形で答えなさい。例えば，$\dfrac{2}{3}$ と答えるところを，$\dfrac{4}{6}$ と答えてはいけません。

・根号を含む形で解答する場合，根号の中に表れる自然数が最小となる形で答えなさい。例えば，$4\sqrt{2}$ とするところを，$2\sqrt{8}$ のように答えてはいけません。

I　$x = \dfrac{2}{\sqrt{5}-1}$，$y = \dfrac{\sqrt{5}-1}{2}$ のとき，次式の $\boxed{\text{ア}} \sim \boxed{\text{エ}}$ に当てはまる値を求めよ。

(1)　$x + y = \sqrt{\boxed{\text{ア}}}$

(2)　$xy = \boxed{\text{イ}}$

(3)　$x^3 + y^3 = \boxed{\text{ウ}}\ \sqrt{\boxed{\text{エ}}}$

II 次の $\boxed{\text{ア}}$ ～ $\boxed{\text{カ}}$ に当てはまる値を求めよ。

(1) 循環小数 $3.\dot{5}\dot{4}$ を分数で表すと $\dfrac{\boxed{\text{アイ}}}{\boxed{\text{ウエ}}}$ である。

(2) ある映画配信サービスでは，映画1作品あたりの視聴料は300円である。1000円の入会金を払って会員になると，その後1年間1作品あたり5％引きで視聴できる。1年間に $\boxed{\text{オカ}}$ 作品以上視聴する場合は会員になった方が得になる。

III 次の $\boxed{\text{ア}}$ ～ $\boxed{\text{ク}}$ に当てはまる値を求めよ。

$2x^2 + x + a = 0$ の解の1つが $x = a$ のとき，定数 $a = \boxed{\text{ア}}$, $\boxed{\text{イウ}}$ となる。$x = a$ 以外の解は，$a = \boxed{\text{ア}}$ のとき $x = \dfrac{\boxed{\text{エオ}}}{\boxed{\text{カ}}}$, $a = \boxed{\text{イウ}}$ のとき $x = \dfrac{\boxed{\text{キ}}}{\boxed{\text{ク}}}$ となる。

ただし，$\boxed{\text{ア}} > \boxed{\text{イウ}}$ である。

IV　図のようにハーフミラー(半透明鏡)とミラー(鏡)を上下に配置する。側面からの
　　入射光 A は底面のミラーで 100 % 反射され，その反射光は上面のハーフミラーに
　　入射する。ハーフミラーでは，入射光強度の 15 % が透過し，4 % が吸収され，
　　81 % が反射される。このような，入射光の反射，透過，吸収が繰り返されると
　　き，　ア　～　ク　に当てはまる値を求めよ。

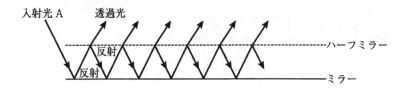

⑴　入射光 A の強度を 1 とするとき，上面のハーフミラーで最初に反射された
　　光の強度は 0. アイ になる。

⑵　入射光 A が底面のミラー，上面のハーフミラー，底面のミラーで反射し
　　て，再び上面のハーフミラーに入射する場合，ハーフミラーを透過する光の強
　　度は 0. ウエオカ になる。

⑶　ハーフミラーの透過光強度が入射光 A の 1/10000 未満まで減衰するのは，
　　 キク 回目のハーフミラー透過時である。ここで，$\log_{10}2 = 0.3010$，
　　$\log_{10}3 = 0.4771$ とする。

V　半径 3 の 2 つの円があり，互いに他の円の中心 O_1，O_2 を通るように交わっている。
次の　ア　〜　キ　に当てはまる値を求めよ。

　　2 つの円の交点をそれぞれ A，B とするとき，$\angle AO_1B = \dfrac{\boxed{\text{ア}}}{\boxed{\text{イ}}}\pi$ となる。

　　また，2 つの円が重なる部分の周の長さは　$\boxed{\text{ウ}}\,\pi$，

　　面積は　$\boxed{\text{エ}}\,\pi - \dfrac{\boxed{\text{オ}}\sqrt{\boxed{\text{カ}}}}{\boxed{\text{キ}}}$　となる。

VI　次の　ア　〜　コ　に当てはまる値を求めよ。

　　座標平面上において，$y = f(x) = \dfrac{\boxed{\text{アイ}}}{\boxed{\text{ウ}}}x^2 + \boxed{\text{エ}}\,x + \boxed{\text{オ}}$ のグラフ

は原点を通り，また，$x = 3$ のとき y は最大値 3 をとる。
　　関数 $g(x) = |-x^2 + 2x|$ とする。
　　このとき，$f(x) > g(x)$ を満たす x の範囲は　$\boxed{\text{カ}} < x < \boxed{\text{キ}}$　である。
　　座標平面上において，曲線 $y = f(x)$ と曲線 $y = g(x)$ で囲まれる領域の面積は

　　$\dfrac{\boxed{\text{クケ}}}{\boxed{\text{コ}}}$　である。

化学

(60分)

以下の設問について，最も適切な答えを㋐～㋔のなかから一つ選び，マークシートの解答用紙にマークせよ。必要な場合，原子量として，H = 1.0，C = 12，O = 16，N = 14，F = 19，Na = 23，Mg = 24，Al = 27，S = 32，Cl = 35.5，Ca = 40，Mn = 55，Fe = 56，Cu = 64，アボガドロ定数 = 6.0×10^{23}/mol，気体定数 $R = 8.3 \times 10^{3}$ Pa・L/(mol・K)，ファラデー定数 = 9.65×10^{4} C/mol，$\sqrt{2} = 1.41$，$\sqrt{3} = 1.73$ を用いよ。また，理想気体1 molの体積は，標準状態で22.4 Lである。気体はすべて理想気体であるとしてよい。

問 1　次のうちL殻に1個の電子が収容されている原子はどれか。[1]

㋐ Be　㋑ Cl　㋒ Mg　㋓ Na　㋔ Li

問 2　原子半径が 1.2×10^{-8} cm である鉄が体心立方格子の結晶構造をとるとき，単位格子の一辺の長さは何cmか。最も近いものを選べ。ただし，結晶を構成する原子が歪みのない球であり，結晶内では最も近いところに存在する原子は互いに接触しているものとする。[2]

㋐ 2.0×10^{-8} cm　㋑ 2.2×10^{-8} cm　㋒ 2.4×10^{-8} cm
㋓ 2.6×10^{-8} cm　㋔ 2.8×10^{-8} cm

問 3　次の物質のうち，非電解質はどれか。[3]

㋐ エタノール　㋑ 塩化ナトリウム　㋒ 塩化銅(Ⅱ)
㋓ 硫酸　㋔ 水酸化ナトリウム

問 4　次の気体のうち，同温・同圧下における密度の値が最も大きいものはどれか。
[4]

　㋐　アンモニア　　　　㋑　一酸化炭素　　　　㋒　二酸化硫黄

　㋓　二酸化窒素　　　　㋔　硫化水素

問 5　コロイドに関する次の文のうち正しいものはどれか。　5

　㋐　コロイド溶液をろ紙に注ぐと，水などの小さい分子はろ紙を通過できるが，コロイド粒子は通過できない。このような操作を透析という。

　㋑　コロイド溶液に直流の電圧をかけると，コロイド粒子は自身が帯電している電荷と同じ電極の方に移動するが，この現象を電気泳動という。

　㋒　水酸化鉄(III)のコロイド溶液に光をあてると光路が輝いて見えるが，これをブラウン運動という。

　㋓　熱運動している水分子がコロイド粒子に不規則に衝突することでコロイド粒子が不規則なジグザグ運動をすることをチンダル現象という。

　㋔　親水コロイドに多量の電解質を加えていくと，水和している水分子が切り離され，電荷が中和されるため，コロイド粒子が反発力を失って沈殿する。このような現象を塩析という。

問 6　標準状態において，$8.96\,\text{L}$ の窒素と $5.60\,\text{L}$ の酸素を混合すると，質量は何 g になるか。最も近いものを選べ。　6

　㋐　$1.0\,\text{g}$　　㋑　$9.6\,\text{g}$　　㋒　$14.6\,\text{g}$　　㋓　$19.2\,\text{g}$　　㋔　$38.4\,\text{g}$

問 7　次の原子のうち，放射性同位体はどれか。　7

　㋐　$^{1}_{1}\text{H}$　　㋑　$^{2}_{1}\text{H}$　　㋒　$^{3}_{1}\text{H}$　　㋓　$^{12}_{6}\text{C}$　　㋔　$^{13}_{6}\text{C}$

問 8　「質量保存の法則」を提唱した化学者はだれか。　8

　㋐　シャルル　　　　　㋑　ドルトン　　　　　㋒　ボイル

　㋓　アボガドロ　　　　㋔　ラボアジェ

問 9　ダイヤモンドに関する次の記述のうち正しいものはどれか。　9

　㋐　成分は二酸化炭素である。

　㋑　イオン結合からなる結晶である。

　　ⓗ　結晶は正四面体形の構造がくり返したものである。

　　㋓　電気伝導性が非常に高い。

　　㋔　融点は 100 ℃ 程度である。

問10　3.0 g の酢酸を水に溶かして 500 mL とした水溶液のモル濃度は何 mol/L か。最も近いものを選べ。 10

　　㋐　0.050 mol/L　　　　㋑　0.10 mol/L　　　　㋒　0.20 mol/L

　　㋓　0.30 mol/L　　　　㋔　0.40 mol/L

問11　マグネシウム 7.2 g と標準状態で 4.48 L の酸素を反応させたとき, 生成する酸化マグネシウムの質量は何 g か。最も近いものを選べ。反応は完全に進行したものとする。 11

　　㋐　10 g　　　㋑　12 g　　　㋒　14 g　　　㋓　16 g　　　㋔　18 g

問12　炭素(黒鉛)および一酸化炭素の燃焼熱は, それぞれ 394 kJ/mol, 283 kJ/mol である。次の熱化学方程式の反応熱 Q の値に最も近いものはどれか。 12

　　　　$C(黒鉛) + CO_2(気) = 2CO(気) + Q$ kJ

　　㋐　−505 kJ　　　　　㋑　−172 kJ　　　　　㋒　−111 kJ

　　㋓　111 kJ　　　　　㋔　172 kJ

問13　次の A〜D の水溶液について, 25 ℃ における pH の値の大小関係を正しく表したものはどれか。 13

　　　　A　0.1 mol/L アンモニア水　　　B　0.1 mol/L 水酸化バリウム水溶液

　　　　C　0.1 mol/L 硝酸水溶液　　　　D　0.1 mol/L 酢酸水溶液

　　㋐　D < C < B < A　　㋑　D < C < A < B　　㋒　C = D < A = B

　　㋓　C < D < B < A　　㋔　C < D < A < B

問14　硫化水素中の S 原子の酸化数は次のうちどれか。 14

　　㋐　−2　　　　㋑　−1　　　　㋒　+2　　　　㋓　+4　　　　㋔　+6

問15 次の金属のうち，最もイオン化傾向の大きいものはどれか。 15

　　㋐ Ca　　　㋑ Mg　　　㋒ Cu　　　㋓ Ni　　　㋔ Fe

問16 白金電極を用いて硫酸銅（Ⅱ）水溶液を 1.0 A の電流で 1 時間 20 分 25 秒電気分解を行ったとき，陽極に発生する気体の質量は何 g か。最も近いものを選べ。 16

　　㋐ 0.025 g　㋑ 0.050 g　㋒ 0.40 g　㋓ 0.80 g　㋔ 1.60 g

問17 2.0 g の水酸化ナトリウムを完全に中和するために必要な 0.50 mol/L の硫酸水溶液の体積は何 mL か。最も近いものを選べ。 17

　　㋐ 12.5 mL　　　㋑ 25 mL　　　㋒ 50 mL
　　㋓ 100 mL　　　㋔ 200 mL

問18 5.12 g のナフタレン $C_{10}H_8$ をベンゼン 100 g に溶かした溶液の凝固点は何℃か。最も近いものを選べ。ただし，ベンゼンの凝固点を 5.5℃，モル凝固点降下を 5.0 K·kg/mol とする。 18

　　㋐ 2.5℃　　㋑ 3.0℃　　㋒ 3.5℃　　㋓ 4.0℃　　㋔ 4.5℃

問19 アンモニアを原料とする硝酸の工業的製法は何とよばれているか。 19

　　㋐ ウインクラー法　　㋑ オストワルト法　　㋒ ハーバー法
　　㋓ ボッシュ法　　　　㋔ リービッヒ法

問20 次の沈殿のうち，黒色のものはどれか。 20

　　㋐ $PbCl_2$　　　　㋑ PbI_2　　　　㋒ $Pb(OH)_2$
　　㋓ PbS　　　　　㋔ $PbSO_4$

問21 ある水溶液にアンモニア水を少量加えたら白色沈殿が生じた。さらにアンモニア水を過剰に加えたら沈殿が溶けた。水溶液に含まれるイオンは次のうちのどれか。 21

　　㋐ K^+　　　㋑ Ba^{2+}　　　㋒ Zn^{2+}　　　㋓ Pb^{2+}　　　㋔ Al^{3+}

問22　次の気体のうち，捕集法が上方置換であるものはどれか。[22]

　　㋐　水素　　　　　　　　㋑　塩素　　　　　　　　㋒　フッ化水素

　　㋓　硫化水素　　　　　　㋔　アンモニア

問23　次の気体のうち，銅と熱濃硫酸を反応させたときに発生するものはどれか。
　　[23]

　　㋐　H_2　　　　㋑　H_2S　　　　㋒　Cl_2　　　　㋓　O_2　　　　㋔　SO_2

問24　次のイオンのうち，ミョウバンを水に溶かした溶液に存在するものはどれか。
　　[24]

　　㋐　ナトリウムイオン　　　　　　㋑　マグネシウムイオン

　　㋒　カルシウムイオン　　　　　　㋓　炭酸イオン

　　㋔　硫酸イオン

問25　炭素，水素，酸素のみからなる有機化合物を元素分析したところ，質量パーセ
　　ントで炭素が 40.0 %，水素が 6.7 %，酸素が 53.3 % であった。この有機化合
　　物の組成式は次のうちどれか。[25]

　　㋐　CH_2O　　㋑　C_2H_2O　　㋒　C_2H_4O　　㋓　C_2H_6O　　㋔　C_3H_6O

問26　分子式が $C_4H_{10}O$ で，単体のナトリウムと反応しない化合物の構造異性体は，
　　全部でいくつか。[26]

　　㋐　2　　　　　　㋑　3　　　　　　㋒　4　　　　　　㋓　5　　　　　　㋔　6

問27　次の物質のうち，第二級アルコールはどれか。[27]

　　㋐　1-ブタノール　　　　　　　㋑　2-ブタノール

　　㋒　2-メチル-1-プロパノール　　㋓　2-メチル-2-プロパノール

　　㋔　フェノール

問28　ある 1 価のカルボン酸のメチルエステル 3.4 g を水酸化ナトリウム水溶液でけ
　　ん化したところ，そのカルボン酸のナトリウム塩 3.6 g が得られた。はじめの化

合物の分子量はいくらか。最も近いものを選べ。 28

　㋐ 34　　　㋑ 68　　　㋒ 136　　　㋓ 204　　　㋔ 272

問29　炭化カルシウムに水を作用させて発生した気体に，硫酸水銀(Ⅱ)を触媒として水を付加させた。このとき生成する有機化合物の分子量はどれか。最も近いものを選べ。 29

　㋐ 26　　　㋑ 28　　　㋒ 32　　　㋓ 38　　　㋔ 44

問30　下に示した解熱・鎮痛薬の構造式に関する次の記述のうち，正しいものはどれか。 30

　㋐ アセチルサリチル酸と呼ばれる。

　㋑ エステル結合を含む。

　㋒ 分子量は 360 である。

　㋓ 塩化鉄(Ⅲ)水溶液で呈色する。

　㋔ 加水分解するとエタノールが発生する。

生物

(60 分)

I 生物多様性の保全に関する次の文章を読み，以下の設問に答えなさい。

　生態系とは，ある地域に生息する生物集団と，それを取り巻く環境を一体として捉えたものである。生物は，環境要因の影響を受けながら，生態系の中で生活している。生物多様性とは，生態系における生命活動の豊かさを総合的に表すものであり，生物の種類がただ多いことだけを意味するわけではない。さまざまな生物が，生態系の中で互いに関与し合いながら生きていることが生物多様性の重要な点である。生物多様性が高くなると，復元力が大きく，バランスの取れた　(a)　な生態系が形成される。生物は，生態系の中で環境の影響を受けるので，環境が急激に変化すると，その変化に対応できない生物が　(b)　し，生物多様性が低下することが多い。そのため，生物多様性は，環境の変化を反映するバロメーターにもなる。また，生態系で食物網の上位捕食者である　(c)　は，他の生物の生活に大きな影響を与える。安定した自然の生態系の中で，在来生物が存在できる環境を保全することが，バランスの取れた生態系を維持する上で重要である。日本の在来種であっても，地理的に離れた地域に生息する生物を，人為的に自然に放すことは　(d)　の原因となる可能性がある。

　人間活動によって本来の生息域から別の場所に移され，その場所に定着した生物を外来生物という。北アメリカ原産のオオクチバスは，日本において外来生物の一種である。動物食性が強く魚類や昆虫などを捕食するオオクチバスは，1974 年にはじめて琵琶湖で確認された。琵琶湖全体の漁獲量は 1995 年に 10,600 トン以上であったが，2008 年には 1,800 トンにまで減少した。図 1 および図 2 は，琵琶湖におけるコイとアユの漁獲量の変化を表したものである。このような現象が，地球上のいたるところで確認されていることから，生物の多様性を保全するために，私たちに何ができるかを考え実行することが国際的に求められている。

問1　文中の空欄　[(a)]　～　[(d)]　にあてはまる最も適切な用語を，次の
　　　㋐～㋒の中から一つずつ選びマークしなさい。

　　　(a)：　㋐　荒廃的　　㋑　排他的　　㋒　先進的　　㋓　持続可能　　[1]

　　　(b)：　㋐　増加　　　㋑　種分化　　㋒　絶滅　　　㋓　発展　　　　[2]

　　　(c)：　㋐　一次消費者　　　　　㋑　キーストーン種
　　　　　　　㋒　分解者　　　　　　㋓　動物プランクトン　　　　　　　[3]

　　　(d)：　㋐　遺伝的攪乱　　　　　㋑　二次遷移
　　　　　　　㋒　乱獲　　　　　　　㋓　生態系の復元　　　　　　　　　[4]

問2　下線部(i)の中で，光，水，温度などの環境因子を表す最も適切な用語を，次
　　　の㋐～㋒の中から一つ選びマークしなさい。[5]

　　　㋐　非生物的環境　　㋑　栄養段階　　㋒　バイオーム　　㋓　レッドリスト

問3　生態系の生物が，光，水，温度などの環境因子に影響を及ぼすことを表す最
　　　も適切な用語を，次の㋐～㋒の中から一つ選びマークしなさい。[6]

　　　㋐　生物濃縮　　㋑　環境形成作用　　㋒　森林破壊　　㋓　自然浄化

問4　下線部(ii)について，日本の自然環境に悪影響を及ぼす特定外来生物に最もあ
　　　てはまる生物を，次の㋐～㋔の中から一つ選びマークしなさい。[7]

　　　㋐　レブンソウ　　　　　㋑　ヒシ　　　　㋒　オオハンゴンソウ
　　　㋓　カンサイタンポポ　　㋔　キンラン

問5　図1および図2から考察される最も適切な記述を，次の㋐～㋔の中から一つ
　　　選びマークしなさい。[8]

　　　㋐　1987年に初めて水揚げされてから，オオクチバスの漁獲量は増え続けて

いる。

㋑　オオクチバスが琵琶湖で確認された 1974 年以降，コイとアユの漁獲量は減り続けている。

㋒　1985 年と 2005 年のコイの漁獲量を比較すると，2005 年は約 1/4 に減少している。

㋓　アユの漁獲量は 2001 年以降に減少したが，コイの減少率に比べると緩やかである。

㋔　毎年のコイとオオクチバスの漁獲量は，反比例の関係にある。

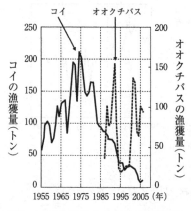

図 1　コイとオオクチバスの漁獲量の年次推移

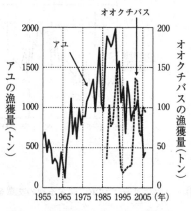

図 2　アユとオオクチバスの漁獲量の年次推移

問 6　図 1 および図 2 をもとに，アユの漁獲量をコイの漁獲量で割った数値を算出した。その値の年次推移を表したグラフとして最も適切なものを，次の㋐〜㋓の中から一つ選びマークしなさい。　　9

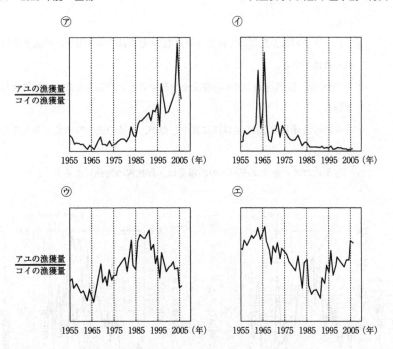

Ⅱ　エネルギーと代謝に関する次の文章を読み，以下の設問に答えなさい。

　　生物が生きるためには，エネルギーが必要である。生体内で酵素を利用した化学
反応によってエネルギーを取り出し，さまざまな生命活動を行っている。このとき
利用される酵素は，特定の物質にしか作用しない。酵素が作用する相手の物質を
　(a)　という。また，特定の物質としか反応しない性質を，酵素の　(b)
という。酵素が　(b)　をもつ理由は，酵素には特有の立体構造をもつ
　(c)　が存在し，これと三次元的に適合する　(a)　だけが，この部位に結
合できるからである。

　　生体内における物質の合成や分解などの化学反応のことを，代謝という。代謝に
は，光合成に代表される　(d)　と，呼吸に代表される　(e)　があるが，
　(d)　および　(e)　ではエネルギーを使う流れが異なる。植物は光合成と
呼吸をともに行い，外界から有機物を取り入れずに生きていくことができるため

(f) とよばれる。一方，動物は呼吸のみを行い，ほかの生物がつくった有機物を体内に取り入れてエネルギーを作り出す必要があるため (g) とよばれる。

問1 文中の空欄 (a) ～ (c) にあてはまる最も適切な用語の組み合わせを，次の㋐～㋓の中から一つ選びマークしなさい。 10

㋐ (a) 基質 (b) 基質特異性 (c) 活性部位

㋑ (a) 基質 (b) 基質複合体 (c) アロステリック部位

㋒ (a) 触媒 (b) 基質複合体 (c) 活性部位

㋓ (a) 触媒 (b) 基質特異性 (c) アロステリック部位

問2 文中の空欄 (d) ～ (g) にあてはまる最も適切な用語の組み合わせを，次の㋐～㋓の中から一つ選びマークしなさい。 11

㋐ (d) 異化 (e) 同化 (f) 独立栄養生物 (g) 従属栄養生物

㋑ (d) 異化 (e) 同化 (f) 従属栄養生物 (g) 独立栄養生物

㋒ (d) 同化 (e) 異化 (f) 従属栄養生物 (g) 独立栄養生物

㋓ (d) 同化 (e) 異化 (f) 独立栄養生物 (g) 従属栄養生物

問3 酵素に関する記述として誤っているものを，次の㋐～㋔の中から一つ選びマークしなさい。 12

㋐ 酵素の構成成分の主体は，タンパク質である。

㋑ 細胞外で働く消化酵素は，細胞外でつくられる。

㋒ 細胞内には，葉緑体やミトコンドリア以外の細胞小器官で働く酵素もある。

㋓ 生体内には，さまざまな化学反応にかかわる多様な酵素が存在する。

㋔ 酵素は，主に細胞内の代謝において重要な働きをする。

問４　酵素X，YおよびZの反応液のpHと反応速度の関係を図3に示す。3種類の酵素について，最も適切な酵素の組み合わせを，次の㋐～㋕の中から一つ選びマークしなさい。［13］

㋐	酵素X：トリプシン	酵素Y：リパーゼ	酵素Z：アミラーゼ
㋑	酵素X：トリプシン	酵素Y：アミラーゼ	酵素Z：ペプシン
㋒	酵素X：トリプシン	酵素Y：ペプシン	酵素Z：アミラーゼ
㋓	酵素X：ペプシン	酵素Y：トリプシン	酵素Z：リパーゼ
㋔	酵素X：ペプシン	酵素Y：アミラーゼ	酵素Z：トリプシン
㋕	酵素X：ペプシン	酵素Y：アミラーゼ	酵素Z：リパーゼ

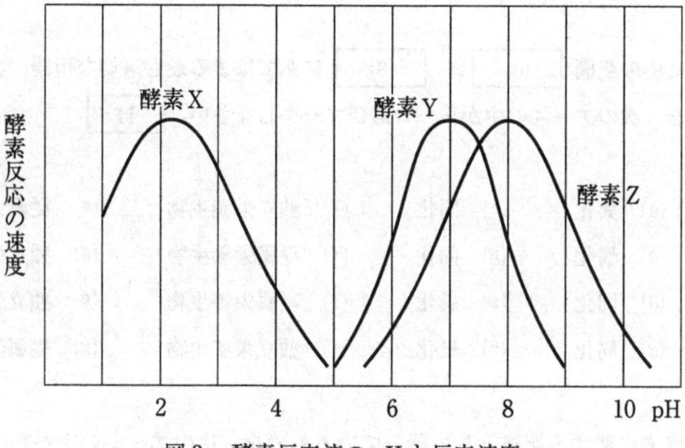

図３　酵素反応液のpHと反応速度

問５　ある物質のエネルギーの受け渡しに関する模式図(図４)について，次の1)～3)の問に答えなさい。

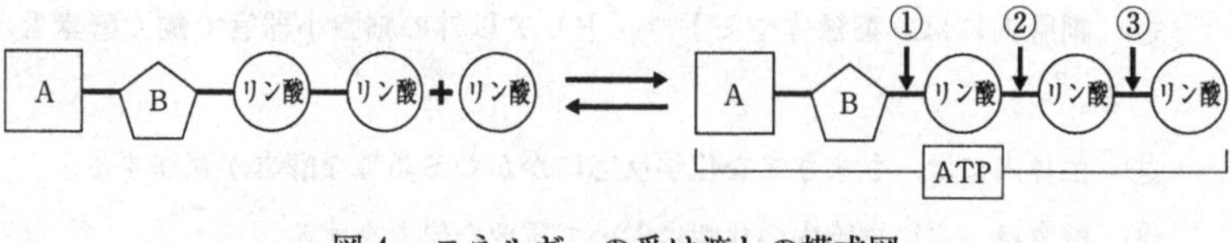

図４　エネルギーの受け渡しの模式図

1）図 4 の物質 A の名称を，次の㋐〜㋔の中から一つ選びマークしなさい。 14

　　㋐　アデノシン　　　　㋑　アデニン　　　　㋒　リボース

　　㋓　脂肪酸　　　　　　㋔　デオキシリボース

2）図 4 の物質 B の名称を，次の㋐〜㋔の中から一つ選びマークしなさい。 15

　　㋐　アデノシン　　　　㋑　アデニン　　　　㋒　リボース

　　㋓　脂肪酸　　　　　　㋔　デオキシリボース

3）図 4 の①〜③は分子内の結合を示す。高エネルギーリン酸結合は①〜③のうちのどれか。最も適切なものを次の㋐〜㋕の中から一つ選びマークしなさい。 16

　　㋐　①および②

　　㋑　①および③

　　㋒　②および③

　　㋓　②

　　㋔　③

　　㋕　①，②および③

問 6　下記の(X)および(Y)の反応は，光合成あるいは呼吸のいずれかを表している。空欄 (h) 〜 (k) にあてはまる物質の最も適切な組み合わせを，次の㋐〜㋓の中から一つ選びマークしなさい。 17

(X)　$C_6H_{12}O_6$ + O_2 → ⬚(h) + H_2O + ⬚(i)

(Y)　⬚(j) + H_2O + ATP → $C_6H_{12}O_6$ + ⬚(k)

　　㋐　(h) CO_2　　　(i) ATP　　　(j) CO_2　　　(k) O_2

　　㋑　(h) CO_2　　　(i) ADP　　　(j) CO_2　　　(k) ATP

　　㋒　(h) O_2　　　(i) ADP　　　(j) O_2　　　(k) CO_2

　　㋓　(h) O_2　　　(i) ATP　　　(j) H_2O　　　(k) ADP

問7　光合成と呼吸に関する記述として誤っているものを，次の㋐～㋕の中から一つ選びマークしなさい。　18

　㋐　呼吸は，酸素を用いて有機物を分解し，ATP を合成する反応である。

　㋑　光合成では，ストロマに含まれる酵素で炭酸同化が行われる。

　㋒　光合成では葉緑体で有機物が分解され，酸素が放出される。

　㋓　呼吸は，ミトコンドリアでおこなわれ，水と二酸化炭素を生じる。

　㋔　葉緑体は，チラコイドとストロマという部位に区分される。

Ⅲ　遺伝子の発現に関する次の文章を読み，以下の設問に答えなさい。

　遺伝子の発現とは，DNA の遺伝情報からタンパク質が合成されることである。DNA の塩基配列が写し取られ，RNA が形成される過程を転写という。RNA の中で，タンパク質の遺伝情報をもつものを特に mRNA という。mRNA の塩基配列は，タンパク質の一次構造であるアミノ酸配列に置き換えられ，タンパク質が合成される。この過程を翻訳という。

　RNA 合成酵素が DNA のある特定の領域に結合すると，転写が開始される。この領域を　(a)　という。RNA 合成酵素が，二重らせん構造をもつ2本鎖の DNA の一方の鎖の塩基配列を転写し，相補的な塩基配列をもつ RNA を合成する。転写の際に鋳型となる DNA 鎖を　(b)　鎖，鋳型とならない DNA 鎖を　(c)　鎖という。

　真核細胞の DNA では，アミノ酸配列の情報をもつ DNA 部分が，情報をもたない DNA 部分に隔てられて存在する。アミノ酸配列の情報をもつ DNA 部分をエキソン，それ以外の部分をイントロンという。mRNA がつくられる過程で，イント

ロンは取り除かれるが，このような過程をスプライシングという。

　翻訳は，細胞内に存在する　(d)　で行われる。mRNA の塩基配列は，3 つの塩基が一組となってコドンとよばれ，1 つのアミノ酸に対応する。塩基 3 個の組み合わせが，20 種類のアミノ酸の中のどれと対応するのかをまとめた表を遺伝暗号表という。

問 1　文中の空欄　(a)　～　(d)　にあてはまる最も適切な用語を，次の㋐～㋗の中から一つずつ選びマークしなさい。

　(a)：　19　　　(b)：　20　　　(c)：　21　　　(d)：　22
　㋐　アンチコドン　　　㋑　トリプレット　　　㋒　センス
　㋓　アンチセンス　　　㋔　核　　　　　　　　㋕　細胞質
　㋖　リボソーム　　　　㋗　プロモーター

問 2　RNA に関する最も適切な記述を，次の㋐～㋓の中から一つ選びマークしなさい。　23

　㋐　糖として，デオキシリボースをもつ。
　㋑　mRNA は，2 本鎖で存在する。
　㋒　塩基として，チミンが含まれる。
　㋓　RNA 合成酵素は，5'末端から 3'末端の方向にのみヌクレオチドをつなげる。

問 3　転写で生じた 3 つのエキソン(エキソン 1 ～ 3)と 2 つのイントロン(イントロン 1，2)を含む mRNA 前駆体を，図 5 に示す。この mRNA 前駆体から，選択的スプライシングでエキソンの組み合わせが異なる mRNA がつくられるとき，mRNA の種類は最大で何種類になるか。次の㋐～㋓の中から一つ選びマークしなさい。ただし，イントロンはすべて除去されるものとする。

　24

㋐　6　　　㋑　7　　　㋒　8　　　㋓　9

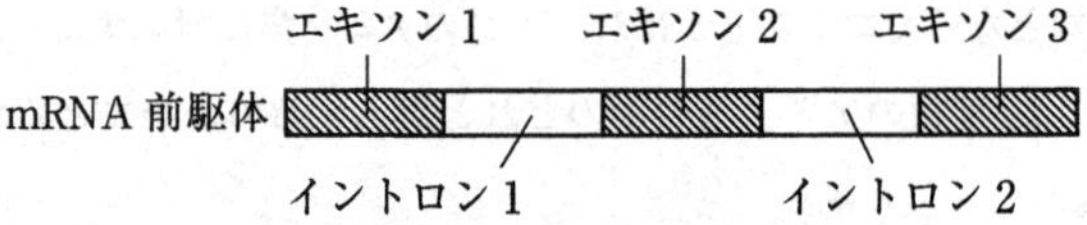

図5　mRNA 前駆体の模式図

問 4　表1の遺伝暗号表を参考にして，1)および2)の問に答えなさい。

表1　遺伝暗号表

		コドンの2番目の塩基								
		U		C		A		G		
コドンの1番目の塩基	U	UUU	フェニルアラニン	UCU	セリン	UAU	チロシン	UGU	システイン	U	コドンの3番目の塩基
		UUC		UCC		UAC		UGC		C
		UUA	ロイシン	UCA		UAA	終止コドン	UGA	終止コドン	A
		UUG		UCG		UAG		UGG	トリプトファン	G
	C	CUU	ロイシン	CCU	プロリン	CAU	ヒスチジン	CGU	アルギニン	U
		CUC		CCC		CAC		CGC		C
		CUA		CCA		CAA	グルタミン	CGA		A
		CUG		CCG		CAG		CGG		G
	A	AUU	イソロイシン	ACU	トレオニン	AAU	アスパラギン	AGU	セリン	U
		AUC		ACC		AAC		AGC		C
		AUA		ACA		AAA	リシン(リジン)	AGA	アルギニン	A
		AUG	メチオニン(開始コドン)	ACG		AAG		AGG		G
	G	GUU	バリン	GCU	アラニン	GAU	アスパラギン酸	GGU	グリシン	U
		GUC		GCC		GAC		GGC		C
		GUA		GCA		GAA	グルタミン酸	GGA		A
		GUG		GCG		GAG		GGG		G

1）次の文章の空欄 [(e)] および [(f)] にあてはまる最も適切な塩基配列と数値を，㋐～㋓の中から一つずつ選びマークしなさい。

あるペプチドのmRNAを図6に示す。このmRNAには，開始コドンと終止コドンが含まれる。図6の下線部の塩基配列を転写するときに鋳型となったDNA鎖の塩基配列を，5'末端から表すと [(e)] となる。また，このペプチドを構成するアミノ酸の数は [(f)] 個である。

5'-AUAUGAGU<u>AGCUAUU</u>CAACUAAGUAGAAA-3'

図 6　あるペプチドの mRNA の塩基配列

(e):　㋐　ATAGCT　　　　　㋑　TCGATA

　　　㋒　UCGAUA　　　　　㋓　AUAGCU　　　|　25　|

(f):　㋐　5　　　㋑　6　　　㋒　7　　　㋓　8　　|　26　|

2) ある DNA の一方の鎖とそれを鋳型にして転写した mRNA の塩基配列，およびその mRNA が翻訳されてできたペプチドのアミノ酸配列を図 7 に示す。DNA の塩基配列のうち，＊印のグアニン (G) 1 塩基が置換される突然変異が生じたとき，翻訳されて配置されたアミノ酸はチロシンであり，変化はなかった。この突然変異で，＊印の塩基 G と置換した最も適切な塩基を，次の㋐～㋓の中から一つ選びマークしなさい。|　27　|

　　㋐　A　　　　　㋑　T　　　　　㋒　C　　　　　㋓　U

＊

DNA	C	A	C	C	G	A	A	T	G	A	A	C	A	C	G	A	T	T

mRNA	G	U	G	G	C	U	U	A	C	U	U	G	U	G	C	U	A	A

ペプチド | バリン | アラニン | チロシン | ロイシン | システイン | 終止 |

図 7　ある DNA と転写された mRNA の塩基配列，
　　　および翻訳されたペプチドのアミノ酸配列

問 5　コドンに関する最も適切な記述を，次の㋐～㋓の中から一つ選びマークしなさい。|　28　|

　㋐　真核細胞と原核細胞では，異なる遺伝暗号が使われる。

　㋑　アミノ酸 1 種類に，複数のコドンが対応している場合がある。

　㋒　塩基 3 つの組み合わせは，全部で 62 種類ある。

　㋓　コドン 1 つが，複数のアミノ酸に対応している場合がある。

Ⅳ　ヒトの眼の機能と構造に関する次の文章を読み，以下の設問に答えなさい。

　　動物は，周囲の環境における光，音，においなどから，外敵の存在，時間，場所
などの情報を刺激として感知する。光の刺激に関しては，光を敏感に受容する光受
容細胞をもつ。ヒトの眼は，カメラに似た構造をしており，レンズに相当する
　(a)　や，絞りにあたる　(b)　などがある。光受容細胞として働く視細胞
が一層に並んだ　(c)　は，光の明暗を感じるだけでなく，物の色や形などを感
知できる。また，　(c)　には，すべての視神経繊維が一つに集合して束とな
り，　(c)　を内側から外側に向かって貫く盲斑という部位がある。視覚中枢へ
　　　　　　　　　　　　　　　　　　　　　　　　　　　　　　　　　　　　(i)
信号を伝える視神経のニューロンが興奮すると，視覚としての感覚が生まれる。両
眼の内側の　(c)　から出た視神経は，交叉して反対側の視覚中枢に入り，外側
の　(c)　から出た視神経は，交叉せずにそのまま視覚中枢に入る。視神経の走
行経路に障害が生じると，障害された部位に応じて視野に異常が生じる。

　　(c)　に存在する視細胞には，光を吸収する視物質がある。　(c)　に
は，視物質を多く含んでいる部位の形の違いから，やや尖った形状の錐体細胞と，
　(ii)　　　　　　　　　　　　　　　　　　　　　　　　　　　　　　(iii)
棒状の桿体細胞がある。錐体細胞と桿体細胞では，多く含まれる視物質の種類が異
　(iv)
なる。錐体細胞には，吸収する光の波長が異なる細胞が3種類ある。

問1　文中の空欄　(a)　～　(c)　にあてはまる最も適切な用語を，次の
　　㋐～㋓の中から一つずつ選びマークしなさい。

　　(a)　㋐　強膜　　　　㋑　水晶体　　　㋒　網膜　　　㋓　虹彩　　29
　　(b)　㋐　角膜　　　　㋑　水晶体　　　㋒　網膜　　　㋓　虹彩　　30
　　(c)　㋐　強膜　　　　㋑　角膜　　　　㋒　網膜　　　㋓　結膜　　31

問2　下線部(i)がある最も適切な部位を，次の㋐～㋓の中から一つ選びマークしな
　　さい。　32

　　㋐　頭頂葉　　　　㋑　前頭葉　　　　㋒　側頭葉　　　㋓　後頭葉

問 3　ヒトの右眼の視細胞の分布を図8に示す。実線Aと点線Bの分布が示す最も適切な細胞の名称を，次の㋐～㋓の中から一つずつ選びマークしなさい。

A：　㋐　桿体細胞　　㋑　色素細胞　　㋒　視神経細胞　　㋓　錐体細胞

[33]

B：　㋐　桿体細胞　　㋑　色素細胞　　㋒　視神経細胞　　㋓　錐体細胞

[34]

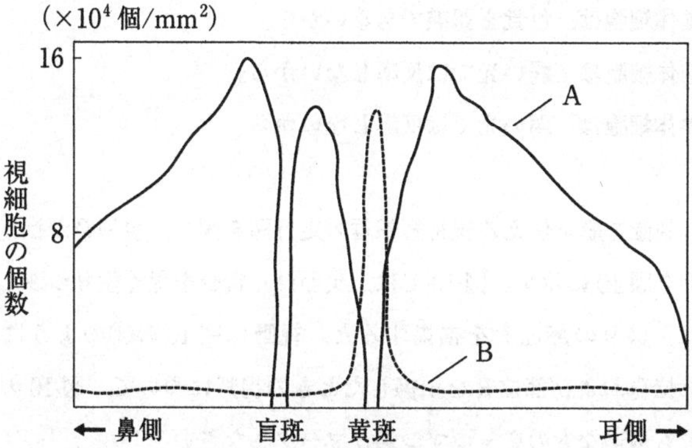

図 8　ヒトの右眼の視細胞の分布

問 4　下線部(ii)に相当する最も適当な部位を，次の㋐～㋓の中から一つ選びマークしなさい。[35]

㋐　外節(部)　　㋑　内節(部)　　㋒　細胞体　　㋓　神経終末

問 5　下線部(iii)に最も多く含まれる視物質を，次の㋐～㋓の中から一つ選びマークしなさい。[36]

㋐　ロドプシン　　㋑　レチナール　　㋒　フォトプシン　　㋓　オプシン

問 6　下線部(iv)に最も多く含まれる視物質を，次の㋐～㋓の中から一つ選びマークしなさい。 [37]

㋐　ロドプシン　　㋑　レチナール　　㋒　フォトプシン　　㋓　オプシン

問 7　ヒトが弱光下で色を認識することが難しい最も適切な理由を，次の㋐～㋒の中から一つ選びマークしなさい。 [38]

㋐　錐体細胞は，色覚を認識できないから。
㋑　錐体細胞は，弱い光では反応しないから。
㋒　桿体細胞は，弱い光では反応しないから。

問 8　光の刺激を脳に伝える視神経繊維の走行図を図9，視神経が損傷されたときの視野を図10に示す。図10では，失われた視野を黒く塗りつぶしている。たとえば，図9の部位Pを損傷すると，視野は図10の㋔のようになる。そこで，部位Qおよび部位Rを損傷したときの視野について，図10の㋐～㋕の中から最も適切なものを一つずつ選びマークしなさい。

部位Q： [39]　　部位R： [40]

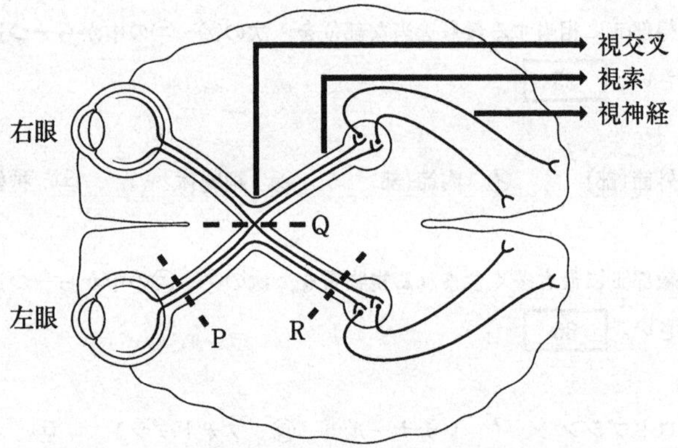

図 9　光の刺激を脳に伝える視神経繊維の走行図

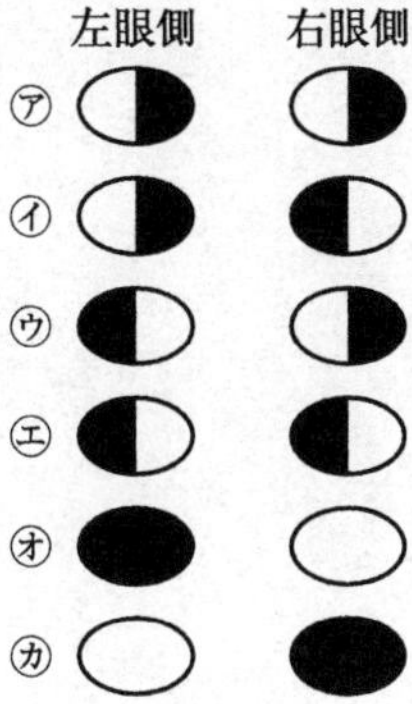

図10　視神経を損傷したときの視野

問 9　黄斑と盲斑の距離を調べるために，図11に示すような実験を行った。すなわち，「×」と書いた紙および「●」と書いた紙を眼の高さの壁に貼り，壁から30 cm 離れた位置に立った。左眼をふさいで右眼の視線を「×」に固定したまま，「●」の紙を水平に右へ移動したところ，「●」が「×」から7.0 cm 離れたところで消えた。この実験から，黄斑の中心から盲斑までの距離を算出した数値に最も近いものを，次の㋐～㋓の中から一つ選びマークしなさい。ただし，眼球の直径を25 mm とする。[41]

㋐　2.9 mm　　㋑　5.8 mm　　㋒　8.7 mm　　㋓　11.6 mm

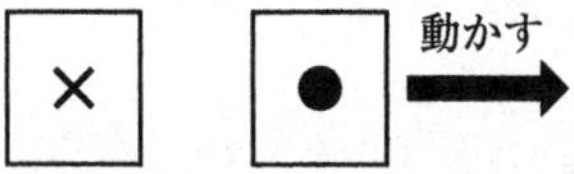

図11　黄斑と盲斑の距離を調べる実験

選んで、記号をマークしなさい。解答番号は、 47 。

㋐　土佐日記

㋑　紫式部日記

㋒　讃岐典侍日記

㋓　更級日記

㋔　十六夜日記

問六　二重傍線部ⅠとⅡについて、具体的な内容としてもっとも適切なものを、それぞれ次の中から選んで、記号をマークしなさい。解答番号は、Ⅰは 44 、Ⅱは 45 。

Ⅰ
　㋐　宮が、女との立場の違いを口実にすること。
　㋑　宮が、女と無理に趣味を合わせようとすること。
　㋒　宮が、女のところになかなか訪ねて来ないこと。

Ⅱ
　㋐　女が、一人で心細い思いをしていること。
　㋑　女が、訪れのない宮を怒っていること。
　㋒　女が、秋の風情にしみじみ浸っていること。

問七　宮と女に関して、問題文からは読み取れそうもないことを、次の中から二つ選んで、記号をマークしなさい。解答番号は 46 。

　㋐　宮は、しばらく女の家を訪ねていないことを気にしてはいた。
　㋑　女は、その夜久しぶりに訪ねて来たのは宮だという確信があった。
　㋒　女は、宮との関係も含め、あれこれと思い悩む時期にあった。
　㋓　宮は、せっかく女の家を訪ねたのにという恨めしい思いもあった。
　㋔　女は、宮の歌を読み、嬉しいよりも恥ずかしい気持ちが強かった。

問八　問題文の「和泉式部日記」は和泉式部と呼ばれた女性が書いたとされるが、次の中から、男性が書いたとされる作品を一つ

3　㋐　そこ　　㋑　かしこ　　㋒　しか

4　㋐　物音　　㋑　寝言　　㋒　空耳

5　㋐　ながめ　　㋑　手習ひ　　㋒　御文

問三　波線部A〜Cの主語を、それぞれ次の中から選んで、記号をマークしなさい。解答番号は、Aは 34 、Bは 35 、Cは 36 。

㋐　女　　㋑　宮　　㋒　女と宮以外の人

問四　破線部①〜④の品詞を、それぞれ次の中から選んで、記号をマークしなさい。解答番号は、①は 37 、②は 38 、③は 39 、④は 40 。

㋐　名詞　　㋑　動詞　　㋒　形容詞　　㋓　形容動詞

㋔　副詞　　㋕　連体詞　　㋖　助動詞　　㋗　感動詞

問五　点線部（ⅰ）〜（ⅲ）の語の意味としてもっとも適切なものを、それぞれ次の中から選んで、記号をマークしなさい。解答番号は、（ⅰ）は 41 、（ⅱ）は 42 、（ⅲ）は 43 。

（ⅰ）㋐　見た目が悪い　　㋑　目覚めが悪い　　㋒　気配りがない

（ⅱ）㋐　安心する　　㋑　滞留する　　㋒　遠慮する

（ⅲ）㋐　出なさい　　㋑　いやはや　　㋒　どんなに

（ⅲ）

女はやがて寝で、いみじう③霧りたる空を眺めて、暁起きのほどのことどもを物に書きつくるほどにぞ、宮より例の御文ある。④ただ、

秋の夜の有明の月の入るまでにやすらひかねて帰りにしかな

いでや、げにいかに口惜しき者におぼしつらん、と思ふよりも、まことにあはれなる空の景色を見給ひけると思ふにをかしうて、この〔　5　〕の様に書きたるものをぞ、引き結びて奉る。

問一　傍線部（a）～（e）の読みを、それぞれ次の中から選んで、記号をマークしなさい。解答番号は、（a）は 24 、（b）は 25 、（c）は 26 、（d）は 27 、（e）は 28 。

（a）　㋐ つごもり　　　　㋑ くれ　　　　　　㋒ くもり

（b）　㋐ のわき　　　　　㋑ のわか　　　　　㋒ やぶん

（c）　㋐ しもつき　　　　㋑ かんなづき　　　㋒ ながつき

（d）　㋐ わらわ　　　　　㋑ とねり　　　　　㋒ おのこ

（e）　㋐ あかる　　　　　㋑ あか　　　　　　㋒ あきらけ

問二　〔　1　〕～〔　5　〕に入る語を、それぞれ次の中から選んで、記号をマークしなさい。解答番号は、1は 29 、2は 30 、3は 31 、4は 32 、5は 33 。

1　㋐ 心　　　　　　　　㋑ 折　　　　　　　㋒ 物

2　㋐ 有明　　　　　　　㋑ 更級　　　　　　㋒ 闇夜

大問三～大問四は、出願時に登録した問題、いずれか一問を選択し、解答しなさい。

（選択問題）　四　次の文章は平安時代の「和泉式部日記」の一節で、宮が夜遅く女の家を訪ねた場面が描かれている。よく読んで、後の問に答えなさい。（解答番号は、　24　～　47　）

例の〔　1　〕知り顔にのた

（a）晦がたに風いたく吹きて、野分だちて雨など降るに、常よりも物心細く眺むるに、例の御文あり。例の〔　1　〕知り顔にのたまはせたるに、日頃の罪許し聞こえつべし。

歎きつつ秋のみ空を眺むれば雲うち騒ぎ風ぞはげしき

返り事、

秋風は気色吹くだに悲しきにかきくもる日は言ふかたぞなき

Ⅱ
げにさぞあらんかしとおぼせど、例のほどへぬ。

（c）九月二十余日ばかりの〔　2　〕の月に目覚まして、いみじう久しうもなりにけるかな、あはれこの月は見るらんかしとおぼせど、例の童ばかり御供にておはしまして、門を叩かせ給ふに、目を覚ましてよろづ思ひ続け臥したるほどなりけり。
A
すべてこのほどは、折からにや物心細くあはれに常よりもおぼえて眺める。②あやし、誰ならんと思ひて、前なる人を引き起こして間はせんとすれども起きず。からうじて起きても、ここ〔　3　〕物に当たり騒ぐほどに、叩き止みぬ。
（i）
帰りぬるにやあらん、いぎたなしと思はれぬるにぞ、物思はぬ様なれば。同じ心にまだ寝ざりける人かな、誰ならんと思ふ。
C
からうじて起きても、「人もなかりけるに、〔　4　〕聞きおはさうじて、夜のほどにまどはさる。騒がしの殿のおもとたちや。」
と腹立ててまた寝ぬ。

は、Xは[39]、Yは[40]、Zは[41]。

X　㋐　高級な絹布でくるんだ布団　㋑　柔らかな敷物を敷いた床板　㋒　ぶあつい壁に囲まれた部屋

Y　㋐　役を演じる場　㋑　見栄えする場　㋒　晴れの見せ場

Z　㋐　恐ろしくなるほどに　㋑　我を忘れるほどに　㋒　信じられないほどに

問五　波線部ⅠとⅡについて、その理由としてもっとも適切なものを、それぞれ次の中から選んで、記号をマークしなさい。解答番号は、Ⅰは[42]、Ⅱは[43]。

Ⅰ　㋐　体内の潮汐リズムと昼夜リズムがずれ始めるタイミングだから。
㋑　体内の潮汐リズムが昼夜リズムに切り変わるタイミングだから。
㋒　体内の潮汐リズムと昼夜リズムが重なるタイミングだから。
㋓　体内の潮汐リズムと昼夜リズムが止まるタイミングだから。

Ⅱ　㋐　睡眠と活動の時間が逆転する状態だから。
㋑　睡眠が昼夜リズムになりきる前の状態だから。
㋒　精神的にまだ赤ん坊のままの未熟な状態だから。
㋓　一日のリズムとはほぼ無縁な状態だから。

問一　傍線部（ⅰ）〜（ⅴ）の語の品詞として適切なものを、それぞれ次の中から選んで、記号をマークしなさい。解答番号は、

（ⅰ）は　24　、（ⅱ）は　25　、（ⅲ）は　26　、（ⅳ）は　27　、（ⅴ）は　28　。

　㋐　助動詞　　㋑　助詞　　㋒　連体詞　　㋓　名詞　　㋔　副詞

問二　　A　〜　E　　に入る語としてもっとも適切なものを、それぞれ次の中から選んで、記号をマークしなさい。解答番号は、Aは　29　、Bは　30　、Cは　31　、Dは　32　、Eは　33　。

A　㋐　増減　　㋑　大小　　㋒　有無

B　㋐　深更　　㋑　薄暮　　㋒　中天

C　㋐　感応　　㋑　消去　　㋒　反射

D　㋐　断念　　㋑　優先　　㋒　敢行

E　㋐　上下　　㋑　混同　　㋒　逆転

問三　〔　a　〕〜〔　e　〕に入る語としてもっとも適切なものを、それぞれ次の中から選んで、記号をマークしなさい（活用形の違いは問わない）。解答番号は、aは　34　、bは　35　、cは　36　、dは　37　、eは　38　。

㋐　遂げる　　㋑　費やす　　㋒　過ごす　　㋓　もたげる　　㋔　張る

㋕　降る　　㋖　営む　　㋗　閉じる　　㋘　凌ぐ　　㋙　破る

問四　二重傍線部X〜Zの意味としてもっとも適切なものを、それぞれ次の中から選んで、記号をマークしなさい。解答番号

て、めいめいの時を自分のペースで刻み続けているものである。かれらの活動が、きっちり二週おきに活発となるのは、いって

みれば、振動数の少しズレた、二種の音叉が"唸り"を発するのと同じであることが以上のことからうかがわれるだろう。この一億

年に及ぶ上陸のドラマが受胎一カ月後の一週間に、それまでの長い波打際の生活を捨て、上陸を[D]したといわれる。胎児のからだはそ

の間、小豆からソラ豆大に成長するが、その時、子宮の羽二重の褥を、いわば檜舞台として演じられる。その魚類を思わせる

顔は、またたく間に、両生、爬虫類のそれを経て、哺乳類獅子頭の相貌にまで、劇的な変化を〔 b 〕のである。

胎児は、こうして自分のからだを〔 c 〕て、遠い祖先の上陸の日々を、夢幻のごとく、再現させるが、どの動物も、胎児の

時代にひとしく演じて見せる、この上陸劇は、かれらの小さなからだの、どこか奥深くに、すでに"海辺のリズム"が込められて

いたことを、私たちに想像させずにはおかない。それは、ムツゴロウの、例の二種類の体内時計と同類のものであることはいう

までもない。

さて、この二つの時計は、上陸以後その均衡が〔 d 〕れてくる。しだいに遠のく故郷の潮騒に代わって、にわかに照りつけ

る灼熱の日射しが、両者の勢力に、ゆるやかな[E]の現象を起こさせることになる。そこでは、古い"潮汐時計"の上

に、新しい"昼夜時計"が重なり、陸地に定着を終えた今日では、もはや、後者が前者をすっかり覆いつくしてしまう。これが、

一日二四時間を単位とする現代の形である。

私たちは、ここで、ひとつの興味深い事実を振り返ってみなければならない。赤ん坊の睡眠リズムが、二四時間に定着するま

での一見でたらめな波は、はっきり二五時間の周期を示している。いってみれば"潮汐リズム"に"昼夜リズム"がとって代わるの

だとすれば、いわゆる夜行族とは"潮汐離れ"の不充分な人間ということにもなる。いずれにせよ、遠い海辺の時代の「生命記憶」

は、ことあるごとに、その頭を〔 e 〕ようと、うごめき続けているのだろう。

（三木成夫『内臓とこころ』による）

大問三～大問四は、出願時に登録した問題、いずれか一問を選択し、解答しなさい。

（選択問題）　三　次の文章をよく読んで、後の問に答えなさい。（解答番号は　[24]　～　[43]　）

海のくらしが、潮の満ち干きに左右されることは、海辺の漁師たちの日常を見るまでもなく明らかであろう。この海面の果てしない〝昇り降り〟は、地球の自転による月の引力の、周期的な　[A]　がひき起こすもので、一日に二度、いわゆる〝朝な夕な〟に見られるところから「潮汐リズム」と呼ばれている。その周期は、しかし、一日すなわち「昼夜リズム」の二四時間よりも五〇分ずつ長い二四・八時間である。これは、基準となる月そのものが、地球の周りを巡るからで、太陽を基準とした時より、とうぜんそれだけ長くかかることを意味するものだが、毎日毎日、干潮と満潮が、月の出・月の入と共に確実にズレていく、この世界のなかで海辺の生物たちは生を〔　a　〕でいる。

さて、海辺の生活を左右するのは、〔ⅱ〕はたして、〔ⅲ〕この潮汐リズムだけなのだろうか。かれらは磯に近づくほど、太陽光線の影響を受けやすくなる。そこでは、潮の満ち干きだけでなく、日光の明暗いいかえれば一日二四時間を周期とする「昼夜リズム」の支配も、しだいに受けるようになってくるのである。

かのムツゴロウは、実験によれば、故郷有明海の干潮の時間帯が、朝夕の未明・〔B〕と重なった、つまり夜間満潮時に、もっとも多く巣穴からはい出してくるという。このデータは、かれらの肉体が、潮の干満だけでなく、光の明暗にも同時に〔C〕している、いいかえれば、「太陰日」と「太陽日」の、二種類の日リズムの支配下に置かれていることを、如実に物語るものといえよう。

この陰・陽の両リズムは、遠い祖先から、代々にわたって受け継がれ、もはや、生まれながらの、いわゆる〝体内時計〟となっ

（必答問題）　二　次の漢字に関する(1)と(2)の間に答えなさい。（解答番号は 14 ～ 23 ）

(1)　a～eの四字熟語には、それぞれ誤字が一字ずつある。正しい漢字を、それぞれ次の中から選んで、記号をマークしなさい。解答番号は、aは 14 、bは 15 、cは 16 、dは 17 、eは 18 。

a　不和雷同　　㋐付　㋑話　㋒頼　㋓堂

b　明鏡紫水　　㋐銘　㋑興　㋒止　㋓酔

c　感外無量　　㋐観　㋑慨　㋒夢　㋓料

d　才色兼美　　㋐彩　㋑食　㋒見　㋓備

e　委心伝心　　㋐以　㋑真　㋒電　㋓身

(2)　a～eの意味にあてはまる二字熟語の□に入る漢字を、それぞれ次の中から選んで、記号をマークしなさい。解答番号は、aは 19 、bは 20 、cは 21 、dは 22 、eは 23 。

a　値段が安いこと。→□価　　㋐烈　㋑廉　㋒劣　㋓良

b　将来が気にかかって不安に思うこと。→□念　　㋐疑　㋑慮　㋒懸　㋓思

c　この上もなく優れていること。→□上　　㋐到　㋑至　㋒史　㋓致

d　相手を見くだすこと。→□蔑　　㋐辱　㋑悔　㋒嘲　㋓侮

e　重大事を急いで報告すること。→□進　　㋐注　㋑諫　㋒迅　㋓告

㋑　身体にはその人の人格が宿っている。
㋒　人格は身体によって左右されている。
㋓　身体は人格によってコントロールされている。

問六　傍線部③について、「クールな距離」とはどのような「距離」と考えられるか。その説明としてもっとも適切なものを、次の中から選んで、記号をマークしなさい。解答番号は　12　。

㋐　絶対的な「距離」
㋑　現実的な「距離」
㋒　感覚的な「距離」
㋓　理性的な「距離」

問七　傍線部④について、「こうした究極の欲望が潜んでいる」とあるが、どのような「欲望」と考えられるか。その説明としてもっとも適切なものを、次の中から選んで、記号をマークしなさい。解答番号は　13　。

㋐　自分で自分の身体の痕跡を消し去りたいという欲望。
㋑　自分で自分の都合のいい身体を選びたいという欲望。
㋒　他者の評価に適った身体を自分で選びたいという欲望。
㋓　なりたい他者の身体へ自分の身体を合一化したいという欲望。

問四　傍線部①について、なぜ身体は「視られる」ことによって「『発見』される」とされるのか。その理由としてもっとも適切なものを、次の中から選んで、記号をマークしなさい。解答番号は　10　。

㋐　身体のイメージは内省的なものであるから。

㋑　身体のイメージはプライベートなものであるから。

㋒　身体のイメージは直接自分で確認できないものであるから。

㋓　身体のイメージは他者の想像力と関わりが深いものであるから。

問五　傍線部②について、「ここでは身体が人格なのだ」の説明として適切でないものを、次の中から一つ選んで、記号をマークしなさい。解答番号は　11　。

㋐　身体と人格は相似形をなしている。

㋑　独特な好みの傾向

㋒　依存性がある習慣

㋓　生得的な嫌悪の感情

（c）

㋐　思いがけず蝕まれている

㋑　都合よく利用されている

㋒　意識せずに慣らされている

㋓　強制的に一致させられている

注　ラカン――フランスの精神分析学者。

問一　[A]と[B]に入る語としてもっとも適切なものを、それぞれ次の中から選んで、記号をマークしなさい。解答番号は、Aは[1]、Bは[2]。

A　㋐　実体化　㋑　可視化　㋒　外在化　㋓　内面化

B　㋐　世俗的　㋑　社会的　㋒　個別的　㋓　歴史的

問二　〔 i 〕～〔 iv 〕に入る語としてもっとも適切なものを、それぞれ次の中から選んで、記号をマークしなさい。解答番号は、iは[3]、iiは[4]、iiiは[5]、ivは[6]。

㋐　つねに　㋑　たまたま　㋒　はじめて　㋓　一方的に

問三　波線部(a)～(c)の解釈としてもっとも適切なものを、それぞれ次の中から選んで、記号をマークしなさい。解答番号は、(a)は[7]、(b)は[8]、(c)は[9]。

(a)　㋐　慎重に品定めされる
　　㋑　本来の価格が値切られる
　　㋒　あるべき価値が転倒される
　　㋓　一方的に値段をつけられる

(b)　㋐　反社会的な趣味

A

にほかならない。ある摂食障害の女性が、年齢が彼女を性的存在であることから解放してくれたとき、はじめて安心して食べられるようになったという例に見られるように、他者への依存すなわち他者からの評価を放棄したとき、〔　i　〕彼女は自己身体を受け入れることができたのである。

自己身体が〔　ii　〕性的に高い価値を持っている場合でも、自己身体との関係は容易ではない。自分のコントロールできない価値を〔　iii　〕付与されることで、男性の欲望や賞賛に対する依存が起きる。誘惑の客体として〔　iv　〕他者に依存しつつ自己
(b)
確認をするほかない嗜癖を、わたしたちはまちがってニンフォマニア（多淫症）と呼んできた。まことにラカンのいうとおり、欲望とは「他者の欲望の欲望」、すなわち欲望されることの欲望なのだ。

衣服や化粧は社会的な記号だが、その気になれば着たり脱いだりすることができる。だが裸のボディは？　裸体が
トやシェイプアップはそのようなセルフ・コントロールの表現であり、自己身体が社会に馴致されていることの証明である。
(c)
な記号として、市場価値を付与されるとなれば、市場の規範に合わせて自己身体をコントロールしなければならない。ダイエッ
(注)

極端な肥満はそれ自体でセルフ・コントロールの失敗をあらわし、非難の対象となる。②ここでは身体が人格なのだ。

身体の他者性が自覚化されれば、作家の斎藤綾子のように言い放つこともできる。わたしはウェットスーツを着るようにたま
あや こ
たま男から見て魅力のある女のボディを着ているだけだ、と。このボディを投げ出せばおもしろいように男が寄ってくる、わた
③
しはその雄の発情につけこむが、それはわたしの与り知らぬことだ、と語る斎藤には、自己身体とのクールな距離がある。
あずか

もしボディがウェットスーツのように自由に着脱のできるものであったら。そしてウェットスーツのように望ましいボディをオーダーメイドすることができたなら。④こうした究極の欲望が潜んでいる。──身体の他者性の彼方には、

B

（上野千鶴子『発情装置』による）

（注）　大問一・二「現代文」は必答問題、大問三「現代文」と大問四「古文」は選択問題となる。文芸学部は必ず大問四「古文」を選択すること。

（必答問題）　一　次の文章をよく読んで、後の間に答えなさい。（解答番号は　1　〜　13　）

（六〇分）

国語

身体は他者である。たんに比喩的な意味で言っているのではない。自分の容貌が鏡の助けを借りなければ見ることができないように、身体もまた鏡像によって選びようのない与件として自己に与えられる。身体は「視られる」ことによってのみ「発見」される。

女性は「視られる身体」としての自己身体を、早いうちから否応なしに発見させられる。その身体は、誘惑の客体として、視線の持ち主＝男性主体から、評価され、比較され、（a）値踏みされる。女性は「視られる対象」としての自己身体と折り合いをつけるために、思春期から何十年にもわたる葛藤に満ちた経験をすることになる。

自己身体が性的に価値の低い場合は、自己身体と自己意識とのあいだに折り合いをつけるのは難しい。　身体の性的価値はつねに他者に依存しているから、エステやダイエットも、身体を自己コントロールしているように見えて、その実、他者の視線の

解答編

■英語■

I **解答** 1 ―㋓　2 ―㋓　3 ―㋐　4 ―㋐　5 ―㋓　6 ―㋑
7 ―㋑　8 ―㋐　9 ―㋑　10―㋓

解説 1．「昨日買ったバナナ，リンゴ数個，キウイフルーツ，サクランボがある」

cherries は複数形であるため，不定冠詞 a と同時に使うことはできない。a cherry または some cherries とするのが正しい。

2．「練習問題を書くのは難しい。なぜなら，練習問題をうまく書くためには，去年書いたものよりも難しい文章を作らなければならないからだ」

write の過去形は wrote であるため，正しくないのは下線部㋓である。

3．「このパンはおいしくて栄養もあるけど，高いね。だからあなたと私の分だけ買うべきだね」

下線部㋐の 2 語前に both があるため，both A and B「A と B の両方」というイディオムであるとわかる。したがって，下線部㋐は and とするのが正しい。

4．「お腹が空いたときのために，週末に公園で行われる野球の試合に行くときに食べるサンドイッチをリュックの中に入れておこう」

サンドイッチを入れるのはリュックの「中に」であるため，下線部㋐は in が適切である。

5．「宿題はまだ提出する必要はないが，できるだけ早く取り掛かったほうがいい。多くの時間を費やさなければならないし，しっかりと仕上げなければならないからね」

助動詞のあとは動詞の原形をおくため，下線部㋓の to は不要である。

6．「通常，月末に報告書を提出することになっている」

空所の直前に be 動詞があるため，形式的には受動態となる㋑または進行形となる㋓が選択肢として残るが，require は状態動詞であるため，進

行形にはならない。したがって，㋑が正解である。

7.「私が思い出させなくても，私の誕生日を覚えていてほしかった」

空所の直前に have to *do* の動名詞形があるため，原形となっている㋑「～に思い出させる」と㋓「～を巻き戻す」が選択肢として残る。このうち，目的語に人をとるのは㋑である。

8.「挨拶くらいはしてもいいんじゃない？」

at least「少なくとも」というイディオムの一部であるため，正解は㋐である。

9.「野球の試合が終わる前は帰ることすら考えるな」

Don't ～ で始まっている否定の命令文であるため，過去形となっている㋒は不適である。また，空所の直後には前置詞 about があり，目的語がないため，自動詞である㋑が正解である。

10.「あなたがエッセイを完成させなかった理由を知りたい」

空所に続く節は名詞の不足のない完全文であるため，空所には関係副詞が入る。したがって，正解は㋓である。

II 解答

1―㋓　2―㋑　3―㋐　4―㋓　5―㋒　6―㋐
7―㋒　8―㋑　9―㋓　10―㋓

[解説]　1．A：「すみませんが，郵便局がどこにあるかご存知ですか？」
B：「はい，角を曲がって右側です」

「(通りの) 右側に」など，左右の位置関係を表す場合の前置詞は㋓ on である。

2．A：「明日提出の宿題は何ですか？」
B：「練習問題3はやらなければなりませんが，練習問題4は任意ですよ」

空所は主節の補語にあたるため，疑問代名詞の㋑ What が正解である。また，Aの質問に対し，Bが宿題の内容を回答している会話内容からも，㋑が適切であるとわかる。

3．A：「夏休みにハワイに行きたいんだ」
B：「お金を貯め始めたほうがいいよ。すごく高いよ！」

助動詞 had better *do*「～したほうがいい」より，原形の㋐が正解である。

4．A：「あなたはいつも何時に夕食を食べますか？」

B：「ふつうは6時ごろに食べます」

　Bが normally「通常は」という副詞を使って回答していることから，類義語の㊀「いつもは」が正解である。

5．A：「この虫はどうやって家の中に入ってきたんだろう？」

B：「昨日の夜，窓を閉め忘れてたよ」

　forget to *do*「～するのを忘れる」と forget *doing*「～したことを忘れる」の識別が問われている。Aのセリフから，家の中に虫がいることがわかり，Aは窓を閉め忘れていたのだと類推できる。したがって，不定詞の㋒が正解である。

6．A：「天気予報では，明日は天気が悪いようですね」

B：「ゴルフに行く代わりに映画を見に行くべきかと考えているところだよ」

　主語がⅠなので，主語が複数の場合に使う㋑，三人称単数の場合に使う㊀は不適である。また，*doing* の形で進行形を表す場合には be 動詞が必要である。よって，正解は㋐。

7．A：「彼女は本当に犬が好きなんだね！」

B：「そうだね。でも，彼女はアレルギーだって知ってた？」

　Aのセリフから「彼女」は犬が大好きであることがわかる。また，Bのセリフの後半から「彼女」はアレルギーをもっていることもわかる。通常，アレルギーのある人は犬が苦手だと考えられるにもかかわらず，犬が好きだという逆接の関係であることから，逆接の接続詞㋒が適切。

8．A：「へびに気をつけて！」

B：「警告してくれてありがとう。おかげで命拾いしました」

　空所の直前に定冠詞 the があることから，空所には名詞が入ることがわかる。したがって，動詞の㋐と㊀は不適である。また，警告はAの発した「へびに気をつけて」というセリフのみのため，単数形である㋑が正解。

9．A：「このたくさんのみかんをどうしたらいいかな」

B：「いい考えがあるよ。近所の人に分けてあげよう」

　do with ～「～を処置する」というイディオムが問われている。したがって，㊀が適切である。なお，with は「～を使って」という意味の前置詞であるため，イディオムを知らなくても「このみかんを使って何をしよう？」という文脈から類推できるだろう。

10．A：「レシピの次の準備ができました」

B：「では玉ねぎを2個，包丁で切ってください」

　選択肢の意味はそれぞれ，㋐「～をゆでる」，㋑「水気をきる，排水する」，㋒「～を熱湯でゆでる」，㋓「～を薄く切る」である。このうち，包丁を使うものは㋓である。

Ⅲ　解答　1—㋑　2—㋒　3—㋒　4—㋑　5—㋒　6—㋓
　　　　　　7—㋐　8—㋑・㋓

解説　≪体内時計とスケジュールの同期≫

1．「"is thrown off-kilter" の言い換えとして，最も適切なものは？」

　第2段第2文（Shift workers, for …）および第3文（Travelers may experience …）に，例として「毎日の活動を仕事のスケジュールに合わせる必要のあるシフト勤務の労働者」と「睡眠サイクルが乱れ，時差ボケを感じる旅行者」が挙げられている。ここから，正解は㋑「乱れる」である。throw *A* off-kilter「*A* を混乱させる」

2．「概日リズムの影響の例として挙げられていないものは？」

　㋐「体温」は第4段第1文（Circadian rhythms affect …）に，㋑「エネルギーレベル」は第3段第1文（You've probably noticed …）に，㋓「睡眠障害」は第4段第3文（Interruptions to your …）に，それぞれ記述がある。したがって，本文に挙げられていないものは，㋒「筋肉痛」である。

3．「早起きの傾向のあるグループは？」

　Sleeping の項目の第2段（Young children tend …）に「幼い子どもは早起きで，10代の子どもは寝坊をする傾向がある」との記述があり，同項目最終段（Teens might be …）に「10代の子どもたちは，1日の始まりの前に長めの休息を取ると良く，高齢者は早寝早起きを好むかもしれない」との記述がある。したがって，㋒「幼い子どもと高齢者」が正解である。

4．「"restricting your eating to a 12 to 15-hour window" が示しているものは？」

　window には，「四角い空白の領域」といった意味があり，それが予定表やスケジュール帳等にあると「空いた時間」といった意味が派生する。

下線部を含む文を直訳すると「日中の食事を 12 時間から 15 時間の枠内に制限するのも効果的である」となる。したがって，㋑「最初と最後の食事を 12～15 時間の時間内にとる」が正解である。

5.「本文によると，次のうち運動に関する正しいアドバイスは？」

Exercising の項目の第 2 段（Try strength-training later …）に「筋力トレーニングは日中の遅い時間帯に行うようにしよう。体力も午後 2 時から 6 時の間が最高の状態だ」とある。また，同項目の最終段第 1 文（The evening might …）に「ヨガや柔軟性を必要とする運動には，夕方が最適な時間帯かもしれない」とある。したがって，㋒「筋力トレーニングやヨガは夜の早い時間帯に予定しよう」が正解。

6.「本文によると，難しい宿題をしなければならない生徒に筆者が与えるアドバイスとして，最もあり得るものは？」

Thinking の項目の第 2 段第 2 文（Studies suggest that …）に「研究によると，認知能力は午前中の遅い時間帯にピークに達する傾向があるため，精神的に負担のかかる活動は昼食前に取り組むとよい」とある。したがって，㋓「集中力が低下する午後までは待たないほうがいい」が正解。

7.「本文によると，理想のスケジュールを立てるためのアドバイスとして正しくないものは？」

Tips for Adjusting の項目の最終段最終文（Not everyone is …）において，「誰もが同じではないので，自分のエネルギーレベルは少し異なるスケジュールに従うかもしれない」とある。したがって，㋐「周りの人にどのようなスケジュールを立てているかを聞いて，自分でも同じようにしてみよう」はアドバイスとして正しくない。よって，これが正解。

8.「本文によると，正しい 2 つの記述は？」

㋐「深夜に食べる食事は，低カロリーであれば，睡眠サイクルに悪影響を与えることはない」

Eating の項目の最終段第 2 文（Eating before bed …）に不一致。

㋑「食事スケジュールを変更することは，体内時計を新しい勤務スケジュールに合わせるための有効な方法の 1 つである」

Eating の項目の第 3 段第 2 文（This research also …）の内容に一致するため，正しい選択肢である。

㋒「運動スケジュールを変更することは，体内時計を正常に戻すための最

も簡単な方法である」

　本文には，いくつか体内時計を調整するための方法が述べられているが，いずれかの方法が他の方法よりも容易であるという記述はないため，本文に一致しない。

㋑「10 代の子どもたちは，日中きちんと活動するために，より長い睡眠を必要とする傾向がある」

　Sleeping の項目の最終段最終文（Teens might be …）の内容に一致するため，正しい選択肢である。

㋐「年を取れば取るほど，体内時計を調整するために必要な睡眠時間はどんどん減っていく」

　Sleeping の項目の第 1 段第 1 文（The body's natural …）に「年齢とともに睡眠サイクルが変化する」とあるが，体内時計を調整するために必要な睡眠時間については，本文中に記述がない。

㋕「体内時計が正常に働いていると，いつでもエネルギーレベルの変化を感じることはほとんどない」

　Your Biological Clock の項目の第 3 段第 1 文（You've probably noticed …）に「1 日のうちでエネルギーレベルが高いと感じる時間帯がある」とあり，The Best Time for Activities の項目以降で，特定の活動をするのに適切な時間帯について論じられている。つまり，本文の主題は「いかに各人にとって重要な活動を，1 日のうちエネルギーレベルの高い時間帯に行うか」であり，各人のスケジュールに合わせて体内時計を調整する方法論が述べられている。したがって，体内時計が正常に働いているか否かにかかわらず，エネルギーレベルの高い時間帯と低い時間帯は存在する。よって，本文に一致しない。

Ⅳ　解答　1—㋒　2—㋐・㋕　3—㋑　4—㋒　5—㋑・㋑
6—㋒　7—㋑　8. (a)—㋑　(b)—㋑　(c)—㋑

解説　≪ガールスカウトクッキーとパーム油産業の児童労働≫
1. 下線部(1)の two very different worlds とは，オリビアが住むテネシー州とイマが住むインドネシアを指している。そして，(B)段最終文（On one of …）に，「大陸 1 つ分離れたインドネシアの農園で，10 歳のイマは，欧米の大手食品・化粧品ブランドが販売するおびただしい数の製品に使わ

れるパーム油の原料となる果実の収穫を手伝っていた」という内容がある。ここから,「パーム油を生産する貧しい東南アジアの国々」と「裕福でパーム油由来の製品を消費する西洋諸国」の対比が読み取れる（選択肢㋑および㋓）。さらに,(I)段第 1 文（Child labor has …）に, パーム油産業で児童労働が問題となっていることが述べられている。ここから, パーム油産業が主要産業であるインドネシアでは, 児童労働が問題となっており, そうでない西洋諸国では問題となっていないことが読み取れる（選択肢㋐)。以上より, 本文中で述べられていないものは, ㋒である。

2．それぞれの選択肢を検討する。

㋐(C)段第 1 文（Ima is among …）によると, イマと同じような境遇にある子どもは何万人もいるとされている。

㋑ 2 人が出会ったとの記述はない。

㋒(B)段および(C)段には, 学校を辞めたことに関する記述はない。なお, (G)段に学校を辞めることに関する記述があるが, 学校を辞めさせられたのは, オリビアでなく, イマである。

㋓(C)段第 2 文（An Associated Press …）に, 給料はほとんどもしくは全く支払われないとの記述がある。

㋔(B)段第 2 文（On one of …）に一致するため, 正しい。

㋕(C)段第 1 文（Ima is among …）に一致するため, 正しい。

3．下線部(2)を含む文に続く文（She assumed that …）に「彼女は, 自分の販売したクッキーが熱帯雨林やオランウータン, アブラヤシの実を収穫する人たちに害を与えていないのだと思った」という記述がある。したがって, 正解は㋑である。

4．(F)段第 1 文後半（Sustainable palm oil …）において,「持続可能なパーム油に, 持続不可能な資源から採れた油が混ぜられている」という記述がある。したがって, 正解は㋒である。

5．㋑は(H)段第 1 文（She sometimes worked …）に一致する。そして, ㋓は(G)段第 2 文（Then one day …）に一致する。

6．それぞれの選択肢を検討する。

㋐第 1 文（With little or …）に一致。

㋑最終文（In some cases …）に一致。

㋒第 1 文（With little or …）の内容に反するため, 正解の選択肢である。

㊉第 2 文（As they grow …）に一致。

7．(K)段第 1 文（"For 100 years …"）で，下線部(3)の発言を報告したカルティカ氏が「100 年もの間，（インドネシアの）家族は貧困の連鎖から抜け出せず，パーム油農園で働くことしか知らないのです」と述べている。したがって，正解は④である。

8．(a)identify は「～を特定する，同一視する」という意味。本文では，as を伴い，受動態で「～として認識されている」という意味で使われている。したがって，正解は④である。

(b)ban は「～を禁止する」という意味。したがって，言い換えとして適切なものは，④「違法にする」である。

(c)stuck は，stick「～をくっつける，動けなくさせる」という動詞の過去分詞形であり，通例，be stuck の形で「動けなくなる」という意味で使われる。これに最も近い意味の語句は，④「捕らわれる，身動きできなくなる」である。

日本史

I　解答　≪弘仁・貞観文化≫

問1．㋒　問2．㋐　問3．㋓　問4．㋒　問5．㋓　問6．㋐
問7．㋐

II　解答　≪江戸時代の儒学≫

問1．㋑　問2．㋒　問3．㋐　問4．㋒　問5．㋓　問6．㋐
問7．㋓　問8．㋑

III　解答　≪貴族の生活≫

問1．㋓

IV　解答　≪10世紀の支配体制の転換，北条氏の台頭≫

問1．㋐　問2．㋒　問3．㋐　問4．㋓　問5．㋑　問6．㋒
問7．㋑　問8．㋑　問9．㋐

V　解答　≪幕政の安定≫

問1．㋓　問2．㋑　問3．㋒　問4．㋐　問5．㋑　問6．㋒
問7．㋒　問8．㋐

VI　解答　≪不平等条約の改正，日中戦争，近現代の女性の政治参加≫

問1．㋒　問2．㋐　問3．㋑　問4．㋑　問5．㋒　問6．㋓
問7．㋐　問8．㋓　問9．㋒　問10．㋓　問11．㋐　問12．㋓

問 13.　㋐　　問 14.　㋒　　問 15.　㋐　　問 16.　㋑　　問 17.　㋑

世界史

I　[解答]　≪文字解読の歴史≫

問1．㋑　問2．㋒　問3．㋓　問4．㋐　問5．㋑　問6．㋐
問7．㋐　問8．㋓　問9．㋒　問10．㋐

II　[解答]　≪地理書・旅行記の歴史≫

問1．㋐　問2．㋒　問3．㋓　問4．㋐　問5．㋒　問6．㋑
問7．㋑　問8．㋑　問9．㋐　問10．㋐

III　[解答]　≪ヨーロッパにおける本と作家の関係≫

問1．㋑　問2．㋐　問3．㋒　問4．㋓　問5．㋑　問6．㋑
問7．㋑　問8．㋐　問9．㋒　問10．㋓

IV　[解答]　≪グランド＝ツアーの歴史≫

問1．㋑　問2．㋓　問3．㋐　問4．㋓　問5．㋑　問6．㋑
問7．㋓　問8．㋑　問9．㋒　問10．㋒

地理

I 解答 ≪世界の自然環境≫

問1. エ 問2. ウ 問3. イ 問4. イ 問5. エ 問6. ウ

II 解答 ≪岩手県の地誌≫

問1. イ 問2. エ 問3. イ 問4. イ 問5. エ 問6. イ

III 解答 ≪世界の観光≫

問1. ウ 問2. エ 問3. エ 問4. ウ 問5. ウ 問6. ア
問7. イ 問8. イ 問9. イ 問10. ウ

IV 解答 ≪オセアニアの地誌≫

問1. ア 問2. エ 問3. ウ 問4. エ 問5. ア 問6. ア
問7. エ 問8. エ 問9. エ 問10. ア

■■■ 数学 ■■■

I 解答 ≪根号の計算，対称式≫

ア. 5　イ. 1　ウ. 2　エ. 5

II 解答 ≪循環小数，1 次不等式≫

アイ. 39　ウエ. 11　オカ. 67

III 解答 ≪2 次方程式の解≫

ア. 0　イウ. −1　エオ. −1　カ. 2　キ. 1　ク. 2

IV 解答 ≪対数を利用した光の強度計算≫

アイ. 81　ウエオカ. 1215　キク. 36

V 解答 ≪交わった 2 つの円の重なる部分の周の長さと面積≫

ア. 2　イ. 3　ウ. 4　エ. 6　オ. 9　カ. 3　キ. 2

VI 解答 ≪2 次関数のグラフ，2 つの曲線で囲まれた部分の面積≫

アイ. −1　ウ. 3　エ. 2　オ. 0　カ. 0　キ. 3　クケ. 10
コ. 3

化学

[解答]　≪小問集合≫

問1．㋔　問2．㋔　問3．㋐　問4．㋒　問5．㋔　問6．㋓
問7．㋒　問8．㋔　問9．㋒　問10．㋑　問11．㋑　問12．㋑
問13．㋔　問14．㋐　問15．㋐　問16．㋒　問17．㋒　問18．㋒
問19．㋑　問20．㋓　問21．㋒　問22．㋔　問23．㋔　問24．㋔
問25．㋐　問26．㋑　問27．㋑　問28．㋒　問29．㋔　問30．㋓

生物

I 解答 ≪生態系，生物多様性の保全，外来生物≫

問1. (a)—エ (b)—ウ (c)—イ (d)—ア
問2. ア 問3. イ 問4. ウ 問5. エ 問6. ア

II 解答 ≪酵素反応，光合成，呼吸，ATP≫

問1. ア 問2. エ 問3. イ 問4. オ
問5. 1)—イ 2)—ウ 3)—ウ 問6. ア 問7. ウ

III 解答 ≪転写，翻訳，スプライシング≫

問1. (a)—ク (b)—エ (c)—ウ (d)—キ 問2. エ 問3. イ
問4. 1)(e)—ア (f)—ウ 2)—ア 問5. イ

IV 解答 ≪眼の構造とはたらき，視物質，視交叉，盲斑≫

問1. (a)—イ (b)—エ (c)—ウ 問2. エ 問3. A—ア B—エ
問4. ア 問5. ウ 問6. ア 問7. イ
問8. Q—ウ R—ア 問9. イ

問五　（ i ）「いぎたなし」は〝寝坊である〟という意の語。

（ ii ）「やすらふ」は〝とどまる、滞在する〟の意。

問六　Ⅰ、「のたまはせたるに」と宮の行為を受けて「日頃の罪」とあるので、「日頃の罪」は宮の「罪」で、その罪を「許し聞こえつべし」と思ったのは女である。歌の贈答の後に「例のほどへぬ（程経ぬ）」とあり、宮の訪れはいつも間遠だったことがわかる。したがって正解はⓌ。

Ⅱ、女の返歌を見て〝ほんとうにそのとおりなのだろう〟と宮は思っている。女の歌は〝秋風は少し吹くだけでも悲しいのに、どんよりと曇った日にはその気持ちは言いようもありません〟と解釈できる。女の訪れが間遠で、飽きられる気配があるのが悲しい、ということだから正解はⓌ。「秋風」の「秋」は「飽き」との掛詞で、「秋風」が「吹く」のは相手の心変わりを暗示する。宮の訪れが間遠で、飽きられる気配があるのが悲しい、ということだから正解はⓌ。怒っているのではなく悲しんでいるのだからⒾは不適。

問七　Ⓐ「秋風」の歌の直後の「げにさぞあらんかしとおぼせど、例のほどへぬ」「いみじう久しうもなりにけるかな」から読み取れる。

Ⓘ破線部②以下で「あやし、誰ならんと思ひて」とあり、「宮だという確信」はない。

Ⓤ破線部②の前の「すべてこのほどは、折からにや物心細くあはれに常よりもおぼえて眺めける」から読み取れる。

Ⓔ「秋の夜の有明の月」の歌から読み取れる。

Ⓞ宮の歌の直後に「いかに口惜しき者におぼしつらん、と思ふよりも、……と思ふにをかしうて」とあり、「嬉しい」よりも恥ずかしい気持ち」に該当する部分はない。

以上から「読み取れそうもない」ものはⒾとⓄ。

問三　A—㋑　B—㋐　C—㋒
問四　①—㋗　②—㋒　③—㋑　④—㋔
問五　(i)—㋑　(ii)—㋑　(iii)—㋑
問六　Ⅰ—㋒　Ⅱ—㋐
問七　㋑・㋔
問八　㋐

[解説]　問二　1、「折知り顔」は、〝ふさわしい時節を知っている様子〟のこと。
2、後の宮の歌に「有明の月」とある。二十日過ぎの、夜更けに出て、夜が明けてもまだ空に残っている月のことである。
3、「ここかしこ」で〝あちこち〟の意。
4、門を叩く音がしたので、女は侍女を起こして応答させようとしたが、なかなか起きてくれない。ようやく起きたときにはすでに叩く音はやんでいたので、侍女は「人もなかりけるに」と、誰もいないので女の空耳だったと決めつけて、腹を立ててまた寝てしまったのである。
5、「手習ひ」は、心に浮かぶままに無造作に歌などを書くこと。前に「暁起きのほどのことどもを物に書きつくる」とあり、このときに書いたものを女は宮への返事として差し上げたのである。

問三　A、この人物が目を覚ました後に思った心内語が「いみじう久しうも……見るらんかし」で、これに「おぼせど」と尊敬語が使われている。したがって主語は㋑「宮」と判断できる。
B、直前の「門を叩かせ給ふに」までが尊敬語が使われており、ここまでの主語が「宮」である。宮が童に女の家の門を叩かせたとき、家の中ではちょうど女が目を覚まして物思いにふけっていた、という文脈である。
C、問二の4の解説参照。主語は「前なる人」、つまり女のすぐそばで寝ていた侍女である。したがって㋒「女と宮

問三　a—(キ)　b—(ア)　c—(オ)　d—(コ)　e—(エ)

問四　X—(ア)　Y—(ア)　Z—(ウ)

問五　I—(ウ)　II—(イ)

解説
問一　「連体詞」が体言を、「副詞」が主に用言を修飾することを押さえておくとよい。

問二　A、直前の「周期的な」から(ア)「増減」が入る。

B、朝夕の「朝」に対応するのが「未明」だから、「夕」に対応する(イ)「薄暮」が入る。

C、影響を受けて反応する、という文脈である。

D、直後の「一億年に及ぶ上陸のドラマ」とあることから、(ウ)「敢行」が入る。

E、直後の「古い……覆いつくしてしまう」から、(ウ)「逆転」が入る。

問五　I、「かれらの活動」が「活発となる」とは、前段落の「有明海の干潮の時間帯が……もっとも多く巣穴からはい出してくる」ことを指す。二四・八時間周期の「潮汐リズム」と二四時間周期の「昼夜リズム」は、一日に〇・八時間ずつズレていき、再び重なるのは、二四÷〇・八＝三〇日後である。干潮は「潮汐リズム」の一周期で二度ずつ起こるのだから、さらに三〇÷二＝一五日おきに干潮の時間帯は朝夕の未明・薄暮に重なる。したがって正解は(ウ)。

II、「夜行族」とは、"夜活発に行動する人たち"を意味していると考える。この「夜行族」の人たちは、"潮汐リズム"で睡眠を取っており、赤ん坊の睡眠リズムと同様だということで、(イ)が正解とわかる。

解答　五

出典　『和泉式部日記』

問一　(a)—(ア)　(b)—(ア)　(c)—(ウ)　(d)—(ア)　(e)—(イ)

問二　1—(イ)　2—(ア)　3—(イ)　4—(ウ)　5—(イ)

解答

二

解答

問四　傍線部①は直前の「自分の容貌が鏡の助けを借りなければ見ることができないように、身体もまた鏡像によって選びようのない与件として自己に与えられる」の言い換えである。

問五　傍線部②は「身体」＝「人格」ということだから、㋐と㋑は適切。また、同段落に「自己身体をコントロールしなければならない」とあり、身体は「セルフ・コントロールの表現」である。したがって、身体がコントロールされた結果、人格に合致する表現となり、「身体」＝「人格」になるということだから、㋓「身体は人格によってコントロールされている」は適切で、逆に「人格は身体によって左右されている」とする㋒は不適切である。

問六　「クール」には〝冷静〟といった意味がある。㋓「理性的」が近い意味になる。

問七　「自由に着脱のできる」「望ましいボディをオーダーメイド」から、「都合のいい身体を選びたい」とする㋒が残る。前段落の冒頭に「身体の他者性が自覚化されれば」とあり、身体の他者性を自覚すれば、他者の評価からも距離を取ることができる。すなわち、「身体の他者性の彼方」にあるのは、㋑「自分で自分の都合のいい身体を選びたいという欲望」といえる。

三

出典　三木成夫『内臓とこころ』〈V　補論　忘れられた二五時──バイオリズムと眠りのメカニズム〉（河出文庫

問一　（i）─㋓　（ii）─㋓　（iii）─㋒　（iv）─㋑　（v）─㋐

問二　A─㋐　B─㋑　C─㋐　D─㋒　E─㋒

〔一〕

解答

（1）a─㋐　b─㋑　c─㋑　d─㋓　e─㋐

（2）a─㋑　b─㋒　c─㋑　d─㋓　e─㋐

（c）「馴致」の「馴」は〝なれる〟の意で、㋒が正解。

傍線部①は「身体」＝「人格」ということだから、㋐と㋑は適切。

解答

一

出典　上野千鶴子『発情装置 〔新版〕』〈Ⅱ　性愛・この非対称的なもの〉（岩波現代文庫）

問一　A—エ　B—イ

問二　i—ウ　ii—イ　iii—エ　iv—ア

問三　(a)—エ　(b)—イ　(c)—ウ

問四　ウ

問五　ウ

問六　エ

問七　イ

解説　問一　A、エステやダイエットは自己コントロールではなく、他者の視線を意識したものなのだという論理を読み取る。すると、「他者の視線の [A] には エ「内面化」が入るとわかる。他者から見た価値基準が自分の内面に深く根づいてしまっているため、実は他者の視線を意識しているのに、まるで「自己コントロール」しているかのように錯覚している、ということである。

B、「裸のボディ」は、「衣服や化粧」と同様に イ「社会的」な記号と考えられる。具体例として、ダイエットやシェイプアップが「自己身体が社会に馴致されていることの証明」とされているのもヒントになる。

問三　(b)「嗜癖」の「嗜」は "たしなむ、好み親しむ" の意。ア「反社会的」、ウ「依存性」、エ「嫌悪」の意味はない。

2022 年度

問題と解答

問題と解答

■一般選抜全学統一方式

問題編

▶試験科目・配点

学部・学科・コース		教科	科　　目	配　点
大学	家政学部	被服 食物栄養 （食物学専攻） 建築・デザイン 児童	外国語	コミュニケーション英語Ⅰ・Ⅱ，英語表現Ⅰ	100 点
			選択	日本史B，世界史B，地理B，「数学Ⅰ・Ⅱ・A・B」，「化学基礎・化学」，「生物基礎・生物」から1科目選択	100 点
			国語	国語総合（現代文のみ）	100 点
		食物栄養 （管理栄養士専攻）	外国語	コミュニケーション英語Ⅰ・Ⅱ，英語表現Ⅰ	100 点
			選択	「数学Ⅰ・Ⅱ・A・B」，「化学基礎・化学」，「生物基礎・生物」から1科目選択	100 点
			国語	国語総合（現代文のみ）	100 点
	文芸学部		外国語	コミュニケーション英語Ⅰ・Ⅱ，英語表現Ⅰ	100 点
			選択	日本史B，世界史B，地理B，「数学Ⅰ・Ⅱ・A・B」，「化学基礎・化学」，「生物基礎・生物」，「国語総合（古文のみ）」から1科目選択	100 点
			国語	国語総合（現代文のみ）	100 点
	国際・ビジネス学部		外国語	コミュニケーション英語Ⅰ・Ⅱ，英語表現Ⅰ	100 点
			選択	日本史B，世界史B，地理B，「数学Ⅰ・Ⅱ・A・B」から1科目選択	100 点
			国語	国語総合（現代文のみ）	100 点

大学	看　護　学　部	外国語	コミュニケーション英語Ⅰ・Ⅱ，英語表現Ⅰ		100 点
		選　択	「数学Ⅰ・Ⅱ・Ａ・Ｂ」，「化学基礎・化学」，「生物基礎・生物」から1科目選択		100 点
		国　語	国語総合（現代文のみ）		100 点
短大	生　活　科　学　科	選　択	コミュニケーション英語Ⅰ・Ⅱ，英語表現Ⅰ	2科目選択	200 点（1科目）（100 点）
			日本史Ｂ，世界史Ｂ，「数学Ⅰ・Ⅱ・Ａ・Ｂ」，「化学基礎・化学」，「生物基礎・生物」から1科目		
			国語総合（現代文のみ）		
	文科 日本文学・表現心　理　学	選　択	「コミュニケーション英語Ⅰ・Ⅱ，英語表現Ⅰ」，「日本史Ｂまたは世界史Ｂまたは国語総合（古文のみ）」，「国語総合（現代文のみ）」から2科目選択		200 点（1科目）（100 点）
	英　　　語	外国語	コミュニケーション英語Ⅰ・Ⅱ，英語表現Ⅰ		100 点
		選　択	「日本史Ｂまたは世界史Ｂまたは国語総合（古文のみ）」，「国語総合（現代文のみ）」から1科目選択		100 点

▶備　考

- 「数学Ｂ」は，数列の範囲に限る。
- 「化学」は，物質の状態と平衡・物質の変化と平衡（化学反応と平衡を除く）・無機物質の性質と利用・有機化合物の性質と利用の範囲に限る。
- 「生物」は，生命現象と物質・生物の環境応答の範囲に限る。
- 上記の得点の他に調査書（10 点満点）を加えて選抜する。
- 外部英語検定試験の利用：出願時点で，大学の定める外部英語検定試験の基準を満たしている場合，外国語（英語）の試験の得点としてみなされる。また，大学独自の外国語（英語）の試験も受験した場合は，高得点の点数で合否判定が行われる。

■英語■

(60 分)

I　以下の英文 1 ～ 5 の下線部(a)から(d)のうち，**正しくないもの**を一つ選びなさい。

1. We'll never know what happened unless we can go to the place, see it for
(a)　　　　　　　　　(b)
directly,　talk to the people and make detailed notes on what they say.
(c)　　　　　　　　(d)

2. I haven't fed my dog because your cat ate all the pet food that our
(a)　　　　　　　(b)　　　　　　　　　　　　　　　(c)
roommate bought for it meals this week.
(d)

3. Why don't we go to shopping at the shopping mall for some new clothing? I
(a)　　　　　　　　　(b)
just love to shop, and I know you enjoy shopping.
(c)　　　　　　　　　　　(d)

4. We need to leave soon because we have to arrive on time. So, you should to
(a)　　　　　　　　　　　　　　(b)　　　　　　　　　(c)
get ready to go. You must get yourself out the door. Quickly!
(d)

5. Hi. You don't know me, but I'm your new neighbor, and I'd like to introduce
(a)　　　　　　　　　　(b)
myself. But if you're too busy right now, I can come back later today so
(c)　　　　　　　　　　　　　　　　　　　　　　　　(d)
tomorrow morning.

以下の英文 6 ～10 の括弧内に入るものとして最も適切なものを一つ選びなさい。

6. When the students took the reading test, they（　　　）quickly read and
answer comprehension questions.

　a . don't have to

　b . had been to

　c . had to

　d . have to

7. I thought you were (　　　　) the doctor's office tomorrow.

a. go to

b. going to

c. gone to

d. went to

8. I'll help you (　　　　) your homework now if you'll agree to help me later.

a. at

b. if

c. then

d. with

9. Speaking French (　　　　) an ability I'd like to have.

a. are

b. can't

c. is

d. were

10. If you wouldn't mind, could you please put the money (　　　　) the kitchen table?

a. at

b. in

c. on

d. over

Ⅱ 以下の会話文1〜10の下線部に入るものとして，最も適切なものを一つ選びな
さい。

1. A：Hello, Elizabeth.　Long time no see.　Where are you going in such a
   hurry?

   B：Hello, _____

   　　　　a．I am on my way to my next class.

   　　　　b．I graduated last month.

   　　　　c．I went to the library this morning.

   　　　　d．I would like to telephone you later.

2. A：So, what are you doing tonight?

   B：_____

   　　　　a．I enjoy watching a movie.

   　　　　b．I have to work at my part-time job.

   　　　　c．I love listening to music and singing.

   　　　　d．I went to the library to study.

3. A：What do you think about spending a weekend at a mountain resort?

   B：Oh, I am sorry. _____

   　　　　a．I am extremely busy caring for my elderly mother.

   　　　　b．I really do not like large parties.

   　　　　c．I would enjoy traveling to Paris together.

   　　　　d．I would love to spend time with you.

4. A：I really did not understand his explanation in English.

   B：I am also _____.

   　　　　a．confuse

   　　　　b．confused

   　　　　c．confusing

   　　　　d．confusion

5.　A：I heard that you applied for admission to Harvard University.

　　B：That's right.　I was _____ to begin studies next fall.

　　　　　a．accept

　　　　　b．accepted

　　　　　c．accepting

　　　　　d．accepts

6.　A：Why do you need to buy a new cellphone?

　　B：Well, actually, I would like to _____ a more stylish phone.

　　　　　a．had

　　　　　b．have

　　　　　c．have had

　　　　　d．having

7.　A：I heard that the city of Tokyo needs a new sports stadium.

　　B：Yes, I understand that a new one is _____ for 2030.

　　　　　a．being planned

　　　　　b．having planned

　　　　　c．planning

　　　　　d．plans

8.　A：The President is concerned about the current economic situation.

　　B：Yes, I read that he wants to take urgent action to _____
　　unemployment.

　　　　　a．reduce

　　　　　b．reduced

　　　　　c．reducing

　　　　　d．reduction

9.　A：Thank you, John, for helping me to _____ for my upcoming speech.

　　B：It was my pleasure.

a．exercised

b．exercising

c．practice

d．practicing

10.　A：Why is service such an important issue for your company?

　　　B：Well, if a customer isn't receiving a level of service that meets his or her

　　　　　＿＿＿＿＿, that customer won't be a customer very long.

a．expect

b．expectations

c．satisfy

d．satisfying

Ⅲ　以下の英文を読んで設問に答えなさい。右上に数字を付した語句は，本文の後に
注があります。

　　The elephant is Thailand's national animal.　So it's only natural that King
Mongkut in 1861 offered to send a pair to the United States.　They were meant
as a gift of the friendship between the two countries.　Abraham Lincoln was
president at the time.　He was likely amazed and relieved at the distraction from
America's then-raging Civil War[1].　But he politely declined.　He said his country
uses the steam engine, so it would have no use for the working animals.

　　The U.S. Embassy in Bangkok is showcasing historic gifts the two countries
　　　　　　　　　　　　　　　　　　　(1)
have exchanged on the grounds of Thailand's Grand Palace.　This is part of the
200th anniversary celebrating the long-lasting relationship between the two
countries.　There are documents spanning two centuries.　The showcase includes
the first-ever official letter sent between the two countries in 1818.　It was sent
from a Thai diplomat to President James Monroe.　Also included are some
spectacular Thai art objects and portraits.

　　Then there's the elephant's story.　It is documented among the exhibits.　In his 1861 letters, Mongkut offered the elephants after learning they were not native to America. He also sent along three gifts. These included a sword and scabbard[2]. It also included a photograph of the king with one of his daughters, and an impressive pair of elephant tusks.

He addressed the letters to then-President James Buchanan "or whomever would become president" with elaborate paragraph-long salutations[3]. Lincoln was already president by the time the letters arrived a year later. He penned a reply and addressed the king simply as "Great and Good Friend."

The offer of elephants did not neglect practical details. Mongkut stated, "On this account, we desire to obtain and send elephants to be let loose to increase and multiply in the continent of America."

Thailand was called Siam then. It did not have a large enough vessel to transport them, the letter said.

It continued: "In reference to this opinion of ours, if the President of the United States and Congress[4] who conjointly with him rule the country see fit to approve, let them provide a large vessel. It should be loaded with hay and other food suitable for elephants on the voyage. It should have tanks holding a sufficiency of fresh water. And it should be arranged with stalls so that the elephants can both stand and lie down in the ship. And it should be sent to us to receive the elephants. We on our part will obtain young male and female elephants and forward them one or two pairs at a time."

Mongkut then in his letter directs that the elephants should be kept away from the cold and under the sun. The letter also stated to "let them with all haste be turned out to run wild in some jungle suitable for them not confining them any length of time." "If these means can be done we trust that the elephants will increase in their numbers hereafter in the continent of America," the letter said.

Thai monarchy expert Tongthong Chandransu said the offer of elephants reveals that Mongkut wanted to be part of building the young United States.
(2)

"You have to consider that 200 years ago, elephants were an important means of transportation and helped a lot with our work, not to mention warfare, but also the building of homes and cities," Tongthong said.

　　The ever-practical Lincoln rejected the offer to send wild elephants running through American forests, saying the country "does not reach a latitude[5] so low as to favor the multiplication of the elephant." He said in his 1862 letter that "steam on land, as well as on water, has been our best and most efficient agent of transportation in internal commerce."

　　[Adapted from "Lincoln to Thai king: Thanks but no thanks for the elephants" by Kaweewit Kaewjinda, March 25, 2021, ⟨https://www.tweentribune.com/article/tween56/lincoln-thai-king-thanks-no-thanks-elephants/⟩]

（注）
1. Civil War：南北戦争
2. scabbard：(刀剣などの) さや
3. salutation：挨拶のことば
4. Congress：アメリカ議会
5. latitude：緯度

1.　Why did King Mongkut offer to send elephants to the United States?
　a．Because Abraham Lincoln won the presidential election.
　b．Because he hoped the Americans would learn about Thai culture.
　c．Because he wanted to show his friendship to the country.
　d．Because the country already had a large number of elephants.

2.　Which of the following is the most appropriate to replace showcasing?
　　　　　　　　　　　　　　　　　　　　　　　　　　　　(1)
　a．collecting
　b．displaying
　c．lending
　d．storing

3. What do we know based on the description of the exhibition at the Thailand's Grand Palace?

　a. King Mongkut's 1861 letter was sent to the United States with his photograph.

　b. Thailand and the United States have exchanged gifts more than 200 times.

　c. The exhibition proves that Thailand has sent far more than 200 gifts to the United States.

　d. The same exhibition is being planned to be held in the United States later.

4. What did King Mongkut suggest Thailand and the United States do to transport the elephants?

　a. Thailand provides a large vessel, which the United States will alter to carry the elephants as well as food and water for them.

　b. Thailand provides food and water for the elephants when they receive the large vessel from the United States.

　c. The United States and Thailand both provide a vessel with food and water because it is not possible to carry two elephants in one ship.

　d. The United States provides a large vessel altered for the elephants in addition to food and water for them.

5. Which of the following did King Mongkut request as the condition for the elephants after they arrive at the United States?

　a. They must be in a zoo with other animals and given special food.

　b. They must live in the wild in order for them to move freely and breed.

　c. They must receive regular health examinations by doctors.

　d. They must stay in the place where the temperature is strictly controlled.

6. Which of the following is the most appropriate to replace <u>to be part of</u>?
(2)

　a. to gain the land for

　b. to make profits from

　c. to participate in

d. to teach lessons on

7. Which president received the first official letter from Thailand?

a. Abraham Lincoln

b. James Buchanan

c. James Monroe

d. Tongthong Chandransu

8. Which one of the following is true about the event which took place between 1861 and 1862?

a. Siam changed its name to Thailand.

b. Steam engines were invented in Thailand.

c. The United States built the embassy in Bangkok.

d. The United States had a new president.

9. Which of the following did Lincoln give as a reason to decline the offer from King Mongkut?

a. In the United States, it has already been banned by law to use animals for labor.

b. It would be dangerous to receive foreign animals during the Civil War.

c. The climate in the United States is not cool enough for elephants to survive.

d. The United States has steam engines, which he believes is the best way of transportation.

IV 以下の英文を読んで設問に答えなさい。右上に数字を付した語句は，本文の後に
注があります。

[A] From the shrines of Nikko and the temples of Kyoto to the castles of
Matsumoto and Himeji, the Japanese are fiercely proud of the country's
centuries-old monuments of cultural heritage.

[B] Not <u>so</u> for a 113-year-old carousel in the nation's capital.　Despite a
(1)
celebrated history that includes roots in Germany, a visit by Theodore Roosevelt,
a stint[1] in Coney Island in New York, and nearly a half-century entertaining
visitors to the Toshimaen Amusement Park in Tokyo, the El Dorado now sits in
storage, its fate unknown.

[C] The merry-go-round, and the faded time capsule of a park that housed it,
are being replaced by a Harry Potter theme park — <u>a familiar tale</u> in a very old
(2)
country that tends to discard[2] the merely somewhat old for the new.

[D] With the carousel's last whirls came a final flicker[3] of nostalgia as hundreds
rushed to ride its hand-carved horses and ornate wood chariots[4] before the park
shut down in late August.

[E] Four days before the closing, Keiko Aizawa, 42, stood in line in the wilting
heat with her 2-year-old son.　"It is one of the most cherished memories from
when I was young," Aizawa said.　"We would always come in the summer."

[F] Yet those visits ended some 30 years ago.　It was only the news that the
art nouveau carousel would be carted away[5] that had her feeling sentimental.　"I
really want them to find a place for it," she said.

[G] Nostalgia, though, is fleeting[6].　Historic preservationists fear that the
Japanese public will not rally[7] to save the merry-go-round as groups in the
United States and Europe have done for other carousels and amusement park
rides.

[H] After World War II, the Japanese government passed a law under which
structures built after the 17th century could be designated[8] as cultural heritage
properties.　"Prior to that, people thought, 'Oh, it's too new; it's not an important
cultural property,'" said Michiru Kanade, an architectural historian and

conservationist who lectures at the Tokyo University of the Arts.　But even now, she said, public understanding of how to carry out historic preservation campaigns "is something that is not so widely known."

[I] Japan's view of what makes a cultural treasure may in part be a function of necessity.　After the air raids that flattened many cities during World War II, continuous urban renewal has become a feature of the country.　And with the ever-present threat of earthquakes, structures are often razed[9] and rebuilt to upgrade safety standards.

[J] More fundamentally, the mountainous island country has only so much space for its 126 million inhabitants.　"People say the land is so precious that we can't keep old buildings the way they are," said Natsuko Akagawa, a senior lecturer in the humanities at the University of Queensland in Australia who specializes in cultural heritage and museum studies.　But if the carousel is "going to deteriorate in a storeroom," she said, "that's the saddest ending."

[K] Patrick Wentzel, president of the National Carousel Association, a U.S. conservation group, said the El Dorado was probably one of just a dozen such set pieces in the world.　Leaving a <u>jewel</u> like it locked up and <u>out of use</u> poses
(3)　　　　　　　　　　　　　　　　　　　　　　　　　　(4)
risks of its own, he said.　"In several cases, things sat in storage, and things seemed to disappear," Wentzel said.　Even if the El Dorado is not yet regarded as old enough to warrant[10] a historic designation in Japan, he added, "this will be 500 years old in 400 years."

[L] For now, the Seibu Railway Co., the owner of the land where the carousel stood, has not said where it is stored or whether it will reopen in a new spot.　At a closing ceremony for the park, the head of Toshimaen, Tatsuya Yoda, proclaimed that the El Dorado would "continue shining forever," but it was not clear whether he meant merely in memory or in another location.

[Adapted from "After a long ride, will anyone save this Tokyo carousel?" by Motoko Rich and Hikari Hida, October 2, 2020, *The Japan Times*, ⟨https://www.japantimes.co.jp/life/2020/10/02/travel/toshimaen-tokyo-carousel/⟩]

（注）

1. stint：一定期間の労働

2. discard：処分する

3. flicker：かすかな光，またたき

4. chariot：四輪の馬車

5. cart away：運び去る

6. fleeting：つかの間の，はかない

7. rally：結集する

8. designate：選定する

9. raze：解体する

10. warrant：保証する

1. 下線部 so の内容として最も適切なものを一つ選びなさい。
   (1)
   ａ．日本では海外から来たものがもてはやされる傾向にあること。
   ｂ．日本では神社仏閣や城巡りの愛好者が多いこと。
   ｃ．日本では何百年もの歴史を持つ文化遺産が大切にされていること。
   ｄ．日本では文化遺産の保護に関心を持つ人が少ないこと。

2. 下線部 a familiar tale の内容として最も適切なものを一つ選びなさい。
   (2)
   ａ．新しいものよりも古いものの方が尊ばれること。
   ｂ．欧米発のものが日本的なものと混じり合うこと。
   ｃ．少し古くなったものが新しいものに取って代わられること。
   ｄ．ハリー・ポッターシリーズが非常に人気を集めていること。

3. 段落[D][E][F]の内容として，適切なものを二つ選びなさい。
   ａ．インタビューを受けた女性の子供はまだ二歳なので「エルドラド」に乗れなかった。
   ｂ．インタビューを受けた女性は「エルドラド」に乗れなくなると聞いてやってきた。
   ｃ．インタビューを受けた女性は子どもの頃から毎夏ずっと「エルドラド」に乗っている。

d．としまえんの閉園が決まっても，「エルドラド」の乗客は増えなかった。

e．としまえんの閉園が決まり，「エルドラド」に乗りたいという人々が押し寄せた。

f．としまえんの閉園が決まり，「エルドラド」の馬や馬車は最後の補修をされた。

4．段落[H]の内容として，最も適切なものを一つ選びなさい。

a．戦後に 17 世紀以降の建造物も文化財として保護の対象にする法律が出来，人々の文化財保護への熱意は急速に高まった。

b．戦後に 17 世紀以降の建造物も文化財として保護の対象にする法律が出来たが，文化財を保護する方法に関して理解が広まっているとはいえない。

c．戦後に 17 世紀以降の建造物も文化財として保護の対象にする法律が出来た際には，人々は新しすぎるものを保護することに対して反発した。

d．戦後に 17 世紀以降の建造物も文化財として保護の対象にする法律が出来る前から，日本人は新旧両方の文化財を熱心に保護してきた。

5．文章全体を読んで，日本人の文化財保護に対する意識に大きく影響しているものとして，**挙げられていない**のは以下のどれですか。二つ選びなさい。

a．山岳地帯が多い島国なので土地が希少であること

b．自国のものよりも欧米の文化を良いものと見なす風潮

c．人工的な建造物よりも自然環境を大切にする風潮

d．第二次世界大戦下における空襲

e．常にある地震の脅威

6．段落[K]の下線部 jewel 及び，out of use が文中で意味するものに最も近いものを，それぞれ一つずつ選びなさい。
(3) (4)

jewel
(3)

a．jewelry

b．precious stone

c．precious thing

out of use
(4)

　　a．not in use

　　b．being used

　　c．useful

7．文章全体から分かる「エルドラド」の今後の運命として，最も適切なものを一つ
選びなさい。

　　a．当面は倉庫に保管され，その後どうなるかは未定である。

　　b．当面は倉庫に保管された上で，競売にかけられる。

　　c．ハリー・ポッターのテーマパークにおける目玉として再生する。

　　d．元々製作されたドイツに返還されることが決まっている。

日本史

(60 分)

以下の大問 I ～ VIのうち，５問を選んで解答しなさい
（６問全部を解答してはいけません）。

I　下記の文章を読んで，設問に答えなさい。解答は，ア～エのなかから最も適切な
答えを一つ選び，解答用紙の記号をマークしなさい。

A

　この時代の仏教は，天台・真言の２宗が圧倒的な勢力を持ち，祈禱を通じて
（　A　）を求める貴族と強く結びついた。その一方で（　B　）も進み，仏と日本固
有の神々とを結びつける本地垂迹説も生まれた。また怨霊や疫神を祭ることで疫病
や飢饉などの災厄から逃れようとする御霊信仰が広まり，御霊会がさかんにもよお
された。

　（　A　）を求めようとするさまざまな信仰と並んで，来世での幸福を説いて現世
の不安から逃れようとする浄土教も流行してきた。浄土教は，（　C　）を信仰し，
来世において極楽浄土に往生し，そこで悟りを得て苦がなくなることを願う教えで
ある。10 世紀半ばに空也が京の市でこれを説き，ついで（　D　）が『往生要集』を
著して念仏往生の教えを説くと，浄土教は貴族をはじめ庶民のあいだにも広まっ
た。

問１　文中，この時代とは，次のどれか。

　　ア　天平時代　　　イ　摂関時代　　　ウ　戦国時代　　　エ　田沼時代

問２　（　A　）に入る語句は，次のどれか。

　　ア　極楽往生　　　イ　四民平等　　　ウ　鎮護国家　　　エ　現世利益

問3　（　B　）に入る語句は，次のどれか。

　　ア　アニミズム　　イ　神仏習合　　ウ　農耕儀礼　　エ　廃仏毀釈

問4　（　C　）に入る語句は，次のどれか。

　　ア　阿弥陀仏　　イ　薬師如来　　ウ　如意輪観音　　エ　不動明王

問5　（　D　）に入る人名は，次のどれか。

　　ア　鑑　真　　イ　明　恵　　ウ　行　基　　エ　源　信

B

　美術では，上方の有力町人を中心に，寛永期の文化を受け継いで，いちだんと洗
練された作品が生み出された。

　絵画では幕府や大名に抱えられた（　A　）派のほかに，大和絵系統の（　B　）派
から出た（　B　）光起が朝廷に抱えられ，（　B　）派から分かれた（　C　）如慶・
具慶父子は，（　A　）派に加えて幕府の御用絵師となって活躍した。京都では，尾
形光琳が俵屋宗達の装飾的な画法を取り入れて琳派をおこした。

　陶器では京都の（　D　）が上絵付法をもとに色絵を完成して京焼の祖となり，
（　E　）はこの流れをくんで装飾的で高雅な作品を残した。

問6　（　A　）に入る語句は，次のどれか。

　　ア　土　佐　　イ　狩　野　　ウ　住　吉　　エ　雲　谷

問7　（　B　）に入る語句は，次のどれか。

　　ア　土　佐　　イ　狩　野　　ウ　住　吉　　エ　雲　谷

問8　（　C　）に入る語句は，次のどれか。

　　ア　土　佐　　イ　狩　野　　ウ　住　吉　　エ　雲　谷

問9　（　D　）に入る人名は，次のどれか。

　　ア　尾形乾山　　　　　　　　　イ　本阿弥光悦

　　ウ　野々村仁清　　　　　　　　エ　酒井田柿右衛門

問10　（　E　）に入る人名は，次のどれか。

　　ア　尾形乾山　　　　　　　　　イ　本阿弥光悦
　　ウ　野々村仁清　　　　　　　　エ　酒井田柿右衛門

Ⅱ　下記の文章を読んで，設問に答えなさい。解答は，ア〜エのなかから最も適切な
　　答えを一つ選び，解答用紙の記号をマークしなさい。

　　A
　　　この時代には，宮廷・貴族や寺院の豊かな生活と仏教の発展とに支えられ，多く
　　のすぐれた美術作品がつくられた。建築では，寺院や宮殿に礎石・瓦を用いた壮大
　　な建築が建てられた。もと貴族の邸宅であった（　A　），もと平城宮の宮殿建築で
　　あった（　B　）のほか，東大寺法華堂・唐招提寺金堂・正倉院宝庫などが代表的な
　　もので，いずれも均整がとれて堂々としている。
　　　彫刻では，表情豊かで調和のとれた仏像が多く，以前からの金銅像や木像のほか
　　に，木を芯として粘土を塗り固めた（　C　）や，原型の上に麻布を幾重にも漆で塗
　　り固め，あとで原型を抜きとる（　D　）の技法が発達した。東大寺法華堂には，
　　（　D　）の不空羂索観音像を中心に，（　C　）の日光・月光菩薩像・執金剛神像な
　　どがまとまって伝わってきた。また興福寺では，（　D　）の釈迦十大弟子像や八部
　　衆像（阿修羅像を含む）などが知られる。

問１　文中，この時代とは，次のどれか。
　　　ア　飛鳥時代　　　イ　白鳳時代　　　ウ　奈良時代　　　エ　平安時代

問２　（　A　）に入る語句は，次のどれか。
　　　ア　法隆寺金堂　　　　　　　　イ　法隆寺五重塔
　　　ウ　法隆寺伝法堂　　　　　　　エ　法隆寺夢殿

問３　（　B　）に入る語句は，次のどれか。
　　　ア　薬師寺東塔　　　　　　　　イ　唐招提寺講堂
　　　ウ　東大寺転害門　　　　　　　エ　室生寺金堂

問 4　（　C　）に入る語句は，次のどれか。

　　ア　一木造　　　　イ　乾漆像　　　　ウ　寄木造　　　　エ　塑　像

問 5　（　D　）に入る語句は，次のどれか。

　　ア　一木造　　　　イ　乾漆像　　　　ウ　寄木造　　　　エ　塑　像

B

　鎖国のもとにおかれたことから，西洋の学術・知識の吸収や研究は困難であった
が，18 世紀の初めに天文学者である西川如見や新井白石が世界の地理・物産・民
俗などを説いて，先駆けとなった。また将軍徳川吉宗は，漢訳洋書の輸入制限をゆ
るめ，青木昆陽・（　A　）らにオランダ語を学ばせたこともあって，洋学はまず蘭
学として発達し始めた。

　洋学をいち早く取り入れたのは，実用の学問としての医学である。1774（安永 3 ）
年，前野良沢や（　B　）らが西洋医学の解剖書を訳述した『解体新書』はその画期的
な成果であった。ついで（　C　）や宇田川玄随が出て，洋学は各分野でいっそう隆
盛をみせ，（　C　）の門人（　D　）は蘭日辞書である『ハルマ和解』をつくった。ま
た（　E　）は長崎で学んだ科学の知識をもとに物理学の研究を進めた。

問 6　（　A　）に入る人名は，次のどれか。

　　ア　緒方洪庵　　　イ　平賀源内　　　ウ　野呂元丈　　　エ　伊能忠敬

問 7　（　B　）に入る人名は，次のどれか。

　　ア　稲村三伯　　　イ　伊能忠敬　　　ウ　杉田玄白　　　エ　野呂元丈

問 8　（　C　）に入る人名は，次のどれか。

　　ア　大槻玄沢　　　イ　平賀源内　　　ウ　野呂元丈　　　エ　伊能忠敬

問 9　（　D　）に入る人名は，次のどれか。

　　ア　野呂元丈　　　イ　稲村三伯　　　ウ　伊能忠敬　　　エ　緒方洪庵

問10　（　E　）に入る人名は，次のどれか。

　　ア　緒方洪庵　　　イ　伊能忠敬　　　ウ　杉田玄白　　　エ　平賀源内

Ⅲ　下記の文章を読んで設問に答えなさい。解答はア～エのなかから最も適切なもの
　　を一つ選び，解答用紙の記号をマークしなさい。

A

　縄文時代を特徴づけるのは，土器の使用，磨製石器や弓矢の発達である。土器は
その文様から縄文土器と呼ばれるが，（　A　）温で焼かれた（　B　）手で（　C　）
色のものが多い。狩猟には弓矢が使われ，石鏃の大きさから（　D　）型動物が対象
だったことがわかる。また漁労が盛んにおこなわれ，釣針・銛・やすなどの
（　E　）とともに石（　F　）・土（　F　）がみられ，網を使用した漁法もみられ
た。

　縄文人は（　G　）穴住居に住み，ふつうは4～6軒程度の（　G　）穴住居で集落
をつくったが，なかには（　H　）遺跡のように大型の集落もあった。こうした集団
は近隣とだけでなく，かなり遠方の集団とも交易をおこなっていたことが，
（　I　）などの分布状況からわかる。また呪術的な風習を示す遺物に，（　J　）性
をかたどった土偶，通過儀礼の一つと考えられる（　K　），死者の（　L　）葬など
があげられる。

問1　（　A　）（　B　）（　C　）に入る語句の組み合わせとして正しいのは，次の
　　どれか。

　　ア　A：高　　　B：厚　　　C：赤　褐

　　イ　A：高　　　B：薄　　　C：黒　褐

　　ウ　A：低　　　B：厚　　　C：黒　褐

　　エ　A：低　　　B：薄　　　C：赤　褐

問2　（　D　）（　E　）（　F　）に入る語句の組み合わせとして正しいのは，次の
　　どれか。

　　ア　D：中　小　　E：骨角器　　F：錘

　　イ　D：中　小　　E：細石器　　F：甕

　　ウ　D：大　　　　E：骨角器　　F：錘

　　エ　D：大　　　　E：細石器　　F：甕

問 3 （ G ）（ H ）（ I ）に入る語句の組み合わせとして正しいのは，次の
どれか。

　　ア　G：竪　　　H：吉野ヶ里　　　I：青銅器

　　イ　G：竪　　　H：三内丸山　　　I：黒曜石

　　ウ　G：横　　　H：吉野ヶ里　　　I：黒曜石

　　エ　G：横　　　H：三内丸山　　　I：青銅器

問 4 （ J ）（ K ）（ L ）に入る語句の組み合わせとして正しいのは，次の
どれか。

　　ア　J：男　　K：抜歯　　L：屈

　　イ　J：男　　K：断髪　　L：伸展

　　ウ　J：女　　K：断髪　　L：伸展

　　エ　J：女　　K：抜歯　　L：屈

問 5　縄文時代晩期の遺跡から水田跡が発見され，一部では水稲農耕がはじまって
いたことがわかる。その遺跡は次のどれか。

　　ア　鳥浜　　　イ　加曽利　　　ウ　板付　　　エ　津雲

B

鹿子木の事

一，当寺の相承は，（ M ）沙弥寿妙嫡々相伝の次第なり。

一，寿妙の末流高方の時，権威を借らむがために，実政卿を以て（ N ）と号し，
年貢四百石を以て割き分ち，高方は庄家領掌進退の（ O ）職となる。

一，実政の末流願西微力の間，国衙の乱妨を防がず。この故に願西，（ N ）の得
分二百石を以て，高陽院内親王に（ P ）す。(中略)これ則ち（ Q ）の始まりな
り。

問 6 （ M ）に入る語句は，次のどれか。

　　ア　領家　　　イ　本家　　　ウ　開発領主　　　エ　預所

問 7 （ N ）に入る語句は，次のどれか。

　　　ア　領　家　　　　イ　本　家　　　　ウ　開発領主　　　　エ　預　所

問 8 （　O　）に入る語句は，次のどれか。
　　　ア　領　家　　　　イ　本　家　　　　ウ　開発領主　　　　エ　預　所

問 9 （　P　）に入る語句は，次のどれか。
　　　ア　乱　妨　　　　イ　押　領　　　　ウ　寄　進　　　　　エ　強　訴

問10 （　Q　）に入る語句は，次のどれか。
　　　ア　領　家　　　　イ　本　家　　　　ウ　開発領主　　　　エ　預　所

Ⅳ　下記の文章を読んで設問に答えなさい。解答はア～エのなかから最も適切なものを一つ選び，解答用紙の記号をマークしなさい。

A

　半世紀以上におよぶ南北朝動乱を収束させたのは，室町幕府第3代将軍（　A　）であった。（　A　）は京都の市政権や諸国への段銭徴収権など，これまで（　B　）がもっていた権限を手に入れた。また守護大名の統制をはかり，1390年の土岐康行にはじまり，1391年の明徳の乱で（　C　），1399年の応永の乱で（　D　）をたおして，権力の集中をはかった。

　室町幕府の政治組織は，（　A　）を補佐した（　E　）によって整備された。将軍を補佐し，中央諸機関を統轄する（　F　）には細川・斯波・畠山の三氏が任命された。また京都市中の警察権をもち，刑事裁判をつかさどる（　G　）には，赤松・一色・山名・京極の四氏が任命された。また，（　H　）と呼ばれる直轄軍を編成し，ふだん京都で将軍の護衛にあたらせ，全国の守護大名をけん制させた。

問 1 （　A　）に入る人名は，次のどれか。
　　　ア　足利尊氏　　　イ　足利義満　　　ウ　足利義教　　　エ　足利義政

問 2 （　B　）（　C　）（　D　）に入る語句の組み合わせとして正しいのは，次の

どれか。

ア　B：朝　廷　　　C：山名氏清　　　D：大内義弘

イ　B：朝　廷　　　C：大内義弘　　　D：山名氏清

ウ　B：寺　社　　　C：山名氏清　　　D：大内義弘

エ　B：寺　社　　　C：大内義弘　　　D：山名氏清

問3　（　E　）に入る人名は，次のどれか。

ア　細川勝元　　　イ　細川政元　　　ウ　細川頼之　　　エ　細川晴元

問4　（　F　）（　G　）（　H　）に入る語句の組み合わせとして正しいのは，次の

どれか。

ア　F：管　領　　　G：侍　所　　　H：奉公衆

イ　F：管　領　　　G：政　所　　　H：評定衆

ウ　F：執　権　　　G：政　所　　　H：奉公衆

エ　F：執　権　　　G：侍　所　　　H：評定衆

問5　室町幕府に関する説明として正しいのは，次のどれか。

ア　室町幕府の滅亡まで，全国の荘園に地頭が任命された。

イ　関東には鎌倉府がおかれ，足利一族が鎌倉公方として東国を支配した。

ウ　京都の入口をはじめ全国の関所を廃止し，商業を活性化させた。

エ　倭寇を取り締まり，彼らを利用して貿易をおこなった。

B

　江戸時代の大名は，将軍との親疎によって3つに分類されることが多い。徳川氏
一門が（　I　），三河以来の家臣が（　J　），関ヶ原の戦い以後に従ったのが
（　K　）である。幕政を統括する（　L　）などの幕閣に任命されるのは，ふつう
（　J　）である。幕府は1635年の武家諸法度（寛永令）で，国元と江戸を1年交替
　　　　　　　　　　　　a
で往復する（　M　）を制度化した。これが緩和されたのは（　N　）年である。

　大名は石高に応じて軍役を負担しなければならなかった。戦時には出陣し，平時
　　　　b
には江戸城などの城郭や河川工事などの普請役をつとめた。その一方で「自分仕置」
　　　　　　　　　　　　　　　　　　　　　　　　　　　　　　　　c
と呼ばれる独自の裁判権や刑罰権を認められていた。

問 6　（　I　）（　J　）（　K　）に入る語句の組み合わせとして正しいのは，次の
　　　どれか。

　　　ア　I：譜　代　　　J：親　藩　　　K：外　様

　　　イ　I：外　様　　　J：譜　代　　　K：親　藩

　　　ウ　I：親　藩　　　J：譜　代　　　K：外　様

　　　エ　I：親　藩　　　J：外　様　　　K：譜　代

問 7　（　L　）（　M　）（　N　）に入る語句の組み合わせとして正しいのは，次の
　　　どれか。

　　　ア　L：老　中　　　M：参勤交代　　　N：1862

　　　イ　L：老　中　　　M：月番交代　　　N：1853

　　　ウ　L：側用人　　　M：参勤交代　　　N：1862

　　　エ　L：側用人　　　M：月番交代　　　N：1853

問 8　下線部 a で初めて定められたものは，次のどれか。

　　　ア　私婚の禁止　　　　　　　　　イ　新規の築城禁止

　　　ウ　殉死の禁止　　　　　　　　　エ　大船建造の禁止

問 9　下線部 b について，江戸時代に最大の石高を所有していた大名の姓と藩名の
　　　組み合わせとして正しいものは，次のどれか。

　　　ア　伊達氏　　　　仙台藩

　　　イ　伊達氏　　　　会津藩

　　　ウ　前田氏　　　　金沢(加賀)藩

　　　エ　前田氏　　　　彦根藩

問10　下線部 c に関連して，大名による領国支配の独自性を示すものとして正しい
　　　ものは，次のどれか。

　　　ア　キリスト教などの信仰を自由に認めることができた。

　　　イ　年貢の割合を自由に設定することができた。

　　　ウ　外国と自由に貿易することができた。

　　　エ　参勤交代の時期を自由に設定することができた。

V　下記の文章を読んで設問に答えなさい。解答はア〜エのなかから最も適切なもの
を一つ選び，解答用紙の記号をマークしなさい。

A

　明治政府は1871年に新貨条例を定め，新硬貨を作った。翌1872年には，明治維
新直後に発行した太政官札と引き換えるために新紙幣を発行して通貨の統一を進め
たが，金貨や銀貨と交換できない不換紙幣であった。そこで政府は兌換紙幣を発行
しようと，渋沢栄一を中心に国立銀行条例を定め，1873年，第一国立銀行を設立
　　　　　a
した。

　西南戦争の戦費をまかなうため，政府は不換紙幣を増発し，激しい（　①　）が起
き，紙幣の価値が（　②　）した。1881年，大蔵卿に就任した（　③　）は増税を行
　　　　　　　　　　　　　　　　　　　　　　　　　　　　　　　　　b
い，政府歳入の増加をはかり，不換紙幣を処分し，翌1882年に中央銀行としての
日本銀行を設立した。

問1　この時期の説明として間違っているものは，次のどれか。
　　ア　新貨条例は金本位を建前とする内容であった。
　　イ　新貨条例は十二進法を採用し，円・銭・厘を単位とした。
　　ウ　1872年発行の新紙幣はドイツで製造されたものである。
　　エ　国立銀行設立当初の経営は困難で，ただちに兌換制度を確立することはで
　　　　きなかった。

問2　下線部aの人物の説明として正しいものは，次のどれか。
　　ア　幕末には一橋家に仕えていた。
　　イ　明治初頭の岩倉使節団に参加し，欧米を視察している。
　　ウ　三菱財閥の基礎を確立した。
　　エ　土佐藩出身である。

問3　（　①　）（　②　）に入る語の組み合わせとして正しいものは，次のどれか。
　　ア　①　インフレーション・②　上　昇
　　イ　①　インフレーション・②　下　落
　　ウ　①　デフレーション　・②　上　昇

　　エ　①　デフレーション　・②　下　落

問 4　（　③　）に入る人名として正しいものは，次のどれか。

　　ア　前島密　　　　イ　井上馨　　　　ウ　大隈重信　　　エ　松方正義

問 5　下線部 b の説明として<u>間違っているもの</u>は，次のどれか。

　　ア　厳しい緊縮政策により，米や繭などの物価が上昇した。

　　イ　農民の負担は重くなり，自作農が小作農に転落した。

　　ウ　日本銀行は銀兌換銀行券を発行し，銀本位制度が確立した。

　　エ　日本銀行の設立により，国立銀行は普通銀行に転換した。

B

　次の史料は，帝国議会貴族院における，ある人物の演説の一部である。

「<u>去ル二月十九日ノ本会議ニ於キマシテ</u>，菊池男爵其他ノ方カラ，<u>私ノ著書ノコ</u>
ｄ
ト二付キマシテ御発言ガアリマシタ二付，ココニ一言，一身上ノ弁明ヲ試ムルノ已
ムヲ得ザルニ至リマシタコトハ，私ノ深ク遺憾トスル所デアリマス。」

（出典：『帝国議会貴族院議事速記録』。文中，「菊池男爵」とは菊池武夫のこと。必
要に応じて句読点を補い，カナに直し，ふりがなを付けた。）

問 6　下線部 c の説明として<u>間違っているもの</u>は，次のどれか。

　　ア　貴族院には皇族議員や華族議員が含まれた。

　　イ　貴族院は 1945 年，第二次世界大戦終結と同時に幕を閉じた。

　　ウ　学識経験者など，天皇に任命された議員を勅選議員という。

　　エ　多額納税者が貴族院議員になるケースが認められていた。

問 7　下線部 d は 1935 年 2 月 19 日の貴族院を指しているが，1935 年の出来事と
　　　して正しいものは，次のどれか。

　　ア　ドイツでヒトラーがナチス政権を樹立した。

　　イ　満州国が建国宣言を行った。

　　ウ　イタリアがエチオピアに侵攻した。

　　エ　張学良が蔣介石を軟禁した西安事件が起きた。

問 8　下線部 e「私」の名前と著書の組み合わせとして正しいものは，次のどれか。

　　　ア　滝川幸辰『刑法読本』　　　　　　イ　滝川幸辰『憲法撮要』

　　　ウ　美濃部達吉『刑法読本』　　　　　エ　美濃部達吉『憲法撮要』

問 9　この当時の内閣総理大臣として正しいものは，次のどれか。

　　　ア　広田弘毅　　　　イ　犬養毅　　　　ウ　斎藤実　　　　エ　岡田啓介

問10　文中「私」についての説明として間違っているものは，次のどれか。

　　　ア　「私」は貴族院議員辞任に追い込まれた。

　　　イ　政府は国体明徴声明を出し，「私」を擁護した。

　　　ウ　問題とされた「私」の学説は，上杉慎吉らの天皇主権説と対立した。

　　　エ　問題とされた「私」の学説は，天皇は国家の最高機関であると主張した。

Ⅵ　下記の文章を読み，設問に答えなさい。最も適切な答えを下記のア〜エから一つ
　選び，その記号を解答用紙にマークしなさい。

　　Ａ

　　次の史料は，第二次世界大戦後に成立したある法令の一部である。

　　「すべて国民は，ひとしく，その能力に応ずる教育を受ける機会を与えられなけ
　ればならないものであって，人種，信条，性別，社会的身分，経済的地位又は門地
　によって，教育上差別されない。」

問 1　この法令名として正しいものは，次のどれか。

　　　ア　日本国憲法　　　イ　教育基本法　　　ウ　学校教育法　　　エ　教育委員会法

問 2　1940 年代後半の日本の学校教育の説明として間違っているものは，次のど
　れか。

　　　ア　戦前の修身・公民・地理・歴史に代わって，新教科としての家庭科が誕生
　　　した。

　　　イ　食糧難の中で学校給食が実施され，ユニセフからは脱脂粉乳などの援助を

受けた。

　　ウ　戦争の空襲で校舎が焼失した地域では屋外での青空教室が行われた。

　　エ　GHQ は軍国主義的・国家主義的な教員を教職から追放するよう指示した。

問 3　この法令と同じ年に成立した法律として間違っているものは，次のどれか。

　　ア　警察法　　　　イ　地方自治法　　　ウ　独占禁止法　　　エ　労働組合法

B

　第二次世界大戦後，沖縄はアメリカの軍政下におかれ，軍事基地化が進められた。本土では高度経済成長期の 1960 年代，沖縄県祖国復帰協議会が結成され，超党派の復帰運動が高揚した。1971 年に調印された沖縄返還協定によって，翌年，沖縄は日本に復帰した。しかし，現在も基地問題をはじめとする課題が残っている。

問 4　下線部 a の説明として間違っているものは，次のどれか。

　　ア　1953 年，米軍が沖縄の土地を強制的に使用する土地収用令を出し，住民の抵抗運動が激化した。

　　イ　1968 年，初めて琉球政府主席公選が実施され，当選したのは屋良朝苗であった。

　　ウ　1969 年，佐藤栄作首相とジョンソン大統領の会談の結果，1972 年の沖縄返還に合意した。

　　エ　日本復帰に先立ち，1970 年には沖縄で国政参加選挙が実施された。

問 5　下線部 b の期間の出来事を正しい順に並べてあるものは，次のどれか。

　　ア　キューバ危機　→　農業基本法制定　→　東海道新幹線開通　→
　　　　アメリカ，ベトナムに北爆開始

　　イ　キューバ危機　→　農業基本法制定　→　アメリカ，ベトナムに北爆開始
　　　　→　東海道新幹線開通

　　ウ　農業基本法制定　→　キューバ危機　→　東海道新幹線開通　→
　　　　アメリカ，ベトナムに北爆開始

　　エ　農業基本法制定　→　キューバ危機　→　アメリカ，ベトナムに北爆開始
　　　　→　東海道新幹線開通

問6　下線部 c の説明として<u>間違っているもの</u>は，次のどれか。

　　ア　沖縄返還協定では，アメリカが日本に施政権を返還した後も軍事基地を使
　　　　用し続けることが認められた。

　　イ　1978年，沖縄ではそれまでのアメリカ式から，右側歩行の日本式交通に
　　　　移行した。

　　ウ　米兵による事件があいつぎ，日米地位協定の見直しを求める声が高まって
　　　　いる。

　　エ　1996年に普天間基地の返還が日米間で合意され，翌年から基地の県外移
　　　　設計画が進行していった。

C

　平成時代に入り，短命内閣が続いた。国民は度重なる汚職事件を厳しく批判し
　d
た。1993年，自由民主党は分裂し，衆議院議員総選挙で過半数割れの大敗を喫
し，当時の内閣は退陣し，連立政権による細川護熙内閣が発足した。非自民政権が
　　e　　　　　　　　　f
成立したのは38年ぶりで，"55年体制の崩壊"といわれた。細川内閣をついだ羽田
孜内閣が短命に終わると，村山富市内閣が成立した。

問7　下線部 d の時代の出来事として<u>間違っているもの</u>は，次のどれか。

　　ア　地下鉄サリン事件　　　　　　　イ　EU 発足

　　ウ　湾岸戦争　　　　　　　　　　　エ　チェルノブイリ原発事故

問8　下線部 e の内閣総理大臣として正しいものは，次のどれか。

　　ア　海部俊樹　　　イ　竹下登　　　ウ　宮沢喜一　　　エ　宇野宗佑

問9　下線部 f 当時の首相の所属政党として正しいものは，次のどれか。

　　ア　日本新党　　　　　　　　　　　イ　新党さきがけ

　　ウ　民社党　　　　　　　　　　　　エ　新生党

問10　この時期の政治の説明として正しいものは，次のどれか。

　　ア　細川内閣で PKO 協力法が成立し，国連平和維持活動への自衛隊の海外派
　　　　遣が可能となった。

イ　細川内閣時代に，衆議院に小選挙区比例代表並立制を導入する選挙制度改革が実施された。

ウ　村山内閣は，社会党・自民党・新進党の連立内閣であった。

エ　村山内閣時代に消費税が 3 ％ から 5 ％ に引き上げられた。

■世界史■

(60 分)

Ⅰ　次の文章を読んで，設問に答えなさい。

　人類は文字を使い始めたころから，ことばを金属や石材に彫り込んだり，建築物などの壁面に刻み，また書いてきた。紙やそれに類似する書写材料が発明された後の時代に生きるわたしたちには，硬い金属や石材などに文字を記すことは奇異に感じられるかも知れないが，文字が発明されてから長い年月にわたって，人類はこうした硬い書写材料を用いて文章を残し，伝えてきた。紙やそれに類似する書写材料にインクなどを用いて文字を記した文書に対して，金属や石材で文字を記録した文書を金石文と総称する（ほかにも，壁などに鋭利なもので彫りつけた「落書き（グラッフィーティ）」などがある）。わたしたちの身の回りの金石文として，墓石，大型建築物の定礎板，寺社の境内などで見かける奉納碑や記念碑などが思い浮かぶ。重要な情報を読ませるために設置された碑文がある一方，モニュメントとして象徴的な役割を果たすことが期待されて設置された碑文もある。今日，西安に保存されている開成石経は前者の例であり，（　1　）や論語を含む，（　2　）の重要な文書を石に刻んで保存し，あわせて正しい本文を開示するという狙いがあると思われる。（　3　）の時代，西暦 833 年〜837 年にわたって刻まれ，完成した年の元号「開成」を冠して呼ばれている。同じく（　3　）の時代に建立され，今は西安に保存されている大秦景教流行中国碑は，（　4　）派のキリスト教が唐に伝わった経緯を後世に伝えようとするものである。大唐三蔵聖教序碑は，（　5　）の仏典翻訳を称えた唐の太宗の文章を褚遂良が楷書で認め，それを刻んだものである。東晋の書聖，（　6　）の字を集めて繋(つな)ぎ合わせ，同じ文章を刻んだ集王聖教序（集字聖教序）もある。このように見ると，単に伝達する情報だけが重要なのではなく，（　7　）にも大きな意味があったことがうかがわれる。目を西方に転じると，ヴァイキングなどが使用した<u>ルーン文字</u>を刻んだ石碑群がある。読む者への呪い，死者を記念す
⑧
ることばなどが刻まれている。一枚の碑文に刻み込まれた文字数は多くはないけれども，碑の大きさ，周囲の景観の整備など，刻文内容の外側の要素と緊密に連動し

ているようである。刻まれた文字数が多く，盛り込まれた情報も重要であり，公共
性の高いものでありながら，実際には読みにくそうな事例もある。（　9　）同盟に
加盟するポリスからアテネに集まる貢租金の 1/60 の額を刻み，リストにした，一
連の（　9　）同盟貢租表である。アテネのアクロポリスに設置されていた。納付額
の 1/60 は女神アテナに捧げられた初穂料の額である。碑は巨大で，刻み込まれた
字数は多く，一文字一文字が小さくて，記録文書として閲覧するには相当の不便が
予想される。碑文冒頭を読もうとすれば，見上げるうちに，首が痛くなる。そのた
め，これは会計文書として公開されたのではなく，また初穂料を刻んだということ
からも，同盟に関する行政文書としてではなく，（　10　）として設置された象徴的
な碑文，すなわちモニュメントであるという解釈がされることもある。さまざまな
神を祀った神域であるアクロポリスという場所柄を考えれば，そうした考え方にも
一理あるように思われる。

問 1　空欄1に入る適切な語を選び，その記号をマークしなさい。

　　① 山海経　　　　② 本草綱目　　　③ 仏国記　　　④ 詩　経

問 2　空欄2に入る適切な語を選び，その記号をマークしなさい。

　　① 儒　教　　　　② 道　教　　　　③ 仏　教　　　④ 法　家

問 3　空欄3に入る適切な語を選び，その記号をマークしなさい。

　　① 東　晋　　　　② 隋　　　　　③ 唐　　　　　④ 五代十国

問 4　空欄4に入る適切な語を選び，その記号をマークしなさい。

　　① アリウス　　　　　　　　　② アタナシウス
　　③ ネストリウス　　　　　　　④ ボゴミール

問 5　空欄5に入る適切な語を選び，その記号をマークしなさい。

　　① 鳩摩羅什　　　② 仏図澄　　　③ 玄　奘　　　④ 法　顕

問 6　空欄6に入る適切な語を選び，その記号をマークしなさい。

　　① 王羲之　　　　② 欧陽詢　　　③ 顔真卿　　　④ 空　海

問 7　空欄 7 に入る適切な語句を選び，その記号をマークしなさい。

① 刻み込む人の名前　　　　　　② 刻み込む字の形

③ 文章を起草した人　　　　　　④ 建立された時代

問 8　下線部⑧に関して，もっとも適切な記述を選び，その記号をマークしなさい。

① 漢字と同じ表意文字であり，突厥文字と密接な関係がある。

② ラテンアルファベットと同じ表音文字であり，ゲルマン系の言語文化と関係がある。

③ ラテンアルファベットと同じ表音文字であり，ゲルマン系の言語文化とは関係がない。

④ ラテンアルファベットと同じ表意文字であり，アラブの言語文化と関係がある。

問 9　空欄 9 に入る適切な語を選び，その記号をマークしなさい。

① ペロポネソス　　　　　　　② コリントス

③ 神　聖　　　　　　　　　　④ デロス

問10　空欄 10 に入る適切な語句を選び，その記号をマークしなさい。

① 魔除けの護符　　　　　　　② 政治家の箔づけ

③ 神に対する捧げ物　　　　　④ 情報公開の一環

II　次の文章を読んで，設問に答えなさい。

　あるタペストリーが<u>フランスの北部</u>に伝わっている。11 世紀のものである。末
①
尾が欠けてはいるものの，およそ70m もの長さがあり，そこに一連の情景が刺繍
により描き出されている。現在，58 の場面に区分されている。主な登場人物は<u>エ
ドワード懺悔王</u>（「証聖王」などとも呼ばれる），ハロルド 2 世，（　3　）（征服王）で
②
ある。タペストリーには所々に情景を説明するキャプションのような文が刺繍され
ている。文はラテン語で綴られている。

　（　3　）の名前は「VVILLELMI（ウィッレルムスの変化形）」「WILLELMI
（ウィッレルムスの変化形）」「VVILGELMVM（ウィルゲルムスの変化形）」などと表
記され，揺らぎがある。また今日まで残っているタペストリーの中で，18 回，そ
の名前が記されているが，そのうちの 5 回（第 11 場面，第 21 場面，第 22 場面，第
44 場面，第 46 場面）を除き，<u>常にドゥクス dux という肩書が添えられている。</u>こ
④
の言葉は古代ローマで「指導者」，また「軍隊を統率する立場にある者」「部将」などを
意味し，それが転じて「公」の爵位を示すようになった。今日 Duke of Cambridge
などの爵位に用いられる duke の語源である。

　同じく主人公であるエドワード懺悔王は 4 回登場し（ラテン語で「エドウァルドゥ
ス」），その全てにレークス rex という肩書が添えられている。ラテン語で「王」を
意味する言葉である。

　ハロルド 2 世は合計 20 回登場する。最初に登場する第 2 場面でドゥクス（公）と
いう肩書が添えられ，以後第 17 場面，第 24 場面にもドゥクスが添えられている。
第 29 場面ではエドワード懺悔王の後を継いで王位につき，続く第 30 場面で初めて
レークス（王）の肩書が添えられる。第 50 場面，第 52 場面，第 57 場面でも同様で
ある。第 56 場面では「ここでフランク人が戦い，ハロルドとともにいた者たちが死
んだ」，第 57 場面では「ここでハロルド王が殺害された」という文が刺繍されてい
る。現存するタペストリー最後の第 58 場面では「そしてアングル人は 踵（きびす）を返して
逃走した」と結ぶ。

　名前の揺らぎ，肩書の有無など，この刺繍を史料として使う場合，不安な材料に
もなりそうである。実際，何度か描き出される<u>船</u>の形が，発掘で判明しているもの
⑤
と一致しないところもある。その一方で，タペストリーに刺繍された（　3　）の座
乗船の船尾には右手に持った角笛のようなものを吹きつつ，左手に槍を構える人形

の飾りが見えている。（　3　）の指揮した船団の一覧を記録した文書には，彼の乗る船は妻マティルダが贈ったものであり，船尾には子供の黄金像をあしらい，その像の右手はイングランドを指さし，左手に持った角笛を唇に押し当てている，と記されている。多少の違いはあるにしても，タペストリーの刺繍が事件のなりゆきとは無関係な細部をそれなりにきちんと記録しているとみてよいだろう。第32場面には「この人々は星を見上げている」という文とともに，それらしい図柄が刺繍されている。（　7　）である。大事件の前兆として理解されたのであろう。この現象は当時作成された文書にも記録されており，また現代の天文学の計算結果とも一致する。こうした事情を踏まえると，タペストリーがもつ史料的な価値は軽視できない。

　タペストリーの後半，第40場面，第45場面，第48場面にはヘスティンガという地名が刺繍されている。それぞれ「そしてここで兵士たちはヘスティンガへと急行した。食料を略奪するためである」「ヘスティンガの陣地のそばに空堀を掘って砦を作るよう命じた」「ここで兵士たちはヘスティンガを出てハロルド王と交戦状態に入った」と綴られている。（　8　）である。タペストリーではハロルド王が討ち取られ，対する（　3　）が勝利を収める様子が描き出されている。その武功を記念するのが狙いであるのは間違いないだろう。

　タペストリーの冒頭はエドワード懺悔王，ハロルドの動きから始まり，（　3　）の名前が出てくるのは第10場面（「ここでウィッレルムス公の伝令がやってきた」）を待たねばならず，（　3　）本人の動静は第13場面（「ここでウィドはハロルドをノルマン人の公であるウィルゲルムスの元へと連れて行った」）以下の会談の場面でようやく明らかとなる。（　3　）の動静はエドワード，ハロルドの動きを受けて対応してのものであり，自ら進んでことを起こしたのではないという主張がこめられているのかも知れない。第21場面では「ここでウィッレルムスはハロルドに武装を授けた」，以下「ここでウィッレルムスはバギアエに赴いた」（第22場面），「この地でハロルドはウィッレルムス公に誓いをたてた」（第23場面），「ここでハロルド公はアングリアの地へと帰った」（第24場面），「そしてエドウァルドゥス王の下へと赴いた」（第25場面）と続いている。第26場面でエドワード王の遺骸が使徒ペテロ教会（ウェストミンスター寺院）へ運び込まれ，第29場面でハロルドが後継者として王位についたのは既に述べた。ハロルドが（　3　）の封臣となり，誓いを立てながら，王位につき，両者が戦ったということは，おそらくハロルドが誓いに背き，

裏切ったということを表しているのであろう。

問 1 下線部①に関して，もっとも適切な記述を選び，その記号をマークしなさ
い。

① 具体的には，セーヌ川に面した大都市の大聖堂を指す。古代ローマ人が
ルーテーティア＝パリーシオールムと呼ばれる町を創建して以来，物資の集
散地として栄えてきた。そのため，古来，多くの至宝がこの町に集められ，
本文で述べるタペストリーもそうした宝物の一つとして伝世したものであ
る。

② 1944 年に米英連合軍が上陸作戦を敢行した地域である。シャルル＝ド＝
ゴールは上陸作戦成功後にこの地域のバイユーで演説を行い，フランス「解
放」後に統治を行う臨時政府を発足させるきっかけとなった。連合軍はこの
地域を奪還し，フランスを占領していたドイツに痛撃を与えることに成功し
た。戦後，ド＝ゴールは再びバイユーの地で演説を行い，新たな憲法の構想
を示した。

③ ガロンヌ川が町を貫いて流れる町は，ブルディガラと呼ばれた昔から，ぶ
どう酒の名産地として知られている。アキテーヌ公国の首府であり，後にイ
ングランド王家がこの地を領有することになった関係上，本文に述べるタペ
ストリーがこの地に伝えられることとなった。

④ フランク人と呼ばれる集団が形成されたライン川東岸を指す。フランク人
は今日のドイツ，フランス，イタリアにまたがる広大な版図を支配すること
となったため，その発端となったこの地方に，本文に述べるタペストリーが
伝えられることとなった。

問 2 下線部②に関して，もっとも適切な記述を選び，その記号をマークしなさ
い。

① カエサルが征服し，クラウディウスが属州としたブリタニアで，統治の業
務を代行した族長の一人である。

② アングロ＝サクソン七王国のウェセックス家出身の大王。「アングル人の
王」「アングル人ならびにサクソン人の王」を名乗る。デーン人の侵入を撃退
し，クヌートを滅ぼした。

③　アングロ＝サクソン王国のウェセックス家の出身で，最後の「アングル人の王」とみなされることの多い人物である。

④　円卓の騎士，聖杯伝説，エクスカリバーと呼ばれる名刀と結びつけられ，神話化されたケルト系の王で，押し寄せる外敵を迎え撃とうとして敗死した。

問 3　空欄 3 に入る適切な語を選び，その記号をマークしなさい。

①　フリードリヒ 1 世　　　　　　②　フリードリヒ 2 世

③　ウィリアム 1 世　　　　　　　④　フリードリヒ＝ヴィルヘルム 2 世

問 4　下線部④に関して，もっとも適切な記述を選び，その記号をマークしなさい。

①　プランタジネット朝は一時期，イングランド，フランス両王国にまたがる広大な地域を支配した。ハロルド王を破った（　3　）がフランスでは dux であったことが原因の一つとして成立した支配圏である。

②　英仏百年戦争の結果成立したプランタジネット朝が「アンジュー帝国」の建設に乗り出す際に，（　3　）がフランスの dux であったことを口実に出兵を行った。

③　dux（公）という称号は，中世になると rex（王）と同じ意味になる。今日のルクセンブルク大公国を見れば明らかである。タペストリーの dux と rex も，単にイングランド，フランスで「王」を意味することばが違うだけのことであり，特別な意味はない。

④　「大岡越前守」や「大石内蔵助」のように，官職名が個人名に使われることが日本でも見受けられる。（　3　）に添えられる dux もそうした個人名の一部として用いられていることは，タペストリーに出てくる他の主人公の名乗りを見れば，明らかである。

問 5　下線部⑤に関して，もっとも適切な記述を選び，その記号をマークしなさい。

①　風があるときには帆走し，風がないとき，戦闘行動に出るときには上下三段にわたって設置された櫂を用い，人力で漕ぎ，高速，かつ自由自在な運動

を見せた。船首には衝角が装着されていなかった。

②　喫水が浅く，軽い船で，速く，水深の浅いところでも航行でき，また海岸や河岸に乗り上げることも可能であったため，搭乗員の上陸や乗船が容易であった。軽量なこの船は陸上を運搬することもできる。バルト海から黒海へと抜け，ビザンツ帝国へと至るルートでは，実際にルートの一部で船を陸上に上げて運搬していたことが判っている。

③　蛇腹式の縦帆と横隔壁が特徴的な，遠洋航海用の大型船である。その喫水の深さ，排水量の大きさが衝突時の威力を増すため，遠征艦隊に用いられることが常であった。

④　三角帆が特徴的な木造船。アラビア海，インド洋で広く用いられたものが，ローマ帝国を通じてフランスにも伝わり，中世ヨーロッパで盛んに建造された船である。

問 6　下線部⑤に関して，関係のないものを選び，その記号をマークしなさい。

①　ノヴゴルド王国　　　　　　②　両シチリア王国
③　アイスランド　　　　　　　④　アーメダバード

問 7　空欄 7 に入ることばを説明したものとして，もっとも適切な記述を選び，その記号をマークしなさい。

①　夜空を見上げたときに，常にこの星を中心として，その他の星々がそのまわりをめぐっているため，宇宙全体を司る星として崇められた。

②　一年を通じて宵の明星として知られ，ひときわ明るく輝く星が常に幸先のよいものとして感じられた。

③　75.32 年周期で地球に接近する彗星であり，尾を引く異様な姿に人々が恐れを抱いたのであろう。またタペストリーに描かれた接近時にはきわめて大きく見えたらしく，普段は夜空にないこの星を見た者が驚いたのも無理はない。

④　実際には金環食であり，星ではない。天体観測開始前の時代であったため，人類は日食についてまだ知識がなかったので，この現状を目にして，大変に驚いた。

問 8　空欄 8 に入る適切な語を選び，その記号をマークしなさい。

① カムランの戦い　　　　　　　　② カムロドゥヌムの戦い

③ カタラウヌムの戦い　　　　　　④ ヘースティングズの戦い

問 9　（　8　）で成立したイングランドの王朝の名前として，正しいものを選び，
　　その記号をマークしなさい。

① ノルマン朝　　　　　　　　　　② ゲルマン朝

③ アレマン朝　　　　　　　　　　④ デーン朝

問10　このタペストリーの素材として考えられるものを可能性の高い順に並べたと
　　き，もっとも適切な順番を次の選択肢から選び，その記号をマークしなさい。

① 1：木綿　　　2：亜麻　　　3：羊毛

② 1：木綿　　　2：羊毛　　　3：亜麻

③ 1：羊毛　　　2：木綿　　　3：亜麻

④ 1：亜麻　　　2：羊毛　　　3：木綿

Ⅲ　ジャガイモに関する次の文章を読んで，設問に答えなさい。

　19 世紀フランスの画家ジャン−フランソワ＝ミレーの《晩鐘》【図 1】は，夕暮れ
時の畑で手を休め，教会から響いてくる鐘の音を聞きながら祈りを捧げる夫婦を描
いた作品である。二人の足元に置かれたバスケットにはジャガイモが入っている。

図1　ミレー《晩鐘》1856〜57 年　　　図2　モネ《ひなげし》1873 年

　ミレーが生きた 19 世紀の終わり頃には，屋外の光の見え方を描くことに力を注

いだクロード＝モネ【図2】やオーギュスト＝ルノワールら，（　1　）の画家が現れ，絵画の大きな潮流となり，彼らの作品は，現在に至るまで人気を誇っている。

　その先駆けとなったのが，首都パリから近い農村バルビゾンにたびたび足を運び，滞在して制作したミレーら「バルビゾン派」の画家たちだった。農村での庶民の暮らしぶりを描いた彼らの絵画が，この時代に一部の人びとに好まれるようになったのは，偶然ではない。

　18世紀のイギリスでは，さまざまな紡績機の発明，ジェームズ＝ワットによる蒸気機関の改良など，新しい技術が次々と生み出され，工業を発展させるきっかけとなった。

　この（　2　）の波はやがて隣国フランスにも及び，フランスでも工場の働き手として多くの人が農村から都市に移住し，「労働者」という新たな人口を形成した。このような資本主義初期には，新興の中産階級として成功する者が現れたいっぽうで，多くの労働者を取り巻く環境は厳しく，生活は楽なものではなかった。

　19世紀のフランスではまた，ワーテルローの戦いに敗れたナポレオン1世の失

脚と王政復古を経たあと，特権階級の人びとが権力を占有するのではなく，多くの国民が選挙権を持ち，政治に参加できる体制を求める機運が高まり，1848年に（　3　）が起こった。

　これ以前のフランスの美術界では，王族や貴族，あるいは神話や聖書の人物や神々などを描いた「歴史画」が支配的だった。19世紀初めのその代表格のひとりに，《サン＝ベルナール峠を越えるボナパルト》【図3】などの作品を残した（　4　）がいる。

図3　《サン＝ベルナール峠を越えるボナパルト》1801年

図4　クールベ《オルナンの埋葬》1849〜50年

いっぽうこの時代にミレーや，写実主義の画家ギュスターヴ＝クールベ【図4】らが庶民を主役として描いたのは，産業革命や共和政への動きに並行して，「一般の人びと」

が歴史の表舞台に現れ出たことと関わっている。

　　また，それまでのヨーロッパではあくまでも歴史画の背景に過ぎなかった「風景」
が，絵画の主役になり始めたのも同じ頃のことだった。都市が発展し，また，農村
から都市に移住して豊かになった人びとが田園風景への愛着を持っていたことが，
そのきっかけの一つだとも言われる。

　　さらに，チューブ入りの絵の具が発明されたこと，19世紀にイギリスのス
ティーヴンソンの発明をきっかけに実用化された（　5　）が，フランスにも普及し
て，移動が容易になったことで，戸外での風景画制作は盛んになった。

　　ミレーの《晩鐘》の畑で収穫されているのはジャガイモだが，これは元々はヨー
ロッパにはなかった作物で，原産地は現在の南米ペルー付近のアンデス山地である
と考えられている。

　　1492年に，ジェノヴァ生まれの船乗り（　6　）が大西洋を西進してカリブの
島々に到着したことを皮切りに，ポルトガルやスペインは海洋進出に乗り出した。
16世紀の初め，黄金を求めて新大陸にやってきたスペイン人征服者のひとりであ
るピサロの一行は，アンデス地方で繁栄していた（　7　）を滅ぼした。

　　スペイン人はポトシ銀山から大量の銀を持ち帰ったが，同じ16世紀のうちに，
トマトやジャガイモも，原産地のアンデス地方からヨーロッパに持ち込まれたと推
測される。その後，徐々にヨーロッパ各地に広まったジャガイモは，当初はよい食
べ物とは思われていなかったが，寒冷地でも生育し，小麦が不作になる気候不順の
影響を受けにくいため，貧しい農民にとっては救世主とも呼べる作物となり，ヨー
ロッパの食糧問題に解決の道すじが示された。

　　とりわけ，1618年から48年までドイツで続いた（　8　）で，耕地が荒れ果てて
飢餓に苦しめられた人びとは，窮余の策としてジャガイモを栽培するようになっ
た。その百年余りのちにジャガイモ栽培を促す政策を打ち出したフリードリヒ大王
の治世には，プロイセンの人口は倍増し，国力の礎が築かれた。

　　18世紀，フランスもたびたび飢饉に苦しんだ。食糧を求める人びとが原動力と
なり，バスティーユ牢獄への襲撃に始まるフランス革命が起きた（　9　）年，パル
マンティエという人物がジャガイモなどの栽培法についての本を著し，ジャガイモ
栽培が広まってゆく。1799年に実権を握ったナポレオン1世も，イギリスを孤立
させるため1806年に（　10　）を発したこともあり，食糧自給を目指してジャガイ
モ栽培を推し進めた。

　以後，ジャガイモは貧しい農民の主食として広まっていくが，1848 年の（　3　）に先立つ数年には，小麦は不作となり，ジャガイモを腐らせる疫病（パンデミック）がヨーロッパ中に流行したこともあって，多くの人が飢餓に苦しみ，政府への不満が高まっていた。

　ミレーの《晩鐘》が制作されたのが，その 8 年ほど後，1856 年から 57 年にかけてだったことを考えると，この作品には，慎ましい暮らしを懸命に送る庶民への，画家の共感や敬愛の思いを読み取ることができるだろう。

問 1　空欄 1 に入る適切な語を選び，その記号をマークしなさい。

① ロマン派　　　　　　　　　② マニエリスム

③ 印象派　　　　　　　　　　④ キュビスム

問 2　空欄 2 に入る適切な語を選び，その記号をマークしなさい。

① 情報技術革命　　　　　　　② 産業革命

③ 農業革命　　　　　　　　　④ 無血革命

問 3　空欄 3 に入る適切な語を選び，その記号をマークしなさい。

① デカブリストの乱　　　　　② ボストン茶会事件

③ 二月革命　　　　　　　　　④ 血の日曜日事件

問 4　空欄 4 に入る適切な語を選び，その記号をマークしなさい。

① ゾラ　　　　　　　　　　　② ダヴィド

③ シューベルト　　　　　　　④ ヘーゲル

問 5　空欄 5 に入る適切な語を選び，その記号をマークしなさい。

① 蒸気船　　　② 自動車　　　③ 鉄　道　　　④ 航空機

問 6　空欄 6 に入る適切な語を選び，その記号をマークしなさい。

① アメリゴ＝ヴェスプッチ　　② ヴァスコ＝ダ＝ガマ

③ マガリャンイス　　　　　　④ コロンブス

問 7 空欄7に入る適切な語を選び，その記号をマークしなさい。

① インカ帝国 ② マリ王国

③ フランク王国 ④ ムガル帝国

問 8 空欄8に入る適切な語を選び，その記号をマークしなさい。

① 三十年戦争 ② バラ戦争 ③ 普仏戦争 ④ 南北戦争

問 9 空欄9に入る適切な語を選び，その記号をマークしなさい。

① 1759 ② 1769 ③ 1779 ④ 1789

問10 空欄10に入る適切な語を選び，その記号をマークしなさい。

① 大陸封鎖令 ② ナントの勅令

③ 聖像禁止令 ④ 農奴解放令

Ⅳ 次の文章を読んで，設問に答えなさい。

グローバル＝ヒストリーは，20世紀の終わり頃から注目を集めるようになった歴史学の新潮流である。その先駆とされる歴史書はいくつもあるが，一般読者に広く読まれた書物としては，トインビー①『歴史の研究』(1934～61年)，マクニール『西洋の勃興』(1963年)などがまずあげられるだろう。これらは，人類全体の歴史を俯瞰するといいながら，実のところなぜヨーロッパと北米が興隆したのかを説明することをテーマとした著作である。たとえばマクニールの場合には，第一部でメソポタミア文明②，古代エジプト文明，インダス文明から説きおこし，第二部ではヘレニズムの時代③から1500年頃まで，第三部ではヨーロッパの海外進出④から20世紀初頭までの歴史を，地域間の力関係の変化を重視して描き出している。

専門家のために書かれた古典的な著作としては，ブローデル『地中海』(1949年刊行)がある。原題は『フェリペ2世⑤時代の地中海と地中海世界』といい，第一部では地理や交通⑥の役割などを，第二部では経済，商業，国家と社会の構造を，第三部ではレパントの海戦⑦前後のさまざまな出来事を，さまざまな時間の尺度を駆使して描き出している。

　ブローデルから影響を受けたウォーラーステインは 1970 年代に「近代世界システム」という理論を提唱し，「中核」，「半周辺」，「周辺」の三つの地域から構成されて近代世界という図式を示した。ここでいう「中核」とは，近世のオランダ，近代のイギリス，現代のアメリカなどの覇権国とその周辺地域のことであり，「周辺」とは近世のラテンアメリカやポーランドのように原料や食料の供給地として「中核」に従属していた地域のことである。

　1990 年代に話題になった本としては，ダイアモンド『銃・病原菌・鉄』(1997 年)がある。地域や文化のあいだの格差をおもに地理的な要因から説明しようとした著作で，題名にもあるように伝染病や資源，技術などさまざまな側面をとりあげている点に特徴がある。

問 1　下線部①の人物は，イギリス外務省の職員として第一次世界大戦の講和条件にかかわる国際会議に出席した。この会議の名を次から選び，その記号をマークしなさい。

①　パリ講和会議　　　　　　　　②　ロンドン会議

③　サンフランシスコ講和会議　　④　ベルリン会議

問 2　下線部②のバビロン第 1 王朝の王で，同害復讐の原則にもとづく法典を制定した人物の名を次から選び，その記号をマークしなさい。

①　アッシュルバニパル　　　　　②　クフ

③　ソロモン　　　　　　　　　　④　ハンムラビ

問 3　下線部③の時代を開いたとされる人物で，東方遠征を指揮したマケドニア王の名を次から選び，その記号をマークしなさい。

①　ペリクレス　　　　　　　　　②　カエサル

③　オデュッセウス　　　　　　　④　アレクサンドロス

問 4　下線部④の時代に，ヨーロッパ人として初めて喜望峰回りでインド航路を開拓したポルトガルの航海者の名を次から選び，その記号をマークしなさい。

①　ヴァスコ゠ダ゠ガマ　　　　　②　クック

③　コロンブス　　　　　　　　　④　マガリャンイス

問 5　下線部⑤の人物は何家の出身だったか。次から選び，その記号をマークしなさい。

① ヴァロワ家　　　　　　　　② ハプスブルク家

③ ブルボン家　　　　　　　　④ メディチ家

問 6　下線部⑥に関連して，近世のヨーロッパで開発され遠洋航海のために用いられた大型帆船の名を次から選び，その記号をマークしなさい。

① 三段櫂船　　② ガレオン船　　③ ジャンク船　　④ ダウ船

問 7　下線部⑦の海戦に参加していたとされるスペインの作家セルバンテスの代表作を次から選び，その記号をマークしなさい。

① ガリヴァー旅行記

② ガルガンチュアとパンタグリュエルの物語

③ ドン゠キホーテ

④ ユートピア

問 8　下線部⑧で 19 世紀に 60 年以上在位し，「パクス゠ブリタニカ」と呼ばれるイギリスの全盛期に君臨した女王の名を次から選び，その記号をマークしなさい。

① アン　　　　　　　　　　② ヴィクトリア

③ エリザベス 1 世　　　　　④ エリザベス 2 世

問 9　下線部⑨の国と 14〜16 世紀にかけて同君連合となった地域を次から選び，その記号をマークしなさい。

① スウェーデン　　　　　　② ハンガリー

③ リトアニア　　　　　　　④ ロシア

問10　下線部⑩の例として，14 世紀以降ヨーロッパで流行し黒死病と呼ばれた伝染病の名を次から選び，その記号をマークしなさい。

① インフルエンザ　　　　　② コレラ

③ ペスト　　　　　　　　　④ 天然痘

地理

(60 分)

I 次の図1を見て，世界の自然環境と人間生活に関する以下の問い(問1〜6)に答えなさい。解答は解答用紙にマークすること。

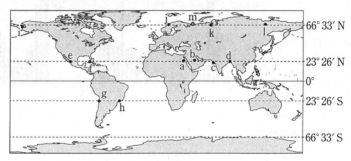

図1

問1 次の図2は，図1中の北回帰線(北緯23度26分)付近に位置する地点a〜d (a：アスワン，b：リヤド，c：ドワルカ，d：ダッカ)のいずれかの月降水量を示したグラフである。地点 **d**(ダッカ)に該当する最も適当なものを，図2中の①〜④のうちから一つ選びなさい。

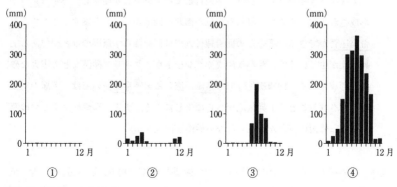

①   ②   ③   ④

気象庁の資料により作成。

図2

問2 次の図3は，図1中の南北アメリカ大陸における北回帰線(北緯23度26分)
と南回帰線(南緯23度26分)の付近に位置する地点e〜h(e：マサトラン，
f：ハバナ，g：アントファガスタ，h：サンパウロ)のいずれかの月降水量
を示したグラフである。地点h(サンパウロ)に該当する最も適当なものを，図
3中の①〜④のうちから一つ選びなさい。

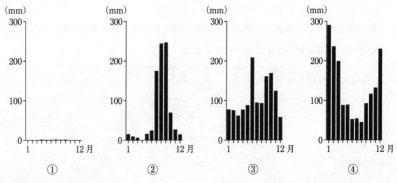

気象庁の資料により作成。

図3

問3 次の文章は，世界の砂漠の多くが南北の回帰線付近に形成される理由を説明
したものである。文章中の下線部①〜④のうちから，**適当でないもの**を一つ選
びなさい。

太陽エネルギーを多く受ける赤道付近では上昇気流が発生して熱帯収束帯が
①
形成されるが，そこで上昇した大気が南北の回帰線付近で下降することで亜熱
帯高圧帯ができる。そのため回帰線付近では雨を降らす原因のひとつである上
②
昇気流が生じにくく，サハラ砂漠やグレートヴィクトリア砂漠などの広大な砂
漠が形成される。回帰線付近でも寒流が流れる大陸東岸沿いでは，下層の空気
③ ④
が冷やされることで上昇気流がさらに生じにくく，ナミブ砂漠やアタカマ砂漠
のように降雨のほとんど見られない砂漠が出現する。

問4 次の図4中の①〜④は，図1中の北極圏の極線(北緯66度33分)の付近に位
置する地点i〜l(i：ノーム，j：ボーデー，k：サレハルド，l：ヴェル
ホヤンスク)のいずれかの月平均気温を示したグラフである。地点j(ボー

デー)に該当する最も適当なものを，図4中の①～④のうちから一つ選びなさ
い。

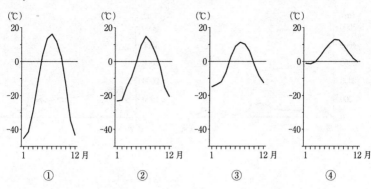

気象庁の資料により作成。

図4

問 5　北極圏の極線付近の気候を詳しく調べるために，図1中の地点m（カニンノ
　　　ス）のハイサーグラフ（図5）を作成した。図5から，地点m（カニンノス）は
　　　ケッペンの気候区分ではどの気候区に該当すると判別できるか。下の①～④の
　　　うちから最も適当なものを一つ選びなさい。

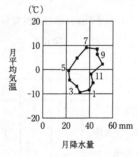

気象庁の資料により作成。

図5

①　Df　　　　　　②　Dw　　　　　　③　ET　　　　　　④　EF

問 6　次の図6中のア～ウは，アフリカ大陸，オーストラリア大陸，南アメリカ大

陸の南回帰線に沿った地形の断面図である。ア～ウの最も適当な組み合わせ

を，図 6 中の①～⑥のうちから一つ選びなさい。

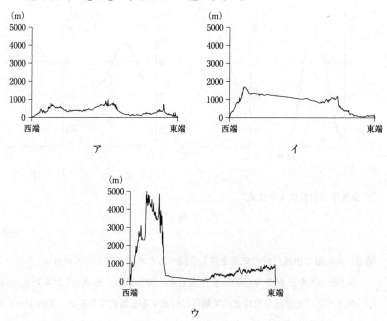

SRTM30（NASA）により作成。

垂直距離を強調している。水平距離は相対距離である。

図 6

	①	②	③	④	⑤	⑥
アフリカ大陸	ア	ア	イ	イ	ウ	ウ
オーストラリア大陸	イ	ウ	ア	ウ	ア	イ
南アメリカ大陸	ウ	イ	ウ	ア	イ	ア

Ⅱ　次の図1を見て，奄美群島の地誌に関する以下の問い(問1〜6)に答えなさい。解答は解答用紙にマークすること。

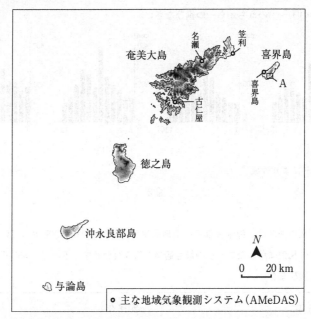

陸地では標高が高いほど濃色で表現した。

国土交通省国土数値情報により作成。

図1

問1　奄美群島の自然環境を説明した文章として**適当でないもの**を，次の①〜④のうちから一つ選びなさい。

① 奄美群島の西側の東シナ海を，黒潮(日本海流)の主流が北東方向に流れる。

② 海岸部の汽水域の一部にはマングローブ林がみられる。

③ 奄美大島や徳之島の山地帯には常緑広葉樹林が広がる。

④ 低地帯は主に隆起サンゴ礁石灰岩によって構成され，水はけがよいため，乾燥に強い硬葉樹がみられる。

問2　奄美群島の降水は地勢や季節風の影響を受ける。次の図2は，図1中に示し

た 4 地点(笠利，喜界島，古仁屋，名瀬)の地域気象観測システム(AMeDAS)
のいずれかの月降水量を示している。**名瀬**に該当する最も適当なものを，図 2
中の①〜④のうちから一つ選びなさい。

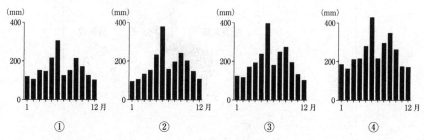

気象庁の資料により作成。

図 2

問 3　次の図 3 は，沖永良部島の土地利用(1976 年，2016 年)を示している。図 3
　　　中の凡例に示したア〜ウの最も適当な組み合わせを，下の①〜⑥のうちから一
　　　つ選びなさい。

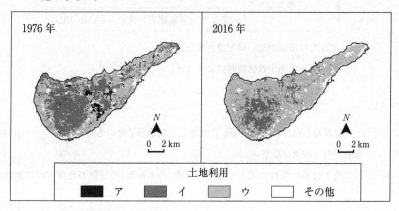

国土交通省国土数値情報により作成。

図 3

	①	②	③	④	⑤	⑥
田	ア	ア	イ	イ	ウ	ウ
田以外の農用地	イ	ウ	ア	ウ	ア	イ
森　林	ウ	イ	ウ	ア	イ	ア

問 4　次の図 4 は，2019 年に船や飛行機を利用して奄美群島へ入域した者の数と，群島内の島々を移動した者の数を示している。図 4 の説明として**適当でないもの**を，下の①〜④のうちから一つ選びなさい。

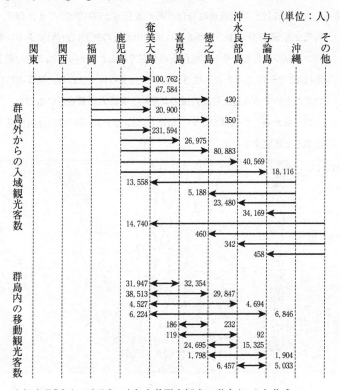

鹿児島県「令和元(平成 31)年奄美群島観光の動向」により作成。

図 4

①　2019 年に群島外から奄美群島の島々に来訪した入域者は約 68 万人に達する。

②　鹿児島は奄美群島入域者の最大の発地であり，入域者全体の 50 % 以上を占める。

③　奄美群島外の各発地からの入島者が最も多い島は奄美大島で，群島外のすべての発地から最大の数が入島している。

④　奄美群島内の移動では，奄美大島と各島間の移動が目立つが，その一方で

徳之島―沖永良部島間，沖永良部島―与論島間などの近距離の島の間での移
動も多い。

問 5　次の図 5 は，国土地理院発行の電子地形図 25000（2021 年 8 月作成，原寸で
　　　縮尺 2 万 5000 分の 1，一部改変，図 1 中の A の範囲に該当）である。喜界島は
　　　サンゴ礁が隆起したサンゴ礁段丘の存在で知られており，図 5 中の最上位段丘
　　　面は 12 万～10 万年前に形成され上昇が始まったとされる。図 5 の情報から求
　　　めることのできる**最上位段丘面の年平均上昇距離に最も近いもの**を，下の①～
　　　④のうちから一つ選びなさい。ただし，12 万～10 万年前の海面の高さは現在
　　　と同じと仮定する。

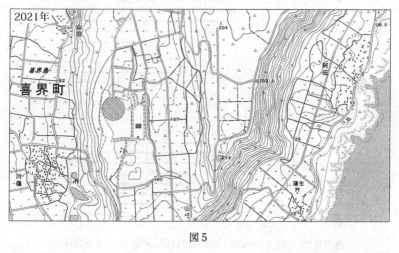

図 5

（編集の都合上，80%に縮小）

　　　①　0.2 mm　　　　②　2.0 mm　　　③　20.0 mm　　　④　20.0 cm

問 6　次の図 6 は，国土地理院が 1962 年に発行した 2 万 5000 分の 1 地形図「喜界
　　　島南部」の一部（原寸，一部調整）で，図 5 と同じ範囲を示している。両図を比
　　　較した説明として**適当でないもの**を，下の①～④のうちから一つ選びなさい。

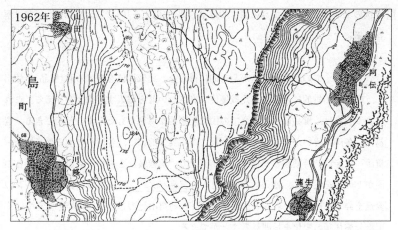

図 6

（編集の都合上，80％に縮小）

①　最上位段丘面と第二段丘面は，かつて大部分が荒れ地だったが，現在では
　　かなりの面積が畑に開墾されている。

②　最上位段丘面から最下位段丘面の集落「阿伝」の方向には，かつて川が流れ
　　ていたが，現在ではなくなっている。

③　かつていくつかの集落の周辺では田で稲作が行われていたが，現在はすべ
　　て畑に転用されている。

④　海岸の開発は進まず，かつても今も岩礁のままである。

Ⅲ　次の文章を読んで，貿易に関する以下の問い(問 1 ～10)に答えなさい。解答は解
　　答用紙にマークすること。

　　　貿易は，全ての国に，生産が相対的に得意な，比較優位を有する財(製品)を輸出
(1)
　　し，生産が相対的に苦手な，比較優位を有さない財を輸入する機会を与える。これ
　　　　　　　　　　　　　　　　　　　　　　　　　(2)
　　により貿易は，貿易に携わる全ての国に互恵的な恩恵をもたらすことができる。貿
　　易は，各国に違いがあることにより起こる。具体的には，各国が有する生産技術・
　　資源・生産開始時期などが違うことが原因で，比較優位を有する財が決まり，どの
　　国がどの財を輸出し，輸入するのかという貿易パターンが決まる。貿易パターンの
　　　　　　　　　　　　　　　　　　　　　　　(3)
　　変遷を詳しく見ると，各国の発展度合い，貿易自由化の進展に伴い姿を変えていく
　　国際分業体制の変化を垣間見ることができる。
(4)
　　　第二次世界大戦後，貿易自由化の進展に寄与してきたのが，GATT(関税と貿易
　　に関する一般協定)，そしてその後継組織である WTO(世界貿易機関)であった。
　　GATT の下では，加盟国の拡大と共に，主に鉱工業製品に対する関税の引き下げ
　　　　　　　　　　(5)
　　が実現された。その後，GATT を引き継いで WTO が，財の貿易やサービス貿易
　　　　　　　　　　　　　　　　　　　　　(6)　　　　　　　　　　(7)
　　の自由化の推進役を担うようになった後，WTO の下での多国間交渉による貿易の
　　自由化は，停滞期を迎える。2001 年から始まった交渉(ドーハ・ラウンド)は，先
　　進国と発展途上国の意見対立により，2021 年時点でも最終合意に至っていない。
　　近年，一向に進展しない WTO の下での多国間交渉による貿易自由化を諦めて，
　　数か国間，もしくは数十か国間で FTA(自由貿易協定)や EPA(経済連携協定)を締
　　　　　　　　　　　　　　　　　　　　　　　　　　　　　(8)
　　結する動きが活発になっている。日本は，最初は WTO の下での多国間交渉によ
　　り貿易自由化を推進する立場を取っていたが，FTA や EPA を締結しないことに
　　よるデメリットが次第に顕在化すると，方針を転換した。日本は，2002 年にシン
　　ガポールと EPA を締結したのを皮切りに，2021 年 1 月時点までに 21 の EPA/
　　　　　　　　　　　　　　　　　　　　　　　　　　　　　　　　(9)
　　FTA に署名している。

　　　貿易は，先述した通り，貿易に携わる全ての国に，互恵的な恩恵をもたらす。し
　　かし，貿易の恩恵は平等にはもたらされない。貿易により生じた経済格差にどう対
　　　　　　　　　　　　　　　　　　　　　　　　　　　　(10)
　　処すべきか，貿易の自由化と共に考え，取り組まなければいけないという課題に
　　我々は直面している。

問 1　下線部(1)について，次の表 1 は 2019 年の貿易総額（輸出額＋輸入額）からみ
　　た日本の貿易相手国上位 3 か国である。**2 位の国と 3 位の国の組み合わせ**とし
　　て最も適当なものを，下の①～④のうちから一つ選びなさい。ちなみに，日本
　　の貿易相手国の上位 3 か国は 2007 年以降変動していない。

表 1

順位	輸出額(1000 円)	輸入額(1000 円)	貿易総額(1000 円)
1	14, 681, 945, 384	18, 453, 731, 118	33, 135, 676, 502
2	15, 254, 512, 762	8, 640, 165, 267	23, 894, 678, 029
3	5, 043, 824, 194	3, 227, 103, 585	8, 270, 927, 779

財務省貿易統計により作成。

	①	②	③	④
2 位	中　国	中　国	アメリカ合衆国	アメリカ合衆国
3 位	韓　国	インド	インド	韓　国

問 2　下線部(2)について，次の図 1 は 2020 年の日本の輸入総額に占める輸入品の
　　割合を示している。図 1 中の A（輸入品第 1 位）と B（輸入品第 2 位）の最も適当
　　な組み合わせを，下の①～④のうちから一つ選びなさい。ちなみに，輸入品の
　　1 位と 2 位は 2015 年以降変動していない。

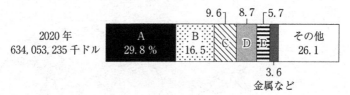

財務省貿易統計と JETRO の資料により作成。

図 1

	①	②	③	④
A	機械類	機械類	鉱物性燃料 （原油及び粗油, 液化天然ガス等）	鉱物性燃料 （原油及び粗油, 液化天然ガス等）
B	鉱物性燃料 （原油及び粗油, 液化天然ガス等）	食料品	機械類	食料品

問3　下線部(3)について，次の表2はある国の2018年の品目別輸出額と輸出総額
に占める割合である。これに該当する最も適当な国を，下の図2中の①〜⑥の
うちから一つ選びなさい。

表2

品　目	輸出額（ドル）	シェア（%）
食料品及び動物（食用）	20, 380, 896, 134	4.5
鉱物性燃料（原油及び粗油，液化天然ガスなど）	237, 851, 242, 602	52.7
化学製品	22, 069, 403, 946	4.9
工業製品	59, 612, 217, 192	13.2
機械類及び輸送用機器	20, 610, 862, 006	4.6
その他	94, 813, 913, 915	20.1

UN Comtrade により作成。

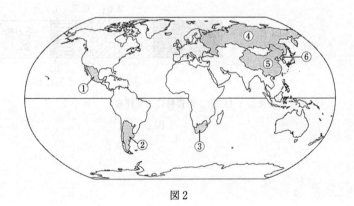

図2

問 4　下線部(4)について，水平分業の説明として最も適当なものを，次の①〜④の
　　　うちから一つ選びなさい。

　　①　発展途上国が輸出する原材料から，先進国が工業製品をつくって輸出する
　　　　国際分業関係のことを指す。

　　②　高度な技術が必要な部品のみを先進国で生産し，その他の部品は発展途上
　　　　国で生産して，それらの部品を消費地で最終的に組み立てる国際分業関係の
　　　　ことを指す。

　　③　国と国が，相互に工業製品を輸出し合う国際分業関係のことを指し，近
　　　　年，先進国と発展途上国の間で増加している国際分業関係である。

　　④　製品の製造のみを先進国で行い，アフターサービスなどの業務を外国の企
　　　　業に委託する国際分業関係のことを指す。

問 5　下線部(5)について，GATT にも加盟せず，その後継組織である WTO にも
　　　2021 年 1 月時点で**加盟していない国**として最も適当なものを，図 2（問 3 中）
　　　の①〜⑥のうちから一つ選びなさい。

問 6　下線部(6)について，WTO（世界貿易機関）の説明として最も適当なものを，
　　　次の①〜④のうちから一つ選びなさい。

　　①　加盟国は，他の全ての加盟国を差別することなく扱う最恵国待遇義務を負
　　　　うため，一部の加盟国同士のみで締結する自由貿易協定を締結することは認
　　　　めていない。

　　②　協定違反を訴えられた加盟国に対し，加盟国の全会一致がないと，罰則が
　　　　下されることはない。

　　③　加盟国は，急激な輸入量の増加によって国内産業に重大な損害などを与え
　　　　た，または与える恐れがある場合，関税引き上げ・輸入数量制限などの措置
　　　　を講じることができる。

　　④　加盟国は，不当に安い輸入品に対して相殺関税を課す，もしくは輸入数量
　　　　制限を課すセーフガードを発動することができる。

問 7　下線部(7)について，サービス貿易の事例として**適当でないもの**を，次の①〜
　　　④のうちから一つ選びなさい。

① 韓国の企業が販売する韓国アイドルの日本公演のコンサートを，チケットを購入して観に行く。

② 日本から韓国のソウルに行き，韓国の旅行会社が提供する韓国ドラマのロケ地を巡る旅行ツアーに参加する。

③ 韓国のインターネットサイトで販売している韓国アイドルのグッズを，日本から購入する。

④ 韓国の語学学校が提供する有料のオンラインのハングル講座を，日本で受講する。

問 8　下線部(8)について，2021 年 1 月時点で日本と 2 国間 EPA（経済連携協定）を締結している国を，図 2（問 3 中）の①〜⑥のうちから一つ選びなさい。

問 9　下線部(9)について，日本も参加予定の地域的な包括的経済連携（RCEP）協定に，2021 年の 1 月時点で既に署名し，参加予定の国として最も適当なものを，図 2（問 3 中）の①〜⑥のうちから一つ選びなさい。

問10　下線部(10)について，発展途上国支援の手段として用いられる ODA（政府開発援助）の説明として**適当でないもの**を，次の①〜④のうちから一つ選びなさい。

① 日本の 2020 年の ODA 実績額は，支出純額ベースで世界第 1 位であった。

② ODA には，無償援助のほかに，資金を貸し付ける借款や技術援助などがある。

③ 日本の ODA は，アジアへの出資が最も多いが，近年は中東やアフリカへの出資も多くなってきている。

④ 日本の中国に対する ODA は，2018 年度で新規採択は終了した。

IV　次の文章を読み，南アジアとそれに関連する国々の地誌に関する以下の問い（問
　　1〜10）に答えなさい。解答は解答用紙にマークすること。

　インド半島を中心に広がる南アジアは，北にヒマラヤ山脈，その南部にヒンドス
　　　　　　　　　　　　　　　　　　(1)
タン平原，その西部に大インド砂漠やインダス平原，そしてインド半島中部から南
部にかけてはデカン高原が広がる広大な地域である。さらにインド半島の南に展開
　　　　　　(2)
するセイロン島やモルディブ諸島などの島々を含む。
　　(3)　　　　　　(4)
　歴史的には，古代にインダス文明が発展し，数々のインド王朝が交代したが，近
代以降はヨーロッパによる植民地主義が大きく影響した地域である。15 世紀末の
ポルトガル人ヴァスコ＝ダ＝ガマによるカリカット（コジコーデ）来訪以降，アジア
　　　　　　　　　　　　　　　　(5)
貿易の拠点としてポルトガルのみならずイギリスやフランスも相次いでこの地域の
経営に乗り出した。特に，17 世紀以降のイギリス東インド会社によるインド経営
の歴史は，イギリスによる支配を強化する過程であった。
　インドのイギリス本国からの独立は戦後の 1947 年であるが，これはインド単一
の独立ではなくインドとパキスタンの分離独立であった。現在インドには 13 億人
　　　　　　　　　(6)
以上の人々が住み，多くの言語や宗教が認められる。インドの連邦公用語はヒン
ディー語で，準公用語として英語が普及しているが，このほかに多くの主要言語や
地方言語が存在する多言語社会である点が一つの特徴である。主要な宗教はヒン
　　　　　　　　　　　　　　　　　　　　　　　　　　　　　(7)
ドゥー教であり，ヒンドゥー社会では厳格な身分制度が今日でも社会に根付いてい
る。しかし，言語同様に多くの宗教が併存しており，ヒンドゥー教以外の代表的な
ものとしてイスラームや仏教，ジャイナ教，シク教などがある。またキリスト教の
信仰者も一定数いる。
　インド国土の約半分は耕地であり，地域ごとに特徴的な農業が営まれている。例
えば，稲作が盛んな地域としてガンジス川中下流域やインド半島の東岸・西岸平野
　　　　　　　　　　　　　　(8)
部，茶生産が盛んな地域としてアッサム地方，ある穀物の生産が盛んな地域として
ガンジス川上流からインダス川上流にかけての一帯がある。
　近年のインド経済は成長が著しく，南アジア諸国の中心的経済の地位を担い，い
　　　　　　　　　　　　　　　　　(9)
わゆる BRICS と称される新興国群の一つに数えられる。農業中心経済からの工業
化も進展しており，1990 年代から経済自由化の波が押し寄せ，海外からの直接投
資を受け入れ始めている。伝統的なジュート工業や鉄鋼業だけでなく，近年は
　　　　　　　　　　　　　　(10)
ICT・ソフトウェア・半導体産業も発展しており，バンガロールはその一大地域で

<u>ある。</u>

問 1　下線部(1)について，ヒマラヤ山脈に関して説明した文章として**適当でないも
の**を，次の①〜④のうちから一つ選びなさい。

①　ヒマラヤ山脈には，アジアだけでなく世界でも最高峰のエヴェレスト山が
位置している。

②　エヴェレスト山の山頂は，ネパールと中国の両国国境に位置している。

③　ヒマラヤ山脈は，ブータン，中国，インド，ネパール，バングラデシュの
5ヶ国の領域にわたっている。

④　ヒマラヤ山脈の造山活動は，インド・オーストラリアプレートとユーラシ
アプレートとがぶつかって隆起したことによるもので，このような衝突帯の
代表的な山脈である。

問 2　下線部(2)について，デカン高原には肥沃な土壌レグールが分布するため綿花
の栽培が盛んであるが，レグールは，ある岩石や堆積物が風化してできた土壌
である。その岩石や堆積物として最も適当なものを，次の①〜④のうちから一
つ選びなさい。

①　珪藻土　　　　②　玄武岩　　　　③　石灰岩　　　　④　泥　岩

問 3　下線部(3)について，セイロン島が領土と一致する国について説明した文章と
して**適当でないもの**を，次の①〜④のうちから一つ選びなさい。

①　1980年代から四半世紀にわたり，シンハラ人とタミル人との間で民族対
立が続いてきたが，2009年に政府軍による内戦終結をみて復興が進んでい
る。

②　この国の首都はイギリス統治時代から首都として機能している。

③　セイロン島における茶の生産は世界的に有名である。

④　対外関係においては中国との関係性が強く，例えば国別経済支援の寄与度
では2019年時点で日本や欧米ではなく，中国が首位である。

問 4　下線部(4)について，モルディブ諸島およびモルディブ共和国に関する説明と
して最も適当なものを，次の①〜④のうちから一つ選びなさい。

① モルディブ諸島の島々の周囲にはサンゴ礁が発達している。環礁もみられ
る。

② モルディブ諸島はおよそ 1,200 の島々からなり，島々は東西に長くわたっ
ている。

③ モルディブ共和国では，シク教徒が国民の大半を占める。

④ モルディブ諸島はインド・オーストラリアプレートがホットスポット上を
移動した際に形成された火山列島で，現在も活火山が存在する。

問 5　下線部⑸について，図 1 中の都市 a ～ d はインド国内の人口規模上位 4 都市
（首都を除く）である。都市 a ～ d のうちカリカット（コジコーデ）に距離的に最
も近い都市 **a** の都市名として最も適当なものを，下の①～④のうちから一つ選
びなさい。

図 1

① チェンナイ　　　　　　　　　② ムンバイ

③ バンガロール　　　　　　　　④ コルカタ

問 6　下線部⑹について，これら両国およびその周辺地域の国内外の対立を説明し
た文章として最も適当なものを，次の①～④のうちから一つ選びなさい。

① 分離独立後，両国はカシミール地方の領有権をめぐって印パ戦争（イン
ド・パキスタン戦争）を開始した。

②　両国が分離独立に至った大きな背景の一つに，ヒンドゥー教徒と仏教徒の
　対立構造を利用した植民地支配が，独立運動へと先鋭化したことがあげられ
　る。

③　分離独立時には，パキスタンの一部であった西パキスタンは，1971 年に
　バングラデシュとしてパキスタンからさらに分離独立した。

④　インドの領土紛争は，中国との間でも 1990 年代以降，深刻な国境紛争を
　経験している。

問 7　下線部(7)について，インドの宗教に関して説明した文章として**適当でないも
　の**を，次の①〜④のうちから一つ選びなさい。

①　インドの国教はヒンドゥー教と定められ，国民の約 8 割が信仰している。

②　イスラームは，インドから分離独立したパキスタンに多くの信徒を擁する
　が，インド国内にもおよそ 1 億 5 千万人程度の信者がいるとされている。

③　シク教は，近年の信者数は 2 千万から 3 千万人程度とされる。有名な黄金
　寺院がアムリットサルにある。

④　キリスト教は，インド南西部のケーララ州を中心に近年の信者数は 3 千万
　人程度とされる。歴史的に伝道師が宣教に来たことで流布したとされてい
　る。

問 8　下線部(8)について，ガンジス川流域の気候・風土では**栽培に向かない作物**と
　して最も適当なものを，次の①〜④のうちから一つ選びなさい。

①　さとうきび　　　②　バナナ　　　　　③　なつめやし　　　④　ジュート

問 9　下線部(9)について，次の表 1 は南アジア諸国について各指標をまとめたもの
　である。表中の空欄（　ア　〜　エ　）に入る語句や数字の組み合わせ
　として最も適当なものを，下の①〜⑥のうちから一つ選びなさい。

表1

国　名	人　口	1人あたり国民総所得	経済成長率	国土面積
	2016 年（百万人）	2016 年（ドル）	2016 年（%）	（万 km²）
インド	1,324.2	1,680	7.1	329
スリランカ	21.2	3,780	4.4	7
ネパール	29.0	730	ア	15
パキスタン	193.2	1,510	5.7	80
バングラデシュ	163.0	1,330	7.1	15
イ	0.8	2,510	6.2	ウ
エ	0.4	7,430	4.1	0.03

World Development Indicators により作成。

	①	②	③	④	⑤	⑥
ア	7.0	7.0	7.0	0.6	0.6	0.6
イ	モルディブ	ブータン	モルディブ	モルディブ	ブータン	ブータン
ウ	4	16	16	4	4	16
エ	ブータン	モルディブ	ブータン	ブータン	モルディブ	モルディブ

問10　下線部(10)について，インドの経済と工業化に関する説明として最も適当なものを，次の①～④のうちから一つ選びなさい。

①　英語や理数系分野に堪能なインド人材の中には，近年では大学に進学したり欧米に留学したりする者も増え，このような先進産業を支える人的資源として活躍している。

②　ICT・ソフトウェア産業においては，デリーの地位は完全に失墜し，バンガロールとムンバイの独占状態にある。

③　農業近代化のプロセスを「緑の革命」と呼ぶのに対して，このような労働者のなかでも教育を受けたホワイトカラー層が雇用される先進産業の急速な進展を「白い革命」と呼ぶ。

④　先進的な ICT・ソフトウェア・半導体産業においても，ヒンドゥー社会

の身分制の影響力は強固で，特定身分階級の雇用は社会的禁忌とされている
ため，有能であっても特定のジャーティに出自を持つ人材の雇用は制約を受
けている。

■数学■

(60 分)

次の問題 I から VI の解答を解答用紙にマークしなさい。

解答上の注意
- 分数形で解答する場合，それ以上約分できない形で答えなさい。例えば，$\dfrac{2}{3}$ と答えるところを，$\dfrac{4}{6}$ と答えてはいけません。
- 根号を含む形で解答する場合，根号の中に表れる自然数が最小となる形で答えなさい。例えば，$4\sqrt{2}$ とするところを，$2\sqrt{8}$ のように答えてはいけません。

I　次の問いに答えよ。

(1) 等式 $|2x - 7| = 5$ を満たす x の値は $\boxed{\text{ア}}$ と $\boxed{\text{イ}}$ である。
ただし，$\boxed{\text{ア}} \leqq \boxed{\text{イ}}$ である。

(2) 円 $x^2 + y^2 - 2x - 4y + 1 = 0$ の中心座標は $\left(\boxed{\text{ウ}} , \boxed{\text{エ}} \right)$，
半径は $\boxed{\text{オ}}$ である。

(3) 集合 A, B について，$A \cup B = A$ は $A \cap B = B$ であるための $\boxed{\text{カ}}$。
$\boxed{\text{カ}}$ にあてはまるものを次の⓪〜③から選べ。

⓪　必要十分条件である

①　必要条件であるが，十分条件でない

②　十分条件であるが，必要条件でない

③　必要条件でも，十分条件でもない

Ⅱ　方程式 $\log_2 x + 2\log_x 2 - 3 = 0$ の解は $x = \boxed{\quad ア \quad}$ ，$\boxed{\quad イ \quad}$ である。

　　ただし，$\boxed{\quad ア \quad} \leqq \boxed{\quad イ \quad}$ である。

Ⅲ　カードの裏に数字がそれぞれ，1，1，2，2，3，4 と書かれた 6 枚のカードが
　　1 セットで構成されたものが何セットか用意されている。

　　(1)　2 セットのカードからそれぞれ 1 枚ずつ引いたとき，

　　　　カードの数字の合計が 3 になる確率は $\dfrac{\boxed{\quad ア \quad}}{\boxed{\quad イ \quad}}$ である。

　　(2)　2 セットのカードからそれぞれ 1 枚ずつ引いたとき，

　　　　同じ数字のカードを引く確率は $\dfrac{\boxed{\quad ウ \quad}}{\boxed{\quad エオ \quad}}$ である。

　　(3)　3 セットのカードからそれぞれ 1 枚ずつ引いたとき，

　　　　カードの数字の合計が 4 になる確率は $\dfrac{\boxed{\quad カ \quad}}{\boxed{\quad キ \quad}}$ である。

Ⅳ　次の式を計算せよ。ここで $i = \sqrt{-1}$ である。

　　(1)　$\dfrac{1}{\dfrac{1}{\sqrt{2}} + \dfrac{1}{\sqrt{2}}i} = \dfrac{\sqrt{\boxed{\quad ア \quad}} - \sqrt{\boxed{\quad イ \quad}}\,i}{\boxed{\quad ウ \quad}}$

　　(2)　$\left(\dfrac{1}{\sqrt{2}} + \dfrac{1}{\sqrt{2}}i \right)^{-2} = \boxed{\quad エ \quad} - \boxed{\quad オ \quad}\,i$

　　(3)　$\left(\dfrac{1}{\sqrt{2}} + \dfrac{1}{\sqrt{2}}i \right)^{-8} = \boxed{\quad カ \quad} + \boxed{\quad キ \quad}\,i$

V　OA = OB = OC = 2, ∠AOB = ∠BOC = ∠COA = 45° を満たす四面体 OABC

について，次の問いに答えよ。

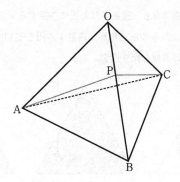

(1)　辺 OB 上に点 P をとるとき，AP + PC の長さの最小値は

$$\boxed{\quad ア \quad} \sqrt{\boxed{\quad イ \quad}}$$ となる。

(2)　(1)のとき，OP : PB = 1 : $\left(\sqrt{\boxed{\quad ウ \quad}} - \boxed{\quad エ \quad} \right)$ となる。

Ⅵ　正三角形に内接する半径 1 の円がある $(n=1)$。図のように，正三角形の頂点を 1 個共有し，円に接する正三角形を 3 個つくる。これら 3 個の正三角形について，それぞれ内接する円を追加する $(n=2)$。次に，これら 3 個の正三角形について，正三角形の頂点を 1 個共有し，追加された円に内接する正三角形をそれぞれ 3 個ずつつくる。さらに，これらの正三角形に内接する円を追加する $(n=3)$。同様に正三角形と内接する円の追加を繰り返す。

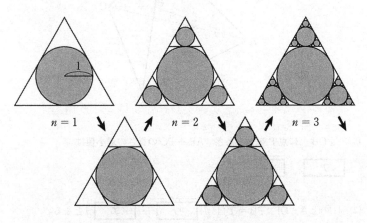

(1)　半径 1 の円の面積を $a_1=\pi$ とする。追加された 3 つの円の面積の和を a_2 とすると，$a_2 = \dfrac{\boxed{ア}}{\boxed{イ}}\pi$ である。

(2)　n 回目の操作で追加される円の面積の和を a_n とすると，
$$a_n = \dfrac{\boxed{ウ}}{\boxed{エ}^{\,n-1}}\pi \text{ である。}$$

(3)　n 回目の操作までに追加されたすべての円の面積の和を
$$S_n = \sum_{k=1}^{n} a_k$$
とすると，
$$S_n = \dfrac{\boxed{オ}\,\pi\left(\boxed{カ} - \boxed{キ}^{\,-n}\right)}{\boxed{ク}}$$
である。

■化学■

(60 分)

以下の設問について，最も適切な答えを(1)〜(5)のなかから一つ選び，解答用紙にその数字をマークせよ。必要な場合，原子量として，H = 1.0，C = 12，N = 14，O = 16，S = 32，K = 39，Mn = 55，アボガドロ定数 6.02×10^{23}/mol，気体定数 $R = 8.31 \times 10^3$ Pa·L/(mol·K)を用いよ。また，理想気体 1 mol の体積は，標準状態で 22.4 L である。

問 1　次のうち「混合物」でないものはどれか。

(1)　都市ガス　　　　　(2)　空気　　　　　　(3)　石油

(4)　ショ糖　　　　　　(5)　牛乳

問 2　次の原子のうち，放射性同位体はどれか。

(1)　$^2_1$H　　　(2)　$^3_1$H　　　(3)　$^{12}_6$C　　　(4)　$^{13}_6$C　　　(5)　$^{16}_8$O

問 3　次の分子のうち，非共有電子対が最も多いものはどれか。

(1)　水素　　　　　　　(2)　塩化水素　　　　(3)　水

(4)　アンモニア　　　　(5)　窒素

問 4　次の元素のうち，元素の周期表の第 3 周期に属し，その中で原子のイオン化エネルギーが最も大きいものはどれか。

(1)　Ar　　　(2)　Ne　　　(3)　Si　　　(4)　Na　　　(5)　Li

問 5　ある金属の結晶を調べたところ，単位格子は 1 辺が 3.6×10^{-8} cm の立方体であり，その中に 4 個の割合で原子が含まれていることがわかった。その結晶の密度を測定したところ，9.0 g/cm^3 であった。この金属の原子量はいくつか。最も近いものを選べ。

(1)　35　　　(2)　42　　　(3)　47　　　(4)　63　　　(5)　70

問 6　ある純物質の気体は $1.0\,g$, $57\,℃$, $2.4 \times 10^5\,Pa$ で, $415\,mL$ の体積を占める。この純物質の分子量はいくつか。最も近いものを選べ。気体は理想気体とする。

　　(1)　2　　　　(2)　17　　　　(3)　18　　　　(4)　28　　　　(5)　32

問 7　コロイド溶液に直流電圧をかけたとき, コロイド粒子が自身が帯電している電荷と反対の電極に移動する現象を何というか。

　　(1)　チンダル現象　　　　(2)　電気泳動　　　　　(3)　電気精錬

　　(4)　透析　　　　　　(5)　ブラウン運動

問 8　空気に窒素と酸素が 4：1 の分子の数の割合で含まれるとする。このとき, 同温・同圧で空気より軽い気体は次のうちどれか。

　　(1)　二酸化炭素　　　　(2)　硫化水素　　　　　(3)　メタン

　　(4)　プロパン　　　　　(5)　一酸化窒素

問 9　酸素には 3 種類の同位体(^{16}O, ^{17}O, ^{18}O)が存在する。これらの同位体を区別したとすると, 酸素分子 O_2 には何種類が存在することになるか。

　　(1)　3 種類　　(2)　4 種類　　(3)　5 種類　　(4)　6 種類　　(5)　7 種類

問10　「物質はそれ以上分割できない原子からなり, 同一元素の原子は固有の質量と大きさをもっている」という内容を提唱した化学者はだれか。

　　(1)　シャルル　　　　(2)　ドルトン　　　　(3)　ボイル

　　(4)　アボガドロ　　　(5)　ラボアジェ

問11　水銀に関する次の記述のうち正しいものはどれか。

　　(1)　元素記号は Wg である。

　　(2)　アルカリ金属元素である。

　　(3)　単体の蒸気は無毒である。

　　(4)　単体の融点は 39℃ である。

　　(5)　他の金属との合金はアマルガムと呼ばれる。

問12　濃硫酸（濃度 98 %，密度 1.8 g/cm³）を水で薄めて 1.0 mol/L の希硫酸を 500 mL つくりたい。濃硫酸は何 mL 必要か。最も近いものを選べ。

(1)　10 mL　　　(2)　14 mL　　　(3)　20 mL　　　(4)　24 mL　　　(5)　28 mL

問13　次の塩のうち，水溶液が酸性を示すものはどれか。

(1)　塩化カリウム　　　　(2)　炭酸ナトリウム　　　(3)　硫酸ナトリウム

(4)　酢酸ナトリウム　　　(5)　塩化アンモニウム

問14　酸化マンガン（Ⅳ）10 g に十分な量の塩酸を加えて加熱した時に発生する塩素の体積は標準状態で何 L か。最も近いものを選べ。ただし，酸化マンガン（Ⅳ）は全て反応するものとする。

(1)　1.3 L　　　(2)　2.6 L　　　(3)　3.9 L　　　(4)　5.2 L　　　(5)　6.5 L

問15　H–H，H–Cl，Cl–Cl の結合エネルギーをそれぞれ，436 kJ/mol，432 kJ/mol，243 kJ/mol としたとき，水素 H_2 1 mol と塩素 Cl_2 1 mol から塩化水素 HCl を生じるときに発生する熱量は何 kJ か。最も近いものを選べ。

(1)　−247 kJ　　　　　(2)　−185 kJ　　　　　(3)　185 kJ

(4)　239 kJ　　　　　(5)　247 kJ

問16　0.01 mol/L の水酸化ナトリウム水溶液を水で 100 倍に希釈した水溶液の pH はいくつか。最も近いものを選べ。ただし，水酸化ナトリウムは完全に電離しているものとし，水のイオン積 $[H^+][OH^-]$ を $10^{-14}(mol/L)^2$ とする。

(1)　8　　　(2)　9　　　(3)　10　　　(4)　11　　　(5)　12

問17　次の物質およびイオンに含まれるマンガン原子について，酸化程度の高いものから順番に並べたものはどれか。

（ア）MnO　（イ）MnO_2　（ウ）Mn_2O_3　（エ）$MnO_4{}^-$　（オ）$MnO_4{}^{2-}$

(1)　（エ）＞（オ）＞（イ）＞（ウ）＞（ア）

(2)　（ウ）＞（ア）＞（エ）＞（オ）＞（イ）

(3)　（オ）＞（エ）＞（ウ）＞（イ）＞（ア）

(4)　（ア）＞（エ）＞（オ）＞（ウ）＞（イ）

(5)　(イ) > (ウ) > (ア) > (エ) > (オ)

問18　次の気体のうち，白金電極を用いて希硫酸を電気分解したとき陽極で発生する
　　　ものはどれか。

　　(1)　水素　　　　(2)　窒素　　　(3)　酸素　　　(4)　硫化水素　(5)　二酸化硫黄

問19　シュウ酸二水和物 $H_2C_2O_4 \cdot 2H_2O$（式量126）の結晶 0.756 g を水に溶かして
　　　100 mL にした。この水溶液 10 mL に希硫酸を加えて温めてから，濃度不明の過
　　　マンガン酸カリウム水溶液をビュレットで滴下したところ，12.0 mL 加えたとこ
　　　ろで過マンガン酸カリウムの赤紫色が消えなくなった。シュウ酸と過マンガン酸
　　　カリウムは過不足なく反応するとき，この過マンガン酸カリウム水溶液のモル濃
　　　度は何 mol/L か。最も近いものを選べ。

　　(1)　0.01 mol/L　　　　(2)　0.02 mol/L　　　　(3)　0.03 mol/L

　　(4)　0.04 mol/L　　　　(5)　0.05 mol/L

問20　硫黄の結晶 0.64 g を二硫化炭素 50 g に溶かした溶液の沸点は，純粋な二硫化
　　　炭素よりも 0.115 ℃ 高かった。このことから，硫黄分子は次のどれになってい
　　　ると考えられるか。二硫化炭素のモル沸点上昇を 2.3 K・kg/mol とする。

　　(1)　S　　　　(2)　S_2　　　(3)　S_4　　　(4)　S_8　　　(5)　S_{10}

問21　ヨウ化カリウム水溶液に塩素水を少量加えたときの反応に関する次の記述のう
　　　ち，正しいものはどれか。

　　(1)　黒い沈殿が生成する。

　　(2)　白い沈殿が生成する。

　　(3)　黄色の気体が発生する。

　　(4)　溶液が褐色になる。

　　(5)　何もおきない。

問22　硫化鉄(Ⅱ)に希塩酸を加えたときに発生する気体はどれか。

　　(1)　H_2　　　　(2)　H_2S　　　(3)　Cl_2　　　(4)　O_2　　　(5)　SO_2

問23　銅と濃硝酸を反応させたときに発生する気体についての次の記述のうち，正しいものはどれか。

  (1)　無色である。

  (2)　無臭である。

  (3)　水に溶けるとアルカリ性を示す。

  (4)　捕集は下方置換法で行う。

  (5)　分子量は 30 である。

問24　濃硫酸にギ酸を加えて加熱すると，一酸化炭素が発生した。これは濃硫酸のどの性質を利用したものか。

  (1)　不揮発性　　　　(2)　脱水作用　　　　(3)　吸湿性

  (4)　酸化作用　　　　(5)　強酸性

問25　炭素，水素，酸素のみからなる有機化合物の試料 24.0 mg を完全燃焼させたところ，二酸化炭素 35.2 mg，水 14.4 mg を生じた。この有機化合物の組成式は次のうちどれか。

  (1)　CH_2O　　(2)　C_2H_2O　　(3)　C_2H_4O　　(4)　C_2H_6O　　(5)　C_3H_6O

問26　試験管にメタノールを 1 mL 程度とり，加熱した銅線のコイルを試験管の液面の近くまで差し込んだ。このときメタノールはどのように変化するか。

  (1)　酸化されてアセトアルデヒドに変化する。

  (2)　還元されてアセトアルデヒドに変化する。

  (3)　酸化されてホルムアルデヒドに変化する。

  (4)　還元されてホルムアルデヒドに変化する。

  (5)　還元されてギ酸に変化する。

問27　次の中で三価のアルコールはどれか。

  (1)　エタノール　　　　(2)　メタノール　　　　(3)　エチレングリコール

  (4)　グリセリン　　　　(5)　2-メチル-1-プロパノール

問28　解熱鎮痛剤としても用いられる物質で $C_6H_4(OH)COOH$ に無水酢酸を作用さ

せて生成するものは，次のうちどれか。

(1)　サリチル酸メチル　　　　　　　(2)　無水フタル酸

(3)　サリチル酸　　　　　　　　　　(4)　アセチルサリチル酸

(5)　安息香酸

問29　リノール酸(分子量 280)のみからなる油脂 1 g をけん化するのに必要な水酸化
カリウムは何 mg か。最も近いものを選べ。

(1)　56 mg　　　(2)　123 mg　　　(3)　148 mg　　　(4)　174 mg　　　(5)　191 mg

問30　下に示した抗生物質ペニシリン G の構造式から読み取れる記述で正しいもの
はどれか。

(1)　エステル結合が存在する。

(2)　リンが含まれている。

(3)　分子量は 110 である。

(4)　不斉炭素原子を 3 つ含む。

(5)　加水分解すると安息香酸が発生する。

生物

(60 分)

I 生命活動とエネルギーに関する次の文章を読み，以下の設問に答えなさい。

　生体内で行われている化学反応の中で，簡単な物質から複雑な物質を合成してエネルギーを蓄える働きを　(ア)　といい，複雑な物質を二酸化炭素や水などに分解してエネルギーを取り出す働きを　(イ)　という。　(ア)　の中で代表的な例は　(ウ)　であり，　(イ)　の中で代表的なものは　(エ)　である。　(ア)　と　(イ)　のような生体内での化学反応全体を　(オ)　とよぶ。　(イ)　によって取り出されたエネルギーは，すべての生物が共通にもつATP という物質を介して受け渡される。
(1)

　生体内の化学反応では，さまざまな酵素が働いている。おもに　(カ)　でできている酵素は，化学反応に必要なエネルギーを低下させる物質であり，反応前後でそれ自体は変化しない。酵素の活性部位と結合し，酵素の作用を受ける物質を
(2)
　(キ)　という。活性部位と立体構造的にはまり込む　(キ)　としか，酵素は結合しない。この特性を　(ク)　という。酵素の反応速度は，温度や pH によって影響を受ける。反応速度が最も大きくなる温度や pH は，酵素によって異なる。反応速度が最も大きくなる温度を最適(至適)温度といい，pH を最適(至適)pH という。

問 1　文章中の空欄　(ア)　～　(ク)　にあてはまる最も適切な用語を，次の①～④の中から一つずつ選びマークしなさい。

(ア)：　① 同化　　　② 酸化　　　③ 還元　　　④ 異化

(イ)：　① 同化　　　② 酸化　　　③ 還元　　　④ 異化

(ウ)：　① 呼吸　　　② 代謝　　　③ 光合成　　④ 加水分解

(エ)：　① 呼吸　　　② 代謝　　　③ 光合成　　④ 加水分解

> (オ)： ① 呼吸　　　② 代謝　　　③ 光合成　　　④ 加水分解
>
> (カ)： ① 糖質　　　② 脂質　　　③ 核酸　　　　④ タンパク質
>
> (キ)： ① 抗原　　　② 補体　　　③ 受容体　　　④ 基質
>
> (ク)： ① 作用特異性　　　　　　② 結合特異性
>
> 　　　 ③ 反応特異性　　　　　　④ 基質特異性

問 2　下線部(1)に示した ATP の構造を，図1に模式的に示した。図1の中の物質(A)と物質(B)の組み合わせとして最も適切なものを，次の①～④の中から一つ選びマークしなさい。

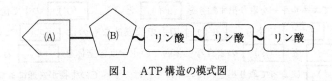

図1　ATP 構造の模式図

① (A)　リボース—————(B)　アデニン

② (A)　アデニン—————(B)　デオキシリボース

③ (A)　デオキシリボース———(B)　アデニン

④ (A)　アデニン—————(B)　リボース

問 3　下線部(2)の特性をもつ物質の総称として最も適切なものを，次の①～④の中から一つ選びマークしなさい。

① 抗体　　　② 触媒　　　③ 補体　　　④ サイトカイン

問 4　過酸化水素水の中に肝臓の切片を入れたところ，液中で気泡が発生した。この気泡を形成した気体として最も適切なものを，次の①～④の中から一つ選びマークしなさい。

① 酸素　　　② 二酸化炭素　　　③ 窒素　　　④ アンモニア

問 5　ヒトの消化酵素の中で，最適(至適)pH が最も低い酵素を，次の①～④の中

から一つ選びマークしなさい。

①　アミラーゼ　　②　トリプシン　　③　ペプシン　　　④　リパーゼ

問 6　DNA 合成に関与する酵素が存在しない細胞小器官として最も適切なもの
　　を，次の①～④の中から一つ選びマークしなさい。

①　葉緑体　　　　　　　　　②　核
③　ミトコンドリア　　　　　④　リボソーム

II　体内環境の調節に関する次の文章を読み，以下の設問に答えなさい。

　ヒトの体内環境は，自律神経系とホルモンによって調節されている。　（ア）　
神経系に属する自律神経系は，交感神経と副交感神経に分かれる。交感神経は脊髄
から，副交感神経は中脳，延髄，および脊髄の下部から出て各器官に分布する。各
器官の働きを調節するために，交感神経の末端からは神経伝達物質として
　（イ）　が分泌され，副交感神経からは　（ウ）　が分泌される。
　<u>ホルモンは，内分泌腺から血液中に放出され，血液の循環とともに全身に行き渡</u>
(1)<u>る</u>。ホルモンには，低濃度でも特定の　（エ）　に作用するという特徴がある。ホ
ルモンによって情報を伝え，体内環境を調節する器官や組織の集まりを　（オ）　
という。
　自律神経系の働きは　（カ）　によって調節され，内臓や血管系に直接作用す
る。また，内分泌腺に作用してホルモンの分泌量を調節する。体温，血糖値，体液
濃度などの体内環境に変化が生じると　（カ）　で興奮が起こり，この興奮の信号
が自律神経系によって体内のさまざまな場所に伝えられる。そして，<u>自律神経系と</u>
(2)
<u>ホルモンが協同して全身を調節することで，体内環境が一定に維持される</u>。

問 1　文章中の空欄　（ア）　～　（ウ）　にあてはまる用語の組み合わせとして
　　最も適切なものを，次の①～⑥の中から一つ選びマークしなさい。

① （ア）中枢　（イ）ノルアドレナリン　（ウ）アドレナリン

② （ア）中枢　（イ）アセチルコリン　（ウ）ノルアドレナリン

③ （ア）中枢　（イ）アセチルコリン　（ウ）アドレナリン

④ （ア）末梢　（イ）アドレナリン　（ウ）ノルアドレナリン

⑤ （ア）末梢　（イ）ノルアドレナリン　（ウ）アセチルコリン

⑥ （ア）末梢　（イ）アドレナリン　（ウ）アセチルコリン

問 2　文章中の空欄　（エ）　〜　（カ）　にあてはまる用語の組み合わせとして最も適切なものを，次の①〜⑥の中から一つ選びマークしなさい。

① （エ）神経細胞　（オ）内分泌系　（カ）小脳

② （エ）神経細胞　（オ）循環系　（カ）視床下部

③ （エ）標的細胞　（オ）リンパ系　（カ）小脳

④ （エ）標的細胞　（オ）内分泌系　（カ）視床下部

⑤ （エ）神経分泌細胞　（オ）循環系　（カ）視床下部

⑥ （エ）神経分泌細胞　（オ）リンパ系　（カ）小脳

問 3　器官や組織に及ぼす自律神経系の作用を，表1にまとめた。表1の空欄　(a)　〜　(f)　にあてはまる用語の組み合わせとして最も適切なものを，次の①〜⑥の中から一つ選びマークしなさい。

表1　器官や組織に及ぼす自律神経系の作用

	瞳孔	心臓（拍動）	胃・小腸（ぜん動）
交感神経	(a)	(b)	(c)
副交感神経	(d)	(e)	(f)

① (a)縮小　(b)抑制　(c)抑制　(d)拡大　(e)促進　(f)促進

② (a)縮小　(b)抑制　(c)促進　(d)拡大　(e)促進　(f)抑制

③ (a)縮小　(b)促進　(c)抑制　(d)拡大　(e)抑制　(f)促進

④ (a)拡大　(b)促進　(c)促進　(d)縮小　(e)抑制　(f)抑制

⑤ (a)拡大　(b)促進　(c)抑制　(d)縮小　(e)抑制　(f)促進

⑥ (a)拡大　(b)抑制　(c)促進　(d)縮小　(e)促進　(f)抑制

問 4　自律神経系やホルモンの作用として<u>誤っているもの</u>を，次の①〜④の中から一つ選びマークしなさい。

①　交感神経の働きによって，立毛筋が収縮する。
②　糖質コルチコイドの働きによって，タンパク質からのグルコース合成が促進される。
③　アドレナリンの働きによって，肝臓でグリコーゲンの合成が促進される。
④　チロキシンの働きによって，細胞における酸素の消費が増大して代謝が促進される。

問 5　下線部(1)のホルモンに関する記述として最も適切なものを，次の①〜④の中から一つ選びマークしなさい。

①　グルカゴンは，細胞膜を通過することができない。
②　バソプレシンによって腎臓の細尿管（腎細管）で水分が再吸収されると，血圧が下がる。
③　ステロイドホルモンの一つであるチロキシンは，細胞膜を通過することができる。
④　甲状腺で産生されるチロキシンがフィードバックすることで，脳下垂体後葉からの甲状腺刺激ホルモンの分泌が抑制される。

問 6　下線部(2)に関連して，体温の調節に関する内容として最も適しているものを，次の①〜④の中から一つ選びマークしなさい。

①　体温が上昇すると，交感神経が作用して皮膚の毛細血管が収縮する。
②　体温が上昇すると，副交感神経が作用して汗の分泌量が増加する。
③　体温が低下すると，チロキシンが体の各組織の代謝を活性化する。
④　体温が低下すると，副交感神経が作用して皮膚の毛細血管が収縮する。

問 7　下線部(2)に関連して，血糖値の調節に関する内容として<u>誤っているもの</u>を，次の①〜④の中から一つ選びマークしなさい。

① 血糖値が低下すると，すい臓のランゲルハンス島の A 細胞からグルカゴンが分泌される。

② 血糖値が上昇すると，すい臓のランゲルハンス島の B 細胞からインスリンが分泌される。

③ 血糖値が低下すると，副腎髄質からアドレナリンが分泌される。

④ 血糖値が上昇すると，脳下垂体前葉から成長ホルモンが分泌される。

問 8　食事の 1 時間前から 4 時間後までの血糖値の変化を，糖尿病患者と健常者で比較した。図 2 に示すように，糖尿病患者の血糖値のほうが，健常者よりも高かった。また，食事の 1 時間前から 4 時間後における血中インスリン濃度の変化を，図 3 の(A)，(B)，および(C)に示す。これらのグラフは，糖尿病患者あるいは健常者のいずれかを示したものである。グラフ(A)，(B)，および(C)に両者をあてはめる組み合わせとして最も適切なものを，次の①〜⑥の中から一つ選びマークしなさい。

① (A) 糖尿病患者　　　(B) 健常者　　　(C) 糖尿病患者

② (A) 糖尿病患者　　　(B) 健常者　　　(C) 健常者

③ (A) 糖尿病患者　　　(B) 糖尿病患者　　　(C) 健常者

④ (A) 健常者　　　(B) 健常者　　　(C) 糖尿病患者

⑤ (A) 健常者　　　(B) 糖尿病患者　　　(C) 健常者

⑥ (A) 健常者　　　(B) 糖尿病患者　　　(C) 糖尿病患者

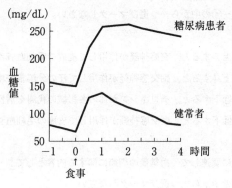

図 2　食前および食後の血糖値の変化

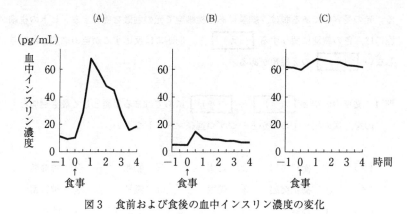

図3　食前および食後の血中インスリン濃度の変化

Ⅲ　刺激の受容と反応に関する次の文章を読み，以下の設問に答えなさい。

　ヒトの神経系を構成する基本単位であるニューロンは，核のある細胞体とそこから延びる突起からできている。枝分かれした短い突起を　（ア）　といい，長く伸びた突起を　（イ）　という。ニューロンの周囲には，その機能を助けるさまざまな支持細胞があり，これらをまとめて　（ウ）　細胞とよぶ。　（イ）　は神経繊維ともいわれ，末梢神経系では　（エ）　細胞が幾重にも巻き付いて　（オ）　を形成している。　（オ）　を有する神経繊維を有髄神経繊維といい，　（オ）　をもたない神経繊維を無髄神経繊維という。有髄神経繊維では，興奮がランビエ絞輪を跳躍するように伝導するので，無髄神経繊維に比べて電気的信号の伝導速度が速い。

　<u>ニューロンの細胞膜には，特定のイオンだけを通すイオンチャネルがある。</u>
(1)
ニューロンが刺激を受けると，イオンチャネルの開閉によって細胞膜内外の電位が瞬間的に逆転し，やがて元に戻る。このときに生じる一連の電位変化を，活動電位という。刺激が弱いときはニューロンが興奮しないが，ある強さ以上になると活動電位が生じる。しかしながら，その強さ以上に刺激を強くしても，反応の大きさ（活動電位の振幅）は変わらない。このような特性を，『全か無かの法則』という。

　ヒトは，受容器を介して外界からの刺激を受け取り，神経系でその情報を中枢に伝える。最終的に筋肉などの効果器に伝わると，刺激に応じた反応や行動が起こ

る。光の受容器である眼は，網膜にある視細胞で光の刺激を受容する。ヒトの視細胞には，色の識別に関与する （カ） と，明暗には反応するが色の識別には関与しない （キ） の2種類がある。

問1　文章中の空欄 （ア） ～ （キ） にあてはまる用語として最も適切なものを，次の①～④の中から一つずつ選びマークしなさい。

（ア）：　①　樹状突起　　②　軸索　　　③　髄鞘　　　④　神経鞘
（イ）：　①　樹状突起　　②　軸索　　　③　髄鞘　　　④　神経鞘
（ウ）：　①　神経　　　　②　グリア　　③　シュワン　④　感覚
（エ）：　①　神経　　　　②　グリア　　③　シュワン　④　感覚
（オ）：　①　樹状突起　　②　軸索　　　③　髄鞘　　　④　神経鞘
（カ）：　①　盲斑　　　　②　錐体細胞　③　虹彩　　　④　かん体細胞
（キ）：　①　盲斑　　　　②　錐体細胞　③　虹彩　　　④　かん体細胞

問2　同じ長さの無髄神経繊維があると仮定したとき，電気信号の伝導速度に影響を及ぼす因子として最も適切なものを，次の①～④の中から一つ選びマークしなさい。

①　細胞体の形状　　　　　　　②　樹状突起の太さ
③　神経繊維の太さ　　　　　　④　神経伝達物質の種類

問3　ニューロンの活動による膜電位の経時的変化を測定し，その結果を図4に示した。

1）図4の両矢印(a)～(d)の中で，活動電位の最大値を示す最も適切なものを，次の①～④の中から一つ選びマークしなさい。

①　(a)　　　　②　(b)　　　　③　(c)　　　　④　(d)

2）下線部⑴に関連して，ニューロンの細胞膜には，表 2 に示す(i)～(iii)という
　3 種類のイオンチャネルが存在する。図 4 に示す時間帯(T)におけるイオン
　チャネル(i)～(iii)の状態は，「開」または「閉」のどちらであるか。イオンチャネ
　ルの状態の組み合わせとして最も適切なものを，表 2 の①～④の中から一つ
　選びマークしなさい。

表 2　ニューロンの細胞膜にあるイオンチャネルの開閉

	(i)　電位に依存する ナトリウムチャネル	(ii)　電位に依存する カリウムチャネル	(iii)　電位に依存しない カリウムチャネル
①	閉	閉	開
②	閉	開	閉
③	開	閉	開
④	開	開	閉

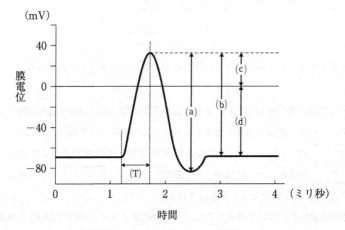

図 4　ニューロンの活動による膜電位の変化

問 4　ニューロンが一定以上の刺激で興奮するとき，ヒトが刺激の強さの違いを感
　じるのはなぜか。最も適切な説明文を，次の①～④の中から一つ選びマークし
　なさい。

①　強い刺激の場合は，一つひとつのニューロンの活動電位の最大値が大きく

なるから。

②　強い刺激の場合は，より多くのニューロンが興奮するから。

③　刺激の強さにより，分泌される神経伝達物質の種類が異なるから。

④　刺激の強さを感じるための効果器があるから。

問 5　ヒトの眼は，物体までの距離に応じて水晶体の厚さを変え，焦点の位置を調
　　　節する。近くのものをみるときの毛様筋，チン小帯，および水晶体の変化に関
　　　して最も適切な組み合わせを，次の①〜④の中から一つ選びマークしなさい。

	毛様筋	チン小帯	水晶体
①	収縮する	緊張する	厚くなる
②	収縮する	ゆるむ	厚くなる
③	弛緩する	緊張する	薄くなる
④	弛緩する	ゆるむ	薄くなる

Ⅳ　バイオテクノロジーに関する次の文章を読み，以下の設問に答えなさい。

　　ある生物の遺伝子の DNA 断片を，別の生物の DNA につなぎ込む技術を遺伝子
組換えという。遺伝子組換え技術で目的の DNA 断片を切り出すために用いられる
　（ア）　は，DNA 上の特定の塩基配列を認識して切断する酵素である。同じ
　（ア）　で切断した二種類の DNA 断片を混合し，　（イ）　という酵素を作用
させると，DNA 断片どうしが連結される。

　　特定の遺伝子について研究するには，生物のゲノムから目的の遺伝子を単離し，
増幅する必要がある。DNA 断片を増幅することを　（ウ）　といい，遺伝子組換
えを応用して行うことができる。その場合，目的の遺伝子を組込んだベクターを
　（エ）　に取り込ませ，増殖させて遺伝子を増やす。近年では，この方法以外に
　（オ）　を利用して目的の遺伝子を増やす PCR 法が開発され，広く用いられる
ようになった。

　　PCR 法では，増幅させたい遺伝子領域と相補的に結合する DNA 配列をもつ 2
種類の　（カ）　を予め準備しておく必要がある。増幅させたい DNA 断片，

　（オ）　，　（カ）　，および4種類の　（キ）　を試験管内で反応させること
で，目的の DNA が増幅できる。この反応を繰り返すことによって，PCR 法では
短時間で多量の遺伝子断片を得ることができる。

問1　文章中の空欄　（ア）　～　（キ）　にあてはまる最も適切な用語を，次の
　　①～④の中から一つずつ選びマークしなさい。

　　（ア）：　①　制限酵素　　②　還元酵素　　③　転移酵素　　④　酸化酵素

　　（イ）：　①　DNA ヘリカーゼ　　　　　　②　DNA リガーゼ
　　　　　　③　DNA ポリメラーゼ　　　　　④　RNA ポリメラーゼ

　　（ウ）：　①　ゲノム編集　　　　　　　　②　初期化
　　　　　　③　トランスジェニック　　　　④　クローニング

　　（エ）：　①　ミトコンドリア　　　　　　②　マクロファージ
　　　　　　③　マウス　　　　　　　　　　④　大腸菌

　　（オ）：　①　DNA ヘリカーゼ　　　　　　②　DNA リガーゼ
　　　　　　③　DNA ポリメラーゼ　　　　　④　RNA ポリメラーゼ

　　（カ）：　①　プライマー　　　　　　　　②　岡崎フラグメント
　　　　　　③　蛍光色素　　　　　　　　　④　ATP

　　（キ）：　①　ヌクレオチド　　　　　　　②　ヌクレオシド
　　　　　　③　トランスファーRNA　　　　④　蛍光色素

問2　植物に遺伝子を導入するときに用いる細菌として最も適切なものを，次の
　　①～④の中から一つ選びマークしなさい。

　　①　根粒菌　　　　　　　　　　②　シアノバクテリア
　　③　アグロバクテリウム　　　　④　細胞性粘菌

問3　個体間にみられる一塩基単位の塩基配列の違いを表わす用語の略称として最
　　も適切なものを，次の①～④の中から一つ選びマークしなさい。

　　①　CNP　　　　　②　SNP　　　　　③　GAP　　　　　④　AMP

問 4　サンガーが開発した DNA の塩基配列解析法は，DNA 断片をある方法で分離することを基本原理にしている。その方法として最も適切なものを，次の①～④の中から一つ選びマークしなさい。

　　　①　樹脂吸着法　　　②　電気泳動法　　　③　溶媒抽出法　　　④　遠心分離法

問 5　小型の環状二本鎖 DNA の形態で，自己増殖能をもつベクターの名称として最も適切なものを，次の①～④の中から一つ選びマークしなさい。

　　　①　ミトコンドリア DNA　　　　　　②　アゾトバクター
　　　③　テロメア　　　　　　　　　　　④　プラスミド

問四　問題文に出てくる和歌の中の「をみなへし」は植物名であるが、これと同じ季節の植物として和歌に詠まれるものを、次の中から二つ選んで、番号をマークしなさい。

1　卯の花　　2　菊　　3　山吹　　4　薄　　5　柳　　6　橘　　7　藤　　8　菖蒲

問五　次の文章中の　X　〜　Z　に入る作者を、それぞれ後の選択肢の中から選んで、番号をマークしなさい。

問題文の『紫式部日記』は、藤原道長の要請で書かれたと言われるが、中宮彰子のもとでの宮仕え生活を中心に、彰子の出産や祝賀などが記録されている。平安時代の日記文学作品としては、これ以外にも、　X　が土佐から都に帰るまでの旅を記した『土佐日記』をはじめ、　Y　が夫兼家との結婚生活を描いた『蜻蛉日記』、少女時代に『源氏物語』を愛読し、夢見がちな思いを抱きながらも現実に目覚めてゆく様を綴った、　Z　の『更級日記』など、様々な内容のものがある。

1　源順　　　　　　2　菅原孝標女　　　3　紀貫之　　　4　清少納言

5　赤染衛門　　　　6　藤原道綱母　　　7　伊勢　　　　8　鴨長明

注2　殿——藤原道長のこと。紫式部は、出産の為、里下がりした中宮彰子とともに、道長の邸宅（土御門邸）にいる。

問一　太線部A～Dの動詞の活用の種類を、それぞれ次の中から選んで、番号をマークしなさい。

1　四段活用　　2　上一段活用　　3　上二段活用　　4　下一段活用　　5　下二段活用

問二　点線部[a]～[d]の動詞の敬語の種類としてもっとも適切なものを、それぞれ次の中から選んで、番号をマークしなさい（重複解答可）。

1　尊敬　　2　丁寧　　3　謙譲

問三　傍線部（ア）～（カ）の助動詞の活用形と意味としてもっとも適切なものを、それぞれ次の中から選んで、番号をマークしなさい。

（ア）　1　未然・過去　　2　未然・完了　　3　連用・過去　　4　連用・推量　　5　已然・完了　　6　已然・願望

（イ）　1　終止・過去　　2　終止・完了　　3　終止・打消　　4　連体・過去　　5　連体・完了　　6　連体・打消

（ウ）　1　連用・過去　　2　連用・存続　　3　終止・過去　　4　終止・完了　　5　連体・完了　　6　連体・存続

（エ）　1　未然・尊敬　　2　未然・受身　　3　未然・謙譲　　4　連用・尊敬　　5　連用・受身　　6　連用・謙譲

（オ）　1　終止・尊敬　　2　終止・自発　　3　連体・尊敬　　4　連体・受身　　5　已然・使役　　6　已然・自発

（カ）　1　未然・完了　　2　未然・断定　　3　連用・完了　　4　連用・断定　　5　已然・過去　　6　已然・詠嘆

二　次の文章をよく読んで、後の問いに答えなさい。

　まだ夜ふかきほどの月さしくもり、木の下をぐらきに、「御格子まゐり[a]なばや」「女官はいままでさぶらはじ」「蔵人、まゐれ」など、いひしろふほどに、後夜の鉦うちおどろかして、五壇の御修法の時はじめつ。われもわれもとうちあげたる伴僧の声々、遠く近く聞きわたされたるほど、おどろおどろしく、たふとし。

　観音院の僧正、東の対より、二十人の伴僧をひきゐて、御加持まゐりたまふ足音、渡殿の橋の、とどろとどろと踏み鳴らさるゝほど、ことごとのけはひには似ぬ。法住寺の座主は馬場の御殿、浄土寺の僧都は文殿などに、うちつれたる浄衣姿にて、ゆゑゆゑしき唐橋どもを渡りつつ、木の間を分けてかへり入るほども、はるかに見やらるる心地して、あはれなり。さいさ阿闍梨も、大威徳をうやまひて、腰をかがめたり。人々まゐりつれば、夜も明けぬ。

　渡殿の戸口の局に見いだせば、ほのうちきりたるあしたの露もまだ落ちぬに、殿ありかせたまひて、御随身召して、遣水はらはせたまふ。橋の南なるをみなへしのいみじうさかりなるを、一枝折らせたまひて、几帳の上よりさしのぞかせたまへる御さまの、いと恥づかしげなるに、わが朝がほの思ひしらるれば、「これ、おそくてはわろからむ」とのたまはするにことつけて、硯のもとによりぬ。

　「あな疾」とてほほゑみて、硯召しいづ。

白露はわきてもおかじをみなへしこころからにや色の染むらむ
　　　　　　　　　　　　　　　　　　（カ）

をみなへしさかりの色を見るからに露のわきける身こそ知らるれ
　　　　　　　　　　　　　　　　　　　（オ）

　　　　　　　　　　　　　　　　　　　　　　　　　　（『紫式部日記』）

注1　五壇の御修法――中央及び東西南北の五つの壇に、それぞれ五大明王をまつり、息災・調伏・安産などを修する大規模な加持祈祷。中宮彰子の安産を祈願して行われている。

3　自分があまりにこだわるせいで、春の夜の月はひどく思い悩んでいるように見えることだ。

4　自分が落ち込んでいるせいで、春の夜も秋の夜同様に、月があれこれと物思いをさせることだ。

問六　次のa〜fに関して、若い女房が『今とりかへばや』について語っている内容と合致するものには1を、合致しないものには2をマークしなさい。

a　和歌・言葉遣い・内容が原作より劣っている。

b　登場人物全員が、いったん行方不明となる。

c　女中納言は自らの運命を残念に思っている。

d　四の君は見かけによらずおだやかでない性格だ。

e　尚侍は中納言とのあいだに子をもうけた。

f　四の君は夫のほかに好きな人がいる。

問二　二重傍線部（ア）〜（ウ）の解釈としてもっとも適切なものを、それぞれ次の中から選んで、番号をマークしなさい。

（ア）　1　古めかしい　　　2　『万葉集』に似ている　　　3　筋が通っている　　　4　優れている

（イ）　1　女中納言のありさま　　　2　言葉遊び、歌など　　　3　『今とりかへばや』　　　4　『源氏物語』

（ウ）　1　男も女も両性を身に付けること　　　2　男と女が一緒に消えること

3　男が女に生まれ変わること　　　4　男と女が性役割を交換すること

問三　波線部Ⅰ〜Ⅳの主語を、それぞれ次の中から選んで、番号をマークしなさい。

1　女中納言　　　2　四の君　　　3　若い女房

4　老尼　　　5　『今とりかへばや』の作者　　　6　『今とりかへばや』の原作本

問四　　X　〜　Z　に入る、もっとも適切な語を、それぞれ次の中から選んで、番号をマークしなさい。

X　1　よき　　　2　にくき　　　3　らうたき　　　4　あだめかしき

Y　1　めづらしく　　　2　わろく　　　3　むつかしく　　　4　よく

Z　1　いみじ　　　2　かねて　　　3　うたて　　　4　さだめて

問五　四の君の和歌【あ】の解釈としてもっとも適切なものを、次の中から選んで、番号をマークしなさい。

1　自分が思い悩んでいるせいで、いつもより長く感じられる春の夜の月がいまいましいことだ。

2　自分が勝手に思い込んでいるせいで、春の夜の月も秋と同じく、美しく見えることだ。

こそすべかりけれとこそ見ゆれ。

Ⅳ

　四の君ぞ、これは　X　。上はいとおほどかに、らうたげにて、

【あ】春の夜も見るわれからの月なれば心尽くしの影となりけり

と詠むも、何事の、いかなるべし、と思ひて、さばかりまめに分くる心もなき人を持ちながら、心尽くしに思ふらむ、と思ふだ

に、おいらかならぬ心のほど、ふさはしからぬを、

上に着る小夜の衣の袖よりも人知れぬをばただにやは聞く

と詠みたるこそ、いと　Z　けれ。

注1　もと――『今とりかへばや』の原作本のこと。
注2　女中納言――尚侍の妹だが、男として育ち、右大臣の娘・四の君と結婚する。
注3　尚侍――女中納言の兄だが、女として育った。

問一　傍線部A～Eの解釈としてもっとも適切なものを、それぞれ次の中から選んで、番号をマークしなさい。

A
1　あってはならないことで
2　当然のことで
3　望ましいことで
4　拒絶したいことで

B
1　大げさで
2　襟を正したくなるようで
3　あまりに長くて
4　気色が悪くて

C
1　聡明で
2　愛らしくて
3　物欲しそうで
4　気の毒で

D
1　健康的で
2　尊敬できて
3　浮気っぽくて
4　誠実で

E
1　すなおに
2　容易に
3　平静に
4　じかに

（六〇分）

◀ 古　文 ▶

一　次の文章は、中世の文芸評論『無名草子』の一節で、若い女房が老尼に、男女の入れ替わりの物語である『今とりかへばや』とい
う物語について語っている場面が描かれている。よく読んで、後の問に答えなさい。

げに、『源氏』よりはさきの物語ども、『うつほ』をはじめてあまた見てはべるこそ、皆いと見どころ少なくはべれ。古体にし、
古めかしきはことわり、言葉遣ひ、歌などは、（ア）させることなくはべるは、『万葉集』などの風情に、耳及びはべらぬなるべし。
A
など、ただ今聞こえつる『今とりかへばや』などの、もとにまさりはべるさまは。何事もものまねびは必ずもとには劣るわざな
るを、（イ）これは、いと憎からず、をかしくこそあめれな。言葉遣ひ、歌なども悪しくもなし。B おびたたしく、恐ろしきところなど
もなかめり。

もとには、（注2）女中納言のありさまいと　X　に、これは、何事もいと　Y　こそあれ。かかるさまになる、
けしからぬ筋にはおぼえず、まことにさるべきものの報いなどにてぞあらむ、と推し量られて、かかる身のありさまをいみじく
I
口惜しく思ひ知りたるほど、いといとほしく、（注3）尚侍もいとよし。中納言の女になりかへり、子生むほどのありさまも、尚侍の
C
II
男になるほどども、これはいと　Y　こそあれ。もとのは、もとの人々皆失せて、いづこなりしともなくて、新しう出で来た
るほど、いとまことしからず。これは、かたみにもとの人になり代はりて出で来たるなど、かかること思ひ寄る末ならば、（ウ）かく
III

三　次のA〜Eの四字熟語を構成する㋐〜㋚に入る漢字を、それぞれ後の選択肢の中から選んで、番号をマークしなさい。

A　㋐㋑必罰

B　温㋒知㋓

C　五㋔㋕中

D　㋖顔無㋗

E　千㋘一㋙

㋐　1 信　2 真　3 心

㋑　1 証　2 象　3 賞

㋒　1 古　2 誇　3 故

㋓　1 身　2 新　3 親

㋔　1 里　2 利　3 離

㋕　1 霧　2 無　3 夢

㋖　1 恥　2 知　3 痴

㋗　1 載　2 際　3 災

㋘　1 高　2 厚　3 鋼

㋙　1 偶　2 遇　3 隅

問七　次のA〜Dの内容について、問題文の趣旨と一致していれば1を、一致していなければ2を、それぞれマークしなさい。

A　新型コロナウイルスも、ありふれた病気とみなすべきである。

B　ウイルス感染防止を、社会活動維持より優先するべきである。

C　高熱に解熱剤を使うか否かは、一律に判断するべきではない。

D　自分の代りはいると思い、無理してまで働くべきではない。

問八　問題文は『リスクの正体』という本に収録されているが、この問題文で取り上げられた「リスクの正体」としてもっとも適切なものを、次の中から選んで、番号をマークしなさい。

1　次々と新たなウイルスが人間に感染し流行していること

2　ウイルス対策と人間生活の維持が両立できていないこと

3　感染流行を防止する医療体制が不十分なままであること

4　ウイルスに対する人間の危機意識ばかりが先行すること

D 1 理　性　　　　2 協　力　　　　3 科　学

問二 〔 a 〕〜〔 d 〕に入る語としてもっとも適切なものを、それぞれ次の中から選んで、番号をマークしなさい。

1 しかし　　　　2 したがって　　　　3 そもそも　　　　4 まず

問三 《 Ⅰ 》に入る表現を、次の中から選んで、番号をマークしなさい。

1 虻蜂取らず　　　　2 骨折り損　　　　3 愚の骨頂　　　　4 主客転倒

問四 《 Ⅱ 》に入る表現を、次の中から選んで、番号をマークしなさい。

1 そこそこの関係　　　　2 似たり寄ったりの関係

3 良きライバルの関係　　　　4 相思相愛の関係

問五 《 Ⅲ 》に入る表現を、次の中から選んで、番号をマークしなさい。

1 闘い方を知る　　　　2 己を知る　　　　3 可能性を知る　　　　4 身体を知る

問六 《 Ⅳ 》に入る表現を、次の中から選んで、番号をマークしなさい。

1 漁夫の利　　　　2 二階から目薬　　　　3 棚から牡丹餅　　　　4 禍を転じて福

必ず具体化すべきだ。

いずれにせよ最も重要なのは、患者が同時に集中発生して、医療資源を超過するような事態を避けること、そして私たち一人一人が「弱者」の視点に立って考えることである。

二〇二〇年二月現在のデータでは、患者の八割は軽症だが、五％程度が呼吸不全などで重体となっているという。

もし、「熱があっても休めないあなた」が、解熱剤を飲んで活動し、ウイルスを拡散させてしまうと、とりわけ、重症化しやすい高齢者や基礎疾患のある人の命を、結果的に危険に晒すことになる。

そもそも体調が悪いのに無理して働く人、働かせる人が、この国には多すぎる。現実には、大抵の仕事は「代役」でもこなせる。だからこそ、世の中はなんとか回っている。

同時に、休んでも不利益にならないよう、労働者を守るルールを徹底させることも大切だ。これを契機に、立場の弱い者への理不尽な要求や、陰湿な同調圧力を、この社会から無くそうではないか。テレワークにも注目が集まっているが、どんどん活用すべきだ。「《 Ⅳ 》」となればよいのだが。

難局を、 D 的に乗り切りたい。

（神里達博『リスクの正体』による）

問一　 A 〜 D に入る語としてもっとも適切なものを、それぞれ次の中から選んで、番号をマークしなさい。

A　1 思弁　2 科学　3 大局

B　1 理想　2 本質　3 便宜

C　1 結果　2 究極　3 論理

三日だけ鼻水が出る、くらいの方がウイルスにとっても都合がよい。現段階では、このウイルスを完全に制圧しようと各国が奮闘中だ。当然、まだ諦めるべきではない。だが、もしそれができなかったとしても、ウイルスは将来、人類と《 Ⅱ 》を保てるように進化し、また人類の側も徐々に免疫を獲得して、一般的な風邪の病原体の一つに落ち着く可能性もあるだろう。

考えるべきは、そういう段階になるまでの間に、このウイルスが私たちに及ぼす悪影響を、どうしたら最小化できるか、である。ここからは、《 Ⅲ 》ことも大事になる。

まず確認しておくべきは、疫病との闘いは常に、リスクや利益のトレードオフ（交換取引）になる、という点だ。たとえば、熱が出れば、解熱剤を使うのが当たり前になっている。だが、体温が上がるのは免疫力を高めるための自然な反応だ。実際、解熱剤を使わない方が、風邪の治りが早かったという研究報告もある。しかし、ならば解熱剤を全く飲まなければよいかといえば、必ずしもそうではない。高熱は体力を消耗し治癒力を弱める効果もある。要するに程度問題、バランスが重要であり、名医はその見定めが上手なのだ。

このような、さまざまな価値やリスクの比較・交換に注目すべきであることは、公衆衛生的な対策のシーンでも、 B 的には同じである。極論すれば、全ての社会活動を停止し、人の動きを止めれば、ウイルスは次の宿主が得られず、自然消滅するだろう。だがそれは、私たちの社会システムが「窒息」することでもある。そうなれば C 的に、感染症以外の原因で犠牲者が出ることもありうる。さまざまな条件を比較考量し、適切な選択肢を随時見つけていくことが、あるべき対策なのだ。

もちろん、その判断が難しいこともあるが、大切なのは、たとえば感染制御学という分野の専門家は、その道のプロである。クルーズ船への政府の対応に批判が集まっているが、そのような専門知を適切かつ迅速に、ポリシーに反映させる仕組みだ。その点で、米国の疫病対策センターのような、強力な組織を持たない日本は、今回のような事態に対して脆弱と言わざるを得ない。二〇〇九年には新型インフルエンザの流行もあり、必要性の認識はあったはずだが、実現されていない。これを機に、

二　次の文章をよく読んで、後の問に答えなさい。

　新しい病が、世界を揺るがしている。日々増える患者数に、私たちは不安を禁じ得ないが、「彼を知り己を知れば百戦殆うからず」の基本に立ち返り、　Ａ　的に考えてみたい。

〔　a　〕、「彼」は何者か。起源は、まだはっきりしない。だが、なんらかの動物からやってきたとされる。コロナウイルスの仲間は昔から、さまざまな哺乳類や鳥類に、それぞれ「お気に入りの居場所」を確保してきた。人類に「風邪」と呼ばれるありふれた病気を起こしてきた連中の一部も、そこに含まれている。

〔　b　〕、「生命」の定義にもよるが、ウイルスは生き物とはいえない。なぜなら、自力で生きていくための「細胞」を持たないからだ。そのためウイルスは、常に他の「一人前の生き物」に、どっぷり頼って暮らす。たとえば、風邪のコロナウイルスは、上気道、つまり鼻から喉までの、粘膜が古くからの住処(すみか)だ。

〔　c　〕、ウイルスの立場から考えれば、居場所を提供してくれる宿主にダメージを与え過ぎるのは、愚かな選択だ。宿主が適度に元気で、次の宿主のところまで自分を連れて行ってくれるのが、望ましい。殺してしまうなど、《　Ⅰ　》である。

〔　d　〕それは、「馴染みの相手」であることが条件だ。新型コロナウイルスも、そういう「良い関係」の動物が存在していたはずだ。だがなぜか、これまで縁のなかった「人類」にとりついてしまった。勝手の分からない相手に対しては、暴力性を発揮してしまうこともある。具体的には、新型コロナは、呼吸器系の比較的奥の細胞にとりつくことがあるらしい。これが重篤な肺炎をもたらしているとも考えられる。

　では今後、どうなっていくのか。一般にウイルスは、遺伝子を変えながら、できるだけ宿主に「優しい」方向に進化していく。重い肺炎を起こすよりも、そういう性質を獲得した株(系統)の方が、より多くのコピー(子孫)を作り出すことができるからだ。

問七　問題文の内容と一致しているものを、次の中から二つ選んで、番号をマークしなさい。

1　子供が無垢なのは、進んで世界に関わるための知識や経験が乏しいからである。

2　芸術作品において、自然を〝あるがまま〟に写し出すことは、本来はありえない。

3　読者が〝あるがまま〟に読もうとすると、作品の解釈がばらつく。

4　「自然に向って鏡をかかげる」とは、自然を〝あるがまま〟に写すことではない。

5　趣味の読書であれば、読者は作品を自分勝手に読むことが許される。

問六　傍線部(Ⅲ)の理由としてもっとも適切なものを、次の中から選んで、番号をマークしなさい。

1　いつも作品を自分なりに解釈して読んでいることに気付いていないから。

2　自分には外国語の作品を翻訳する機会があるとは思ってもいないから。

3　日本語の作品と外国語を翻訳した作品が同じだと感じていないから。

4　原文に忠実な翻訳であるかどうか、自分では判断できないから。

問五　【　X　】に入る語を、次の中から選んで、番号をマークしなさい。

1　自己犠牲　　　　2　自己完結　　　　3　自己否定　　　　4　自己陶酔

3　好意的な気持ちで作品を読もうとしない読者

4　作品の内容をそのままでは受け入れない読者

問一　波線部(あ)～(え)の意味としてもっとも適切なものを、次の中から選んで、番号をマークしなさい。

(あ)　1　尊大に他者を見下すさま　　2　自分勝手にふるまうさま　　3　強引で押しが強いさま

(い)　1　おそるおそる行うさま　　2　静かにゆっくり行うさま　　3　慎み深く遠慮がちなさま

(う)　1　入念に　　2　真剣に　　3　相応に

(え)　1　あたりかまわず大声を張り上げる　　2　我を忘れて前後の脈絡なく話す　　3　勢いよく続けざまにしゃべる

問二　〔　イ　〕～〔　ホ　〕に入る語を、それぞれ次の中から選んで、番号をマークしなさい。

1　近似値　　2　客観　　3　思弁　　4　受動　　5　即物　　6　模倣

問三　傍線部(Ⅰ)の理由としてもっとも適切なものを、次の中から選んで、番号をマークしなさい。

1　作品を読むことは創造的な営為だから。

2　読者の勝手な思い込みを排除できないから。

3　読者にかなりの力量が必要とされるから。

4　作品の本当の価値を理解できないから。

問四　傍線部(Ⅱ)の説明としてもっとも適切なものを、次の中から選んで、番号をマークしなさい。

1　作品を手にしてもまるで読もうとしない読者

2　自分から主体的に作品を読もうとしない読者

るであろう。そうして迎えた作品であるから、相手かまわず、勝手なことをまくし立てたり、粗略な扱いなどするわけがない。

しかし、それは、あるがままをそのまま受け容れるのとは違う。客を接待するには対話が必要になる。口をきかない主人では困る。同じ客である作品でも、迎える主人、読者が違えば、話の調子、内容とも変るのが当然である。作品の解釈が、ひとによって異なるのはそのためである。

これまで、読者は自らを作品という客を迎える主人と考えることがなかった。文学の理解においての多くの混乱が起こっているのは、読者が不当な【　Ｘ　】をしていることと無関係ではなかろう。

"あるがまま"に読めない、となれば、読者はめいめいのよしとする意味によって理解するほかはなくなる。われわれがわかったと思うのはそういう理解である。

外国語を知らない人にとって、その意味をとるには翻訳を必要とする。翻訳とは自国語で外国語の意味を〔　ホ　〕的にとらえようとする作業である。"原文忠実"などと言うけれども、翻訳に"あるがままの翻訳"というものはない。かならず、もとの表現との間にずれを生じている。原文を完全に再現することを求めるならば、翻訳は理論上は不可能になってしまう。これまでもそういう不可能説がおりにふれて提出されてきた。ところが、実際はさかんに翻訳が行われている。完全に忠実な再現でないからといって、それを禁ずることはもちろんできない。そういういわゆる翻訳をわれわれは何か特別と見なしがちである。多くの人は、ときに翻訳を手にすることがあっても、自分では翻訳の作業そのものとは無関係な生活をしていると思っている。はたしてそうであろうか。案外、目に見えない翻訳はたえずしているのかもしれない。

（外山滋比古『異本論』による）

わゆる鏡でも決して"あるがまま"を写し出すことはできない。

実際に芸術という鏡はこの人間世界という自然をかなり変形し、ディフォルメしてみせる、そこが美しくおもしろいのである。完全に〔 イ 〕的な表現がかりにあったとしても、芸術にならない。人間的価値をもつこともないであろう。アート（芸術）とは人間的営為によるものの意である。もし"あるがまま"を理想とするならば、アートは否定されなくてはならないことになる。芸術は自然をそのまま模写するから尊いのではなくて、自然に新しい秩序を与える加工を経ているからこそ美しい。

読むのも同じである。だいたい、読むのを〔 ロ 〕的なものときめてかかっているのがおかしい。芸術が完全に自然の模写、模倣ではなく、また、あってはならないのと同じく、読者も作品に向って、すこしの歪みもないような鏡を向けることはできないし、また、向けてはならない。

子供の心は無垢で、あるがままをより受け容れやすいが、子供にとって理解できないものがいかに多いことか。理解とは、外にあるものをそのままの形で受け容れることではなく、客として半ば出迎えて、しかるべき所へすえるのに近い。受け手にそれだけの用意がなければ、あるがままに読むことができないのはもちろん、そもそも何が何だかわからなくなってしまう。

作品も傍若無人にわれわれの心の中へ押し入ってくるのではない。様子をうかがい、いくらかおずおずと近寄ってくる。読み初めの本が、たいていいくらか抵抗を感じさせるのも、作品と読者の出会いの緊張を反映している。

具体的な表現を好む読者に対しては、作品はなるべく〔 ハ 〕的なところを見せようとして、〔 ニ 〕的なところは抑える。それでも主人のお気に召さなければしかたがない。ご縁がなかったものとしてあきらめる。つき合いまで発展しない、ただの訪問に終る。

迎える主人側も、なるべくならば気もちよく客になってもらうための用意はする。しかるべく準備したり部屋や調度に気を配

一 次の文章をよく読んで、後の問に答えなさい。

▲現代文▼

（六〇分）

　"作品をあるがままに読む"
よくそういうことを言う。一般読者だけでなくて、長年の文学修業を重ねた批評家までも本気になって、あるがままに作品を読むべきだと説く。そしてそれを別におかしいという人もあらわれないのだから不思議である。人びとは本当に"あるがまま"に読むことができると思っているのであろうか。もしそうだとすれば、よほど楽天的な性格の人間か、さもなければ、ひどく内省力の欠如した人間であるに違いない。

　シェイクスピアは、演劇、つまり、芸術というものは「自然に向って鏡をかかげること」だと言った。もし、鏡が歪んでいなければ、自然を"あるがまま"に写すことができる。もっとも、右と左とが入れ替ったりすることをどう考えるかという問題もある。さらに、三次元の立体的世界を二次元の平面に投影したものは"あるがまま"ではないという異議はいっそう厄介である。い

解答編

■英語■

I **解答** 　1—(b)　2—(d)　3—(a)　4—(c)　5—(d)
　　　　　　　　6—c　7—b　8—d　9—c　10—c

解説　1.「私たちがその場所に行き，直に見て，人々に話しかけ，彼らの話すことについて詳細なメモを取らない限り，何が起こったかはわからないだろう」

　see は他動詞で directly は副詞であるため，下線部(b)中の前置詞 for は不要である。

2.「君の猫が，僕らのルームメイトが今週のペットの食事のために買ってきてくれたペットフードを全部食べてしまったから，僕の犬にはエサをあげてないよ」

　下線部(d)の it が何のはたらきもしていないため，不要。なお，all the＋名詞＋that SV は「S が V するすべての〜(名詞)」という定型表現である。

3.「ショッピングモールに新しい洋服を買いに行かない？　僕はショッピングが好きだし，君もショッピングが楽しいでしょ」

　「〜しに行く」は go *doing* であるため，下線部(a)の to は不要である。

4.「時間通りに到着しなくちゃいけないから，すぐに出発する必要があるよ。だから君も準備して。部屋から出るんだ。早く！」

　助動詞のあとは動詞の原形をおくため，下線部(c)の to は不要である。なお，should と同義である ought to *do* であれば，to が必要。

5.「こんにちは。ご存知ないでしょうけど，新しく近所に住むことになったので，自己紹介したいんです。でも今お忙しいなら，今日の遅い時間か明日の朝にでも，また来ますよ」

　下線部(d)の直前と直後に「今日の遅く」と「明日の朝」という文法的に同じはたらきをする語が並んでいるため，下線部(d)は語と語をつなぐ等位接続詞である必要がある。この場合は or が適切。

6.「生徒が読解のテストを受けたとき，彼らはすぐに読んで内容理解を問う質問に答えなければならなかった」

　When の節の動詞が過去形であるため，過去時制であるとわかる。

7.「明日教授のオフィスに行くんだと思っていたよ」

　空所の直前に be 動詞 were があるため，進行形であるとわかる。進行形には，確定した未来・予定を表す用法がある。

8.「あとで僕を手伝うって同意してくれるなら，君の宿題を手伝ってあげるよ」

　help *A* with *B*「*B* のことで *A* を手伝う」というイディオムである。

9.「フランス語を話すことは，身につけたい能力のひとつだね」

　主語は Speaking French であり，動名詞は単数扱いであるため is が適切である。

10.「もしよろしければ，お金はキッチンテーブルに置いてください」

　お金を置くのは，テーブルの「上」であるため，接触を表す前置詞 on が適切である。

II 解答 1−a　2−b　3−a　4−b　5−b　6−b
7−a　8−a　9−c　10−b

解説　1．A：「やあ，エリザベス。久しぶりだね。そんなに急いでどこへ行くの？」

B：「こんにちは。次の授業に行くところよ」

　A はどこに行くのかを尋ねているのだから，行先を答えている a が返答として適切である。

2．A：「今晩何する予定？」

B：「バイトに行かなくちゃいけないんだ」

　A の疑問文が be going to を使った未来の予定を尋ねるものであることに注目。選択肢のうち，未来の内容は b のみである。

3．A：「週末は山の行楽地で過ごすのはどう？」

B：「ああ，ごめん。年老いた母の介護ですごく忙しいんだ」

　空所の直前で，B が謝っていることから，A の誘いを断る内容が続くことが読み取れる。したがって，a が適切。

4．A：「彼の英語の説明は本当にわからなかったよ」

B：「僕もわからなかった」

confuse「〜を混乱させる」の過去分詞 confused は形容詞化して，「混乱した」という意味になる。したがって，ｂが適切。ちなみに，現在分詞であるｃの confusing は「混乱させるような」という意味。

5．A：「ハーバード大学の入学を申し込んだんだって？」

B：「そうだよ。今秋から入学を許可されたよ」

空所の直前に be 動詞があることから，答えはｂかｃに絞られる。主語はＩであり，受験生であるＢは「受け入れられる」側であるため，受動態となるｂが適切。

6．A：「どうして新しい携帯を買う必要があるの？」

B：「うん，実はもっとおしゃれな携帯を持ちたいなと思って」

would like to *do*「〜したい」というイディオムであるため，原形のｂが正解。

7．A：「東京都は新しいスタジアムが必要なんだって？」

B：「そうだよ。新しいものが 2030 年に計画されているよ」

Ｂの that 節中の主語である a new one とは，a new sports stadium を指している。したがって，新しいスタジアムは「(建設が) 計画されている」側であり，受動態となることから，受動態の進行形となるａが適切である。

8．A：「首相は現在の経済状況を心配しているね」

B：「うん。新聞によると，首相は失業率を減らすための緊急の政策を打ち出したいそうだよ」

空所の直前に to があり，その直前に urgent action という名詞があることから，不定詞の形容詞的用法であると判断する。したがって，動詞の原形であるａが適切。

9．A：「来るべきスピーチの練習を手伝ってくれてありがとう，ジョン」

B：「どういたしまして」

help *A* (to) *do* で「(人) が〜するのを手伝う」という意味になる。したがって，ｃが適切。

10. A：「なぜ貴社においては，サービスがそれほど重要なのですか？」

B：「はい，もし顧客が期待したレベルのサービスを受けられなかったら，その顧客は長くはうちの顧客でいてくれないでしょう」

　空所の直前が所有格であることから，空所に入るのは名詞であるbが適切である。

III　解答
1－c　2－b　3－a　4－d　5－b　6－c
7－c　8－d　9－d

解説　≪タイの贈り物を断ったリンカーン≫

1．「なぜモンクット王はアメリカにゾウを送ることを申し出たのか？」
　第1段第3文（They were meant …）に「ゾウは両国の友好の証として贈られた」との記述があるため，正解はc．「彼はその国に対する友情を示したかったから」である。

2．「showcasing の言い換えとして最も適切なものはどれか？」
showcase とは「展示する」という意味である。したがって，同義になるのはb．displaying「展示する」である。

3．「タイの王宮での展示に関する記述からわかることは何か？」
　第3段第4文（He also sent …）から同段最終文（It also included …）において，モンクット王がアメリカに送った手紙に，剣と鞘，王と娘の写真，そして印象的なゾウの牙が添えられていたと記述がある。したがって，a．「1861年のモンクット王の手紙は，王の写真を添えてアメリカに送られた」が適切。

4．「モンクット王は，ゾウを輸送するために，タイとアメリカが何をすることを提案したか？」
　第7段第1文（It continued: "In …）および第2文（It should be …）において，d．「アメリカがゾウ用に改造された大きな船舶に加えて，ゾウのための食料と水を用意する」と同様の記述がある。

5．「アメリカ到着後のゾウの状態として，モンクット王が要求したのは次のうちどれか？」
　第8段第2文（The letter also …）および第3文（"If these means …）において，ほぼ同義の記述があるため，b．「自由に動いて繁殖できるように自然の中で生活しなければならない」が適切である。

6．「to be part of の言い換えとして，次のうちで最も適切なのはどれか？」
　part とは「部分，役割」という意味であり，be part of ～ では「～の

一部になる，〜に参加する」という意味になる。したがって，c．to participate in「〜に参加する」が正解。

7．「どの大統領がタイからの最初の公式な手紙を受け取ったのか？」

第 2 段第 4 文（The showcase includes …）において，両国の間における最初の公式書簡は 1818 年に送られたことが述べられ，続く第 5 文（It was sent …）において，それを受け取ったのはジェームズ=モンロー大統領であったことが述べられる。したがって，正解は c である。

8．「1861 年から 1862 年までに起こった出来事として，次のうちで正しいものはどれか？」

第 3 段第 3 文（In his 1861 …）において，モンクット王がゾウをアメリカに贈呈したい旨の手紙を送ったことが述べられ，第 4 段第 1 文（He addressed the …）において，当時の大統領がブキャナンであったことが述べられている。そして，第 4 段第 2 文（Lincoln was already …）において，1 年後に手紙が届いたとき，リンカーンが大統領になっていたことが述べられる。したがって，正解は d．「アメリカの新大統領が誕生した」である。

9．「リンカーンがモンクット王からの申し出を断った理由として，次のうちで正しいものはどれか？」

最終段第 2 文（He said in …）において，リンカーンが申し出を断る 1862 年の手紙に「陸上でも海上でも，蒸気は，国内商業の輸送手段として最良かつ最も効率的な手段である」と述べているとの記述がある。したがって，d．「アメリカには蒸気機関があり，それが輸送機関としてベストであると思っていた」が正解である。

Ⅳ　解答　1−c　2−c　3−b・e　4−b　5−b・c
6．(3)−c　(4)−a　7−a

解説　≪としまえんのメリーゴーラウンドの運命は？≫

1．下線部(1)の so は，直前の［A］段の内容を受けている。その［A］段では「日本人は何百年もの歴史を持つ文化遺産に強い誇りをもっている」ことが述べられている。したがって，c が正解。

2．a familiar tale「なじみの話」とは，ダッシュの直前の内容である「メリーゴーラウンドと，それを収納する色あせたタイムカプセルは，ハ

リー・ポッターのテーマパークに取って代わられようとしている」を受けている。これは，長年親しまれたメリーゴーラウンドととしまえんが，新しく人気のあるものに取って代わられつつあることを描写したものであるため，これを正しく表した c が正解である。

3．a は本文に記述なし。c は［F］段第 1 文（Yet those visits …）に「彼女のとしまえんへの訪問は 30 年前に止まっている」との記述があるため不適。d と e は相反する選択肢であるが，［D］段第 1 文（With the carousel's …）に「8 月下旬の閉園を前に，手彫りの馬や木製の豪華な四輪馬車に乗ろうと何百人もの人々が殺到した」との記述があるため，d は不適であり，e が正解。f は本文に記述なし。b は，はっきりとした記述はないが，［F］段第 2 文（It was only …）に「メリーゴーラウンドが撤去されるという知らせを聞いて，彼女は感傷的になっていた」との記述があり，そのためやって来たのだと想定できることから，正解。

4．［H］段第 1 文（After World War …）に「第二次世界大戦後，日本政府は，17 世紀以降の建造物を文化財に指定できるとする法律を通した」とあり，同段最終文（But even now, …）に，「しかし現在でも，歴史的建造物の保存運動がどのように行われるかについての一般の理解は，『それほど広く知られていない』」とあるため，b が適切である。

5．a は［J］段第 1 文（More fundamentally, the …）に記述あり。d は［I］段第 2 文（After the air …）に記述あり。e は同段第 3 文（And with the …）に記述あり。本文に挙げられていないものは，b と c である。

6．⑶ jewel「宝石」とは，エルドラドを喩えた比喩表現である。下線部⑶の直前文（Patrick Wentzel, president …）において，「エルドラドはおそらく世界に十数台しかないこのような舞台装置の 1 つ」であると述べられていることから，宝石のように，c「貴重なもの」が正解である。

⑷ out of ～ は「～の外へ」という意味である。ここから転じて，out of use で「使用されなくなって」という意味になる。したがって，正解は a である。なお，対義語は in use「使用されている」である。

7．［B］段第 2 文（Despite a celebrated …）末尾に「エルドラドは現在，倉庫に保管され，その運命はわからない」と記述があることから，a が正解。

■日本史■

I　解答　≪摂関時代の仏教，元禄時代の美術≫

問 1 ．イ　問 2 ．エ　問 3 ．イ　問 4 ．ア　問 5 ．エ　問 6 ．イ
問 7 ．ア　問 8 ．ウ　問 9 ．ウ　問 10. ア

II　解答　≪天平時代の美術，江戸時代の洋学≫

問 1 ．ウ　問 2 ．ウ　問 3 ．イ　問 4 ．エ　問 5 ．イ　問 6 ．ウ
問 7 ．ウ　問 8 ．ア　問 9 ．イ　問 10. エ

III　解答　≪縄文時代の生活と文化，寄進地系荘園≫

問 1 ．ウ　問 2 ．ア　問 3 ．イ　問 4 ．エ　問 5 ．ウ　問 6 ．ウ
問 7 ．ア　問 8 ．エ　問 9 ．ウ　問 10. イ

IV　解答　≪足利義満と室町幕府，江戸幕府と大名≫

問 1 ．イ　問 2 ．ア　問 3 ．ウ　問 4 ．ア　問 5 ．イ　問 6 ．ウ
問 7 ．ア　問 8 ．エ　問 9 ．ウ　問 10. イ

V　解答　≪明治前期の経済，天皇機関説事件≫

問 1 ．イ　問 2 ．ア　問 3 ．イ　問 4 ．エ　問 5 ．ア　問 6 ．イ
問 7 ．ウ　問 8 ．エ　問 9 ．エ　問 10. イ

VI　解答　≪戦後の政治・外交・経済≫

問 1 ．イ　問 2 ．ア　問 3 ．エ　問 4 ．ウ　問 5 ．ウ　問 6 ．エ
問 7 ．エ　問 8 ．ウ　問 9 ．ア　問 10. イ

■世界史■

I **解答** ≪金石文の歴史≫

問 1．④ 問 2．① 問 3．③ 問 4．③ 問 5．③ 問 6．①
問 7．② 問 8．② 問 9．④ 問 10．③

II **解答** ≪バイユーのタペストリーから見た歴史≫

問 1．② 問 2．③ 問 3．③ 問 4．① 問 5．② 問 6．④
問 7．③ 問 8．④ 問 9．① 問 10．④

III **解答** ≪ジャガイモの歴史≫

問 1．③ 問 2．② 問 3．③ 問 4．② 問 5．③ 問 6．④
問 7．① 問 8．① 問 9．④ 問 10．①

IV **解答** ≪グローバル=ヒストリーの発展≫

問 1．① 問 2．④ 問 3．④ 問 4．① 問 5．② 問 6．②
問 7．③ 問 8．② 問 9．③ 問 10．③

■■■地理■■■

I **解答** ≪世界の自然環境≫

問1．④　問2．④　問3．④　問4．④　問5．③　問6．③

II **解答** ≪奄美群島の地誌≫

問1．④　問2．④　問3．②　問4．③　問5．②　問6．②

III **解答** ≪世界の貿易≫

問1．④　問2．①　問3．④　問4．③　問5．⑥　問6．③
問7．③　問8．①　問9．⑤　問10．①

IV **解答** ≪南アジアの地誌≫

問1．③　問2．②　問3．②　問4．①　問5．③　問6．①
問7．①　問8．③　問9．⑤　問10．①

数学

I　解答　≪絶対値を含む方程式，円の方程式，必要条件と十分条件≫

ア．1　イ．6　ウ．1　エ．2　オ．2　カ—⓪

II　解答　≪対数方程式≫

ア．2　イ．4

III　解答　≪6枚のカードから1枚ずつ選ぶときの確率≫

ア．2　イ．9　ウ．5　エオ．18　カ．1　キ．9

IV　解答　≪複素数の累乗≫

ア．2　イ．2　ウ．2　エ．0　オ．1　カ．1　キ．0

V　解答　≪四面体の辺を動く点と最短経路≫

ア．2　イ．2　ウ．2　エ．1

VI　解答　≪正三角形の内接円，等比数列とその和≫

ア．1　イ．3　ウ．1　エ．3　オ．3　カ．1　キ．3　ク．2

■化学■

解答　≪小問集合≫

問1．(4)　問2．(2)　問3．(2)　問4．(1)　問5．(4)　問6．(4)

問7．(2)　問8．(3)　問9．(4)　問10．(2)　問11．(5)　問12．(5)

問13．(5)　問14．(2)　問15．(3)　問16．(3)　問17．(1)　問18．(3)

問19．(2)　問20．(4)　問21．(4)　問22．(2)　問23．(4)　問24．(2)

問25．(1)　問26．(3)　問27．(4)　問28．(4)　問29．(5)　問30．(4)

■■■生物■■■

I 解答 ≪同化と異化，ATP，酵素のはたらき≫

問1. (ア)—① (イ)—④ (ウ)—③ (エ)—① (オ)—② (カ)—④ (キ)—④
(ク)—④
問2. ④　問3. ②　問4. ①　問5. ③　問6. ④

II 解答 ≪自律神経と内分泌，体温調節，血糖調節，糖尿病≫

問1. ⑤　問2. ④　問3. ⑤　問4. ③　問5. ①　問6. ③
問7. ④　問8. ⑥

III 解答 ≪神経の構造，伝導，活動電位の発生，全か無かの法則，視細胞，遠近調節≫

問1. (ア)—① (イ)—② (ウ)—② (エ)—③ (オ)—③ (カ)—② (キ)—④
問2. ③　問3. 1)—② 2)—③　問4. ②　問5. ②

IV 解答 ≪バイオテクノロジー，遺伝子導入，塩基配列解析法，PCR 法，一塩基多型≫

問1. (ア)—① (イ)—② (ウ)—④ (エ)—④ (オ)—③ (カ)—① (キ)—①
問2. ③　問3. ②　問4. ②　問5. ④

敬と捉える。

（オ）係助詞「こそ」があるので已然形（または命令形）。「るれ」は「知る」という感覚動詞に接続しており、「自発」と捉える。

（カ）「こころからにや」は〝心から（心によって）であろうか〟と訳されるので、「に」は完了ではなく断定の助動詞である。

問四　「をみなへし」は秋の植物。選択肢では2「菊」、4「薄」が秋の植物で、それぞれ『万葉集』に歌がある。3「山吹」、7「藤」は春、6「橘」、8「菖蒲」は夏に花が咲き、それぞれ古くから和歌に詠まれている。正解は2と4である。

問五　王朝女流文学は平安時代には「日記」が主流である。ちなみに問題文にある『蜻蛉日記』の6「藤原道綱母」と『更級日記』の2「菅原孝標女」は「おば」と「姪」の関係である。

二

出典 『紫式部日記』

解答

問一 A—5 B—1 C—3 D—2

問二 [a]—3 [b]—3 [c]—1 [d]—1

問三 （ア）—2 （イ）—6 （ウ）—6 （エ）—4 （オ）—6 （カ）—4

問四 2・4

問五 X—3 Y—6 Z—2

解説

問一 A、「はじめ」は基本形「はじむ」。連用形接続「つ」に接続しており、「はじめ」は連用形がエ段になっていることから、5「下二段活用」。

C、「落ち」は基本形「落つ」。未然形接続「ず」の連体形「ぬ」に接続しており、3「上二段活用」。

問二 [a]の「御格子まゐる」は〝格子を上げ下げする〟意。直後に「女官」とあり、下級官吏の仕事と予想できるので、「まゐる」は3「謙譲」と判断できる。

[b]の「さぶらふ」の主語は「女官」で、〝女官はおそばにいないだろう〟の意で、3「謙譲」となる。

[c]の「召す」の主語は「殿」（=藤原道長）で、1「尊敬」とわかる。〝お呼びになる〟の意。

[d]の「のたまはす」は1「尊敬」の本動詞。〝おっしゃる〟の意。

問三 （ア）「な」は未然形接続の願望の終助詞「ばや」に接続していることから、完了の助動詞「ぬ」の未然形。

（イ）係助詞の「ぞ」があることから、「ぬ」は連体形。よって、打消の助動詞「ず」の連体形。

（ウ）体言に接続するので連用形であり、5と6に絞られる。僧都たちが唐橋を渡りながら帰るさまを描写しているので、「完了」よりは「存続」が適切と判断する。

（エ）補助動詞「たまひ」に接続するので連用形。「折らせたまひ」の主語は「殿」であるから、「せたまひ」で二重尊

るとわかる。

だとわかる。

選択肢では2「にくき」を選べる。すると、[Y]にはプラスの単語が入るので、4「よく」が適切

二回目に出てくる[Z]は直前にある四の君の歌からマイナスのイメージの語の挿入が予想され、1「いみじ」と3「うたて」が候補に挙がる。一回目の[Z]に「いみじ」を入れるなら、活用形を「いみじく」と連用形にする必要があるので、「いみじ」は不可。よって、正解は3「うたて」である。

問五　「われから」は〝自分ゆえ〟の意。「心尽くし」とは、いろいろと物思いをすることをいうが、『古今和歌集』で「木の間より漏りくる月の影見れば心尽くしの秋は来にけり」と詠まれたように、「心尽くし」といえば秋が連想されることが多い。しかし、自分の精神状態のために、春の夜の月を見ても物思いにふけってしまう、という思いを詠んでいる。この心情を説明できているのは4である。

問六　aは、第二段落冒頭文の『『今とりかへばや』などの、もとにまさりはべるさまよ』から、合致していない。

bは、第三段落に「もとのは、もとの人々皆失せて」とあるが、『今とりかへばや』についてはこのような記述はないので、合致しない。

cは、第三段落二文目に「かかる身のありさまをいみじく……」とあり、問三のⅡの主語からも合致しているとわかる。

dは第四段落の内容と合致している。

eに関する記述はないので合致していない。

fは「上に着る……」の歌から合致しているとわかる。

はべれ」と同様の評価をしていると解釈し、"それほどは優れていない"という意味になる4「優れている」を選ぶ。

（イ）は、その前文にある『今とりかへばや』と「もと」（＝原作本）の対比について、「今とりかへばや」が原作本より勝っていると述べている文脈にある。「ものまねび」である『今とりかへばや』の優れた点を説いている。正解は3。

（ウ）は「かたみに（＝互いに）もとの人になり代はりて出で来たる」を指し、4が正解。3では「かたみに」の一方のみの説明となり、不十分。

問三　リード文にあるように、本文は「若い女房」が『今とりかへばや』の登場人物について語っており、第三段落では特に「女中納言」と「尚侍」について述べている。

Ⅰの「けしからぬ筋にはおぼえず」は、物語の筋立てに対する感想であるから、主語は3「若い女房」。

Ⅱは、「かかる身のありさま」が、注2に述べられた「女中納言」の境遇であることをつかみたい。女中納言が自分の身の上を「口惜しく」（＝残念に）思っているというのであるから、正解は1「女中納言」である。

Ⅲの「まことしからず」は "もっともらしくない"の意。この主語は、文頭に示されているように、「もとの（＝もと）の原作本）」である。原作本のストーリーの不自然さを述べているので、正解は6「『今とりかへばや』の原作本」である。

Ⅳの主語は文頭の「これ」で、前文の「もとのは」とこの文の「これは」で併記されていることに注意すると、「これ」は『今とりかへばや』を指す。語り手は「かくこそすべかりけれ（＝こうするべきであった）」と、作者の趣向を高く評価している。よって、正解は5「『今とりかへばや』の作者」である。

問四　[X]と[Y]は「もと」（＝原作本）と「これ」（＝『今とりかへばや』）の対比であることを踏まえて選択肢を選ぶ。二度目に出てくる[X]が「四の君」について述べているが、「四の君」については「おいらかならぬ心のほど、ふさはしからぬ」（＝素直でない心の様子が、似つかわしくないのに）とあり、マイナスのイメージの単語が入

▲
古

典
▼

出典　『無名草子』

解答

一

問一　A—2　B—1　C—4　D—4　E—3

問二　(ア)—4　(イ)—3　(ウ)—4

問三　I—3　II—1　III—6　IV—5

問四　X—2　Y—4　Z—3

問五　4

問六　a—2　b—2　c—1　d—1　e—2　f—1

解説

問一　A、「ことわり」は漢字で書くと「理」で、"もっともだ"の意。選択肢では2「当然のことで」があたる。

B、「おびたたし（おびただし）」は"数が多い、はなはだしい、さわがしい、大がかりだ"などの意味があるが、ここでは「今とりかへばや」という物語の批評をしているので、1「大げさで」が適当。

C、「いとほし」は、物語中の人物が「身のありさまをいみじく口惜しく」考えたことに対する筆者の共感の意を述べているので、"気の毒"の意と読み取れる。

D、「まめに」は形容動詞「まめなり」の連用形。まじめで実直なさまを表す。

E、「ただに」は直後に反語を示す「やは」があることに注意する。「人知れぬ」相手との恋に平静ではいられないという思いを詠んでいる和歌であるから、下に打消を伴い、3「平静に」を選ぶ。

問二　(ア)「させる」は連体詞で、下に打消を伴い、"それほどの……ない"という意を表す。前文の「見どころ少なく

は2である。

三

解答

A、㋐―1　㋑―3　B、㋒―3　㋓―2　C、㋔―1　㋕―1　D、[キ]―2　[ク]―1
E、[ケ]―1　[コ]―2

問三　「殺してしまう」のは得策ではないという文脈である。一行前の「愚かな選択」をさらに強める3「愚の骨頂」を入れる。

問四　「完全に制圧」できなかった場合の、ウイルスと人類の関係性を問うもの。ウイルスも「進化」するが、人類も「徐々に免疫を獲得」するかもしれないという、〝十分ではないが一応のレベル〟に当てはまるものは、1「そこそこの関係」である。

問五　「考えるべきは、……どうしたら最小化できるか」というのは、我々人類の〈態度〉に関わることである。選択肢1と2で迷うが、冒頭の「彼を知り己を知れば」の「己を知れば」にあたる2「己を知る」がふさわしい。

問六　コロナウイルスがきっかけになり、出社しようにもできずにテレワークという形が広まった。テレワークを「どんどん活用すべきだ」とする考えに合うのは4「禍を転じて福」ということになる。

問七　Aは、第六段落に「現段階では……各国が奮闘中」とあり、「ありふれた病気とみなすべき」まで価値判断はされていないので、一致してしない。

Bについては、第十段落の最後の文に「さまざまな条件を比較考量し……」とあり、ウイルス感染防止を「優先するべき」という文脈にはなっていないので、一致していない。

Cは、第九段落の最後の文にあるように「要するに程度問題」ということで、「一律に判断するべきではない」という説明は合致する。

Dについても第十五・十六段落の内容と合致している。

問八　冒頭の段落で「彼を知り己を知れば……」とあり、筆者は基本を重んじつつ、大局的に物事を見ようとしている。そして、第十段落から第十三段落にかけて「公衆衛生」と「社会システム」の「比較考量」について言及し、第十五段落から第十七段落にかけて「体調が悪いのに無理して働く人、働かせる人」を批判している。以上を考慮に入れると、筆者の考えるリスクとは、ウイルス対策と社会・生活の両立ができていないことである。これを踏まえた選択肢

問七　選択肢2は第五段落と合致している。また、4は第三・四・五段落の内容・論理と合致している。正解は2と4である。選択肢1は「子供の心は無垢で、あるがままをより受け容れやすい」という本文の筋とは論理にズレがある。3は「"あるがまま"に読もうとすると……ばらつく」という記述はない。5については、本文でふれられていない。

解答

二

出典　神里達博『リスクの正体——不安の時代を生き抜くために』〈I　感染症のリスク〉（岩波新書）

問一　A—3　B—2　C—1　D—1
問二　a—4　b—3　c—1　d—2
問三　3
問四　1
問五　2
問六　4
問七　A—2　B—2　C—1　D—1
問八　2

解説　問二　aは、「新しい病」を考察するにあたり、最初の話題を導く接続詞として4「まず」を入れるのが適切。bでは話題が『「生命」の定義』という〈本質〉に移っているので、3「そもそも」が入る。cは「しかし」と「したがって」の選択が悩ましいため、保留して先にdを考える。d前後の文意は、〈殺してしまうのはよくないのであるから、住み着くのは「馴染みの相手」であり「良い関係」を築くことが条件である〉ということ。順接の2「したがって」が入る。そこで、cに残った「しかし」を入れ、前後の文意が、〈ウイルスは宿主に住み着くが、ダメージを与えすぎるのは愚かだ〉と、問題なくつながることを確認する。

値を見いだしている。これを言い換えると、完全に「模倣」的な表現は「芸術にならない」となる。よって、6「模倣」が正解。

ロ、直前に「読むのも同じ」とあり、「読む」ことについても「芸術」と同じことを述べようとしている。「芸術」については、前の段落で「自然に新しい秩序を与える加工を経ている」点を評価しているので、〈加工など何もせずそのまま受け入れるのはおかしい〉という意味になるよう、「受動」を入れる。

ハとニは対比になっていることに注意する。「具体的な表現を好む」人に「気に入られ」るためには、5の「即物」的な側面を見せて、反対に3「思弁」的な側面は抑える、ととらえることができる。

ホについて、「翻訳」とは外国語の意味を自国語で言い換えるわけだから、1「近似値」が当てはまる。

問三　「読者」のとるべき態度を「芸術」に対するあり方と対比している。前段落に書かれていたように、「芸術」は「自然に新しい秩序を与える加工を経ている」ために美しい。また直前では「自然の模写、模倣」を否定している。「読者」において「新しい秩序を与える加工」とは〈創造的に読む〉ことであり、選択肢1が正解。

問四　選択肢はいずれも末尾が「読者」となっており、「口をきかない主人」とは、「読者」の比喩である。「口をきかない」＝「あるがままをそのまま受け容れる」と結びつけることができるので、2が正解。3もやや紛らわしいが、作品を読む際には「好意的」でない場合もあり得るので不適。

問五　問四とも関連するが、「読者」が「口をきかない主人」、すなわち「主体的に作品を読もうとしない」のであれば、作品そのものの理解にも混乱をきたす（＝まとまらない）わけである。「不当な【　X　】」＝「口をきかない主人」の関係になる選択肢を選ぶ。正解は3「自己否定」である。自らを「不当」に「否定」することで、〈主体性を放棄し、結果、作品の解釈はばらつく〉という論理になる。

問六　二文後に「目に見えない翻訳はたえずしている」とあり、これが理由となる。この内容を説明しているのは1である。

国 語

▲現 代 文▼

一

出典　外山滋比古『異本論』〈異本の復権〉（ちくま文庫）

解答

問一　（あ）─2　（い）─1　（う）─3　（え）─3

問二　イ─6　ロ─4　ハ─5　ニ─3　ホ─1

問三　1

問四　2

問五　3

問六　1

問七　2・4

解説　問一　（い）「おずおず」とは、漢字で書くと「怖ず怖ず」で、〝こわごわ、おそるおそる〟の意。3「相応に」が近い意味となる。

（う）「しかるべく」は漢字で書くと「然るべく」で、〝そうあるべき適当なやり方で〟の意。

問二　イ、直前に「芸術という鏡はこの人間世界という自然をかなり変形し……」とあり、「変形」「ディフォルメ」に価

//////////////// · memo · ////////////////

//////////////// · memo · ////////////////

//////////////// · **memo** · ////////////////

/////////////////// · **memo** · ///////////////////

教学社 刊行一覧

2025年版　大学赤本シリーズ

国公立大学（都道府県順）

374大学556点 全都道府県を網羅

全国の書店で取り扱っています。店頭にない場合は，お取り寄せができます。

1 北海道大学(文系−前期日程)	62 横浜市立大学(医学部〈医学科〉) 医	117 神戸大学(後期日程)
2 北海道大学(理系−前期日程) 医	63 新潟大学(人文・教育〈文系〉・法・経済科・医〈看護〉・創生学部)	118 神戸市外国語大学 DL
3 北海道大学(後期日程)		119 兵庫県立大学(国際経済・社会情報科・看護学部)
4 旭川医科大学(医学部〈医学科〉) 医	64 新潟大学(教育〈理系〉・理・医〈看護を除く〉・歯・工・農学部) 医	120 兵庫県立大学(工・理・環境人間学部)
5 小樽商科大学	65 新潟県立大学	121 奈良教育大学／奈良県立大学
6 帯広畜産大学	66 富山大学(文系)	122 奈良女子大学
7 北海道教育大学	67 富山大学(理系) 医	123 奈良県立医科大学(医学部〈医学科〉) 医
8 室蘭工業大学／北見工業大学	68 富山県立大学	124 和歌山大学
9 釧路公立大学	69 金沢大学(文系)	125 和歌山県立医科大学(医・薬学部) 医
10 公立千歳科学技術大学	70 金沢大学(理系) 医	126 鳥取大学 医
11 公立はこだて未来大学 総推	71 福井大学(教育・医〈看護〉・工・国際地域学部)	127 公立鳥取環境大学
12 札幌医科大学(医学部) 医	72 福井大学(医学部〈医学科〉) 医	128 島根大学 医
13 弘前大学 医	73 福井県立大学	129 岡山大学(文系)
14 岩手大学	74 山梨大学(教育・医〈看護〉・工・生命環境学部)	130 岡山大学(理系) 医
15 岩手県立大学・盛岡短期大学部・宮古短期大学部	75 山梨大学(医学部〈医学科〉) 医	131 岡山県立大学
	76 都留文科大学	132 広島大学(文系−前期日程)
16 東北大学(文系−前期日程)	77 信州大学(文系−前期日程)	133 広島大学(理系−前期日程) 医
17 東北大学(理系−前期日程) 医	78 信州大学(理系−前期日程) 医	134 広島大学(後期日程)
18 東北大学(後期日程)	79 信州大学(後期日程)	135 尾道市立大学 総推
19 宮城教育大学	80 公立諏訪東京理科大学 総推	136 県立広島大学
20 宮城大学	81 岐阜大学(前期日程) 医	137 広島市立大学
21 秋田大学 医	82 岐阜大学(後期日程)	138 福山市立大学 総推
22 秋田県立大学	83 岐阜薬科大学	139 山口大学(人文・教育〈文系〉・経済・医〈看護〉・国際総合科学部)
23 国際教養大学 総推	84 静岡大学(前期日程)	
24 山形大学 医	85 静岡大学(後期日程)	140 山口大学(教育〈理系〉・理・医〈看護を除く〉・工・農・共同獣医学部) 医
25 福島大学	86 浜松医科大学(医学部〈医学科〉) 医	
26 会津大学	87 静岡県立大学	141 山陽小野田市立山口東京理科大学 総推
27 福島県立医科大学(医・保健科学部) 医	88 静岡文化芸術大学	142 下関市立大学／山口県立大学
28 茨城大学(文系)	89 名古屋大学(文系)	143 周南公立大学 新 総推
29 茨城大学(理系)	90 名古屋大学(理系) 医	144 徳島大学 医
30 筑波大学(推薦入試) 医 総推	91 愛知教育大学	145 香川大学 医
31 筑波大学(文系−前期日程)	92 名古屋工業大学	146 愛媛大学 医
32 筑波大学(理系−前期日程) 医	93 愛知県立大学	147 高知大学 医
33 筑波大学(後期日程)	94 名古屋市立大学(経済・人文社会・芸術工・看護・総合生命理・データサイエンス学部)	148 高知工科大学
34 宇都宮大学		149 九州大学(文系−前期日程)
35 群馬大学 医	95 名古屋市立大学(医学部〈医学科〉) 医	150 九州大学(理系−前期日程) 医
36 群馬県立女子大学	96 名古屋市立大学(薬学部)	151 九州大学(後期日程)
37 高崎経済大学	97 三重大学(人文・教育・医〈看護〉学部)	152 九州工業大学
38 前橋工科大学	98 三重大学(医〈医〉・工・生物資源学部) 医	153 福岡教育大学
39 埼玉大学(文系)	99 滋賀大学	154 北九州市立大学
40 埼玉大学(理系)	100 滋賀医科大学(医学部〈医学科〉) 医	155 九州歯科大学
41 千葉大学(文系−前期日程)	101 滋賀県立大学	156 福岡県立大学／福岡女子大学
42 千葉大学(理系−前期日程) 医	102 京都大学(文系)	157 佐賀大学 医
43 千葉大学(後期日程) 医	103 京都大学(理系) 医	158 長崎大学(多文化社会・教育〈文系〉・経済・医〈保健〉・環境科〈文系〉学部)
44 東京大学(文科) DL	104 京都教育大学	
45 東京大学(理科) 医	105 京都工芸繊維大学	159 長崎大学(教育〈理系〉・医〈看護〉・歯・薬・情報データ科・工・環境科〈理系〉・水産学部) 医
46 お茶の水女子大学	106 京都府立大学	
47 電気通信大学	107 京都府立医科大学(医学部〈医学科〉) 医	160 長崎県立大学 総推
48 東京外国語大学 DL	108 大阪大学(文系) DL	161 熊本大学(文・教育・法・医〈看護〉学部・情報融合学環〈文系型〉)
49 東京海洋大学	109 大阪大学(理系) 医	
50 東京科学大学(旧 東京工業大学)	110 大阪教育大学	162 熊本大学(理・医〈看護を除く〉・薬・工学部・情報融合学環〈理系型〉) 医
51 東京科学大学(旧 東京医科歯科大学) 医	111 大阪公立大学(現代システム科学域〈文系〉・文・法・経済・商・看護・生活科〈居住環境・人間福祉〉学部−前期日程)	
52 東京学芸大学		163 熊本県立大学
53 東京藝術大学	112 大阪公立大学(現代システム科学域〈理系〉・理・工・農・獣医・医・生活科〈食栄養〉学部−前期日程) 医	164 大分大学(教育・経済・医〈看護〉・理工・福祉健康科学部)
54 東京農工大学		
55 一橋大学(前期日程)	113 大阪公立大学(中期日程)	165 大分大学(医学部〈医・先進医療科学科〉) 医
56 一橋大学(後期日程)	114 大阪公立大学(後期日程)	166 宮崎大学(教育・医〈看護〉・工・農・地域資源創成学部)
57 東京都立大学(文系)	115 神戸大学(文系−前期日程)	
58 東京都立大学(理系)	116 神戸大学(理系−前期日程) 医	167 宮崎大学(医学部〈医学科〉) 医
59 横浜国立大学(文系)		168 鹿児島大学(文系)
60 横浜国立大学(理系)		169 鹿児島大学(理系) 医
61 横浜市立大学(国際教養・国際商・理・データサイエンス・医〈看護〉学部)		170 琉球大学 医

2025年版　大学赤本シリーズ

私立大学②

2025年版　大学赤本シリーズ

私立大学③

医 医学部医学科を含む
総推 総合型選抜または学校推薦型選抜を含む
DL リスニング音声配信　新 2024年 新刊・復刊

掲載している入試の種類や試験科目、収載年数などはそれぞれ異なります。詳細については、それぞれの本の目次や赤本ウェブサイトでご確認ください。

赤本 ｜ 検索

難関校過去問シリーズ

出題形式別・分野別に収録した
「**入試問題事典**」 20大学 73点

定価 2,310〜2,640円（本体2,100〜2,400円）

先輩合格者はこう使った！
「難関校過去問シリーズの使い方」

61年、全部載せ！
要約演習で、総合力を鍛える

東大の英語
要約問題 UNLIMITED

いつも受験生のそばに──赤本

入試対策
赤本プラス

赤本プラスとは、**過去問演習の効果を最大に**するためのシリーズです。「赤本」であぶり出された弱点を、赤本プラスで克服しましょう。

- 大学入試 **すぐわかる英文法** DL
- 大学入試 **ひと目でわかる英文読解**
- 大学入試 **絶対できる英語リスニング** DL
- 大学入試 **すぐ書ける自由英作文**
- 大学入試 ぐんぐん読める **英語長文(BASIC)** DL
- 大学入試 ぐんぐん読める **英語長文(STANDARD)** DL
- 大学入試 ぐんぐん読める **英語長文(ADVANCED)** DL
- 大学入試 **正しく書ける英作文**
- 大学入試 最短でマスターする **数学Ⅰ・Ⅱ・Ⅲ・A・B・C**
- 大学入試 突破力を鍛える最難関の数学
- 大学入試 知らなきゃ解けない **古文常識・和歌**
- 大学入試 ちゃんと身につく**物理**
- 大学入試 もっと身につく **物理問題集(①力学・波動)**
- 大学入試 もっと身につく **物理問題集(②熱力学・電磁気・原子)**

入試対策
英検® 赤本シリーズ

英検®(実用英語技能検定)の対策書。過去問集と参考書で万全の対策ができます。

▶過去問集(**2024年度版**)
- 英検®準1級過去問集 DL
- 英検®2級過去問集 DL
- 英検®準2級過去問集 DL
- 英検®3級過去問集 DL

▶参考書
- 竹岡の英検®準1級マスター DL
- 竹岡の英検®2級マスター CD DL
- 竹岡の英検®準2級マスター CD DL
- 竹岡の英検®3級マスター CD DL

入試対策
赤本プレミアム

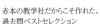

赤本の教学社だからこそ作れた、過去問ベストセレクション

- 東大数学プレミアム
- 東大現代文プレミアム
- 京大数学プレミアム[改訂版]
- 京大古典プレミアム

入試対策
赤本メディカルシリーズ

過去問を徹底的に研究し、独自の出題傾向をもつメディカル系の入試に役立つ内容を精選した実戦的なシリーズ。

- [国公立大]医学部の英語[3訂版]
- 私立医大の英語(長文読解編)[3訂版]
- 私立医大の英語(文法・語法編)[改訂版]
- 医学部の実戦小論文[3訂版]
- 医歯薬系の英単語[4訂版]
- 医系小論文 最頻出論点20[4訂版]
- 医学部の面接[4訂版]

入試対策
体系シリーズ

国公立大二次・難関私大突破へ、自学自習に適したハイレベル問題集。

- 体系英語長文
- 体系英作文
- 体系現代文
- 体系世界史
- 体系物理[第7版]

入試対策
単行本

▶英語
- Q&A即決英語勉強法
- TEAP攻略問題集[新装版] DL 新
- 東大の英単語[新装版]
- 早慶上智の英単語[改訂版]

▶国語・小論文
- 著者に注目! 現代文問題集
- ブレない小論文の書き方 樋口式ワークノート

▶レシピ集
- 奥薗壽子の赤本合格レシピ

入試対策 ｜ 共通テスト対策
赤本手帳

- 赤本手帳(2025年度受験用) プラムレッド
- 赤本手帳(2025年度受験用) インディゴブルー
- 赤本手帳(2025年度受験用) ナチュラルホワイト

入試対策
風呂で覚えるシリーズ

水をはじく特殊な紙を使用。いつでもどこでも読めるから、ちょっとした時間を有効に使える!

- 風呂で覚える英単語[4訂新装版]
- 風呂で覚える英熟語[改訂新装版]
- 風呂で覚える古文単語[改訂新装版]
- 風呂で覚える古文文法[改訂新装版]
- 風呂で覚える漢文[改訂新装版]
- 風呂で覚える日本史[年代][改訂新装版]
- 風呂で覚える世界史[年代][改訂新装版]
- 風呂で覚える倫理[改訂版]
- 風呂で覚える百人一首[改訂版]

共通テスト対策
満点のコツシリーズ

共通テストで満点を狙うための実戦的参考書。重要度の高いリスニング対策は「カリスマ講師」竹岡広信が一回読みにも対応できるコツを伝授!

- 共通テスト英語(リスニング) 満点のコツ[改訂版] DL 新
- 共通テスト古文 満点のコツ[改訂版] 新
- 共通テスト漢文 満点のコツ[改訂版] 新
- 共通テスト生物基礎 満点のコツ[改訂版] 新

入試対策 ｜ 共通テスト対策
赤本ポケットシリーズ

▶共通テスト対策
- 共通テスト日本史[文化史]

▶系統別進路ガイド
- デザイン系学科をめざすあなたへ

2025 年版　大学赤本シリーズ　No. 246

共立女子大学
共立女子短期大学

2024 年 7 月 25 日　第 1 刷発行
ISBN978-4-325-26303-6
定価は裏表紙に表示しています

編　集　教学社編集部
発行者　上原　寿明
発行所　教学社
　　　　〒606-0031
　　　　京都市左京区岩倉南桑原町56
電話　075-721-6500
振替　01020-1-15695
印　刷　中央精版印刷